普天同欢的
节庆习俗

周丽霞 编著

中国出版集团 现代出版社

图书在版编目（ＣＩＰ）数据

普天同欢的节庆习俗 / 周丽霞编著. -- 北京 ：现
代出版社，2017.8
ISBN 978-7-5143-6479-8

Ⅰ．①普… Ⅱ．①周… Ⅲ．①节日－风俗习惯－中国
Ⅳ．①K892.1

中国版本图书馆CIP数据核字(2017)第223455号

普天同欢的节庆习俗

作　　者：周丽霞
责任编辑：李　鹏
出版发行：现代出版社
通讯地址：北京市定安门外安华里504号
邮政编码：100011
电　　话：010-64267325　64245264（传真）
网　　址：www.1980xd.com
电子邮箱：xiandai@vip.sina.com
印　　刷：天津兴湘印务有限公司
字　　数：380千字
开　　本：710mm×1000mm　1/16
印　　张：30
版　　次：2018年5月第1版　　2018年5月第1次印刷
书　　号：ISBN 978-7-5143-6479-8
定　　价：128.00元

习近平总书记在党的十九大报告中指出："深入挖掘中华优秀传统文化蕴含的思想观念、人文精神、道德规范，结合时代要求继承创新，让中华文化展现出永久魅力和时代风采。"同时习总书记指出："中国特色社会主义文化，源自于中华民族五千多年文明历史所孕育的中华优秀传统文化，熔铸于党领导人民在革命、建设、改革中创造的革命文化和社会主义先进文化，植根于中国特色社会主义伟大实践。"

我国经过改革开放的历程，推进了民族振兴、国家富强、人民幸福的"中国梦"，推进了伟大复兴的历史进程。文化是立国之根，实现"中国梦"也是我国文化实现伟大复兴的过程，并最终体现在文化的发展繁荣。博大精深的中国优秀传统文化是我们在世界文化激荡中站稳脚跟的根基。中华文化源远流长，积淀着中华民族最深层的精神追求，代表着中华民族独特的精神标识，为中华民族生生不息、发展壮大提供了丰厚滋养。我们要认识中华文化的独特创造、价值理念、鲜明特色，增强文化自信和价值自信。

如今，我们正处在改革开放攻坚和经济发展的转型时期，面对世界各国形形色色的文化现象，面对各种眼花缭乱的现代传媒，我们要坚持文化自信，古为今用、洋为中用、推陈出新，有鉴别地加以对待，有扬弃地予以继承，传承和升华中华优秀传统文化，发展中国特色社会主义文化，增强国家文化软实力。

浩浩历史长河，熊熊文明薪火，中华文化源远流长，滚滚黄河、滔滔长江，是最直接的源头，这两大文化浪涛经过千百年冲刷洗礼和不断交流、融合以及沉淀，最终形成了求同存异、兼收并蓄的辉煌灿烂的中华文明，也是世界上唯一绵延不绝的古老文化，并始终充满生机与活力。

中华文化曾是东方文化摇篮，也是推动世界文明不断前行的动力之一。早在五百年前，中华文化的四大发明催生了欧洲文艺复兴运动和地理大发现。中国四大发明先后传到西方，对于促进西方工业社会发展和形成，起到了重要作用。

中华文化的力量，已经深深熔铸到我们的生命力、创造力和凝聚力中，是我们民族的基因。中华民族的精神，业已深深植根于绵延数千年的优秀文化传统之中，是我们的精神家园。

总之，中国文化博大精深，是中华各族人民五千年来创造、传承下来的物质文明和精神文明的总和，其内容包罗万象，浩若星汉，具有很强的文化纵深，蕴含着丰富的宝藏。我们要实现中华文化的伟大复兴，首先要站在传统文化前沿，薪火相传，一脉相承，弘扬和发展五千年来优秀的、光明的、先进的、科学的、文明的和自豪的文化现象，融合古今中外一切文化精华，构建具有中国特色的现代民族文化，向世界和未来展示中华民族的文化力量、文化价值、文化形态与文化风采。

为此，在有关专家指导下，我们收集整理了大量古今资料和最新研究成果，特别编撰了本套大型书系。主要包括巧夺天工的古建杰作、承载历史的文化遗迹、人杰地灵的物华天宝、千年奇观的名胜古迹、天地精华的自然美景、淳朴浓郁的民风习俗、独具特色的语言文字、异彩纷呈的文学艺术、欢乐祥和的歌舞娱乐、生动感人的戏剧表演、辉煌灿烂的科技教育、修身养性的传统保健、至善至美的伦理道德、意蕴深邃的古老哲学、文明悠久的历史形态、群星闪耀的杰出人物等，充分显示了中华民族厚重的文化底蕴和强大的民族凝聚力，具有极强的系统性、广博性和规模性。

本套书系的特点是全景展现，纵横捭阖，内容采取讲故事的方式进行叙述，语言通俗，明白晓畅，图文并茂，形象直观，古风古韵，格调高雅，具有很强的可读性、欣赏性、知识性和延伸性，能够让广大读者全面触摸和感受中国文化的丰富内涵，增强中华儿女民族自尊心和文化自豪感，并能很好地继承和弘扬中国文化，创造具有中国特色的先进民族文化。

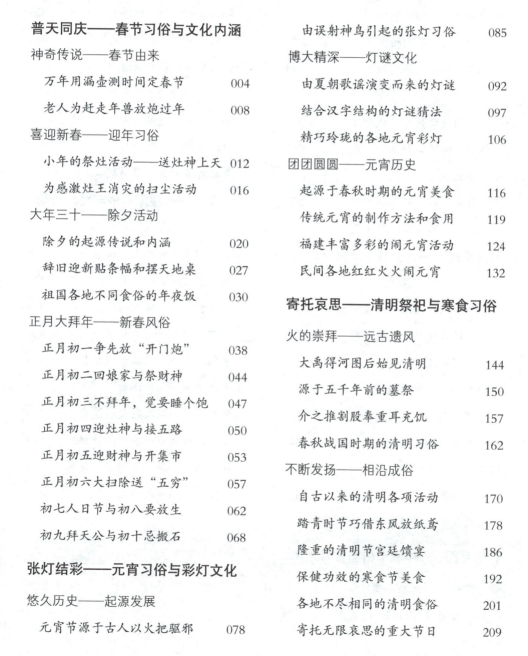

普天同庆

春节习俗与文化内涵

春节由来

　　春节是中国民间最隆重最富有特色的传统节日，也是最热闹的一个古老节日。它在农历正月初一这天，又叫"阴历年"，俗称"过年"。

　　春节起源于殷商时期年头岁尾的祭神祭祖活动。传说最早在尧舜时代就有过春节的风俗。它与清明节、端午节、中秋节并称为中国汉族四大传统节日。

　　关于春节的来历，在中国民间流传着许多美丽传说，充满了丰富的文化底蕴。

万年用漏壶测时间定春节

  关于春节的来历，还有这样一个故事。相传，在古时候，有个名叫万年的青年，看到当时节令很乱，就有了想把节令定准的打算，但是苦于找不到计算时间的方法。

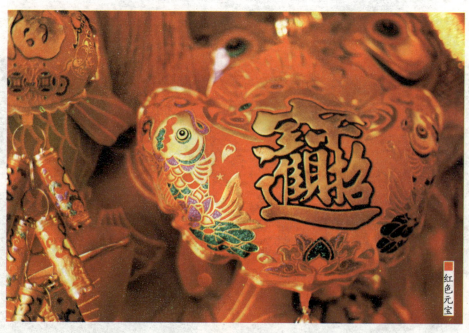

红色元宝

■ 春节的红灯笼

有一天，万年上山砍柴累了，坐在树荫下休息，树影的移动启发了他，他设计了一个测日影计天时的晷仪，用来测定一天的时间。

后来，山崖上的滴泉启发了万年的灵感，他又动手做了一个五层漏壶，用来计算时间。

天长日久，万年发现每隔360多天，四季就会轮回一次，天时的长短也就重复一遍。

当时的国君叫祖乙，也常为天有不测风云而感到苦恼。万年知道后，就带着日晷和漏壶去见国君，对国君讲日月运行的道理。

祖乙听后大悦，觉得很有道理。于是把万年留下，修建日月阁，筑起日晷台和漏壶亭，希望能测准日月规律，推算出准确的晨夕时间，并创建历法，为天下黎民百姓造福。

有一次，祖乙去了解万年测试历法的进展情况。知道万年创建历法已成，就登上日月阁看望万年。当

晷仪 也称日晷，指的是中国古代利用日影测得时刻的一种计时仪器，又称"日规"。其原理就是利用太阳的投影方向来测定并划分时刻，通常由晷针和晷面组成。在中国古代，正是有了晷仪的存在，才由此划定了四季和十二个月，并有了春节的出现。

尧舜时期 是中国上古史中的一个重要阶段，在中国文明发展史上占有重要地位。据《史记》的作者司马迁称，黄帝以后，黄河流域又先后出现了3位德才兼备的部落联盟首领，他们就是尧、舜、禹。据说，在这3位首领统治华夏大地时，中国古人便开始过春节了。

登上日月坛时，看见石壁上的一首诗，诗道：

目出目落三百六，周而复始从头来。
草木枯荣分四时，一岁月有十二圆。

万年指着天象，对皇上说："现在正是12个月满，旧岁已完，新春复始，祈请国君定个节吧！"

祖乙说："春为岁首，就叫春节吧！"

这便是春节的来历。那么，中国的春节到底源自何时呢？

据说，它起源于殷商时期年头岁尾的祭神祭祖活动。传说最早在尧舜时期就有过春节的风俗。

农历的正月是一年的开始，而正月上旬或中旬，大部分情况正好是春季开始，少部分情况立春是在农历腊月下旬。节日的时间和农业劳作息息相关。在甲骨文和金文中的"年"字，都是谷穗成熟的形象。

在历史上的不同朝代，春节的时间也不一样。夏朝以农历一月为一年之首，商朝以农历十二月为岁首，周朝以农历十一月为岁首，秦朝以农历十月为岁首。

春节作为岁首大节，最早确立于汉朝。公元前104年，即汉太初元年，汉武帝颁行《太初历》，确定以农历正月初一为岁首。此后2000

■ 汉武帝画像

多年，中国沿袭了这一历法体制。

琳琅满目的春联

正月新年成为举国上下共享的盛大节日，"官有朝贺，私有祭享"。在朝贺与祭享的各种仪式活动中，增强与更新着各种家庭与社会的关系。

春节在公历1月21日至2月20日之间游动。立春则一般在2月4日或2月5日。春节古称"正旦""岁首""过年"等。

1949年9月，在中国人民政治协商会议第一届全体会议上，通过了使用世界上通用的公历纪元，把公历1月1日定为元旦，俗称"阳历年"；农历正月初一通常都在立春前后，因而把农历正月初一定为"春节"，俗称"阴历年"。

阅读链接

说到春节起源，必然要提到中国传统历法——农历。农历是中国目前仍在与公历并行使用的一种历法。农历又叫"夏历"，即农业上使用的历书，有指导农业生产的意义。

据说，当年青年人万年经过长期观察、精心推算，制定出了准确的太阳历，当他把太阳历呈奉给继任国君时，已是满面银须。

新国君深为感动，为纪念万年的功绩，便将太阳历命名为"万年历"，封万年为日月寿星。以后，人们在过年时挂上寿星图，据说就是为了纪念万年。

老人为赶走年兽放炮过年

　　春节又叫"阴历年"，俗称"过年"，春节和年的概念，最初的含义来自农业，古时人们把谷的生长周期称为"年"，《说文·禾部》记载："年，谷熟也。"

　　在夏商时期产生了夏历，以月亮圆缺的周期为月，一年划分为12

春节装饰品

个月，每月以不见月亮的那天为朔，正月朔日的子时称为岁首，即一年的开始，也叫年。年的名称是从周朝开始的，到了西汉才正式固定下来，一直延续到今天。

那么，为什么春节又被称为"过年"呢？关于这个俗称，据说和一种叫"年"的怪兽息息相关。

相传，古时候，有一种叫"年"的怪兽，头长触角，凶猛异常。"年"长期深居海底，每到除夕才爬上岸，吞食牲畜，伤害人命。因此，每到除夕，村村寨寨的人们就扶老携幼逃往深山，以躲避"年"兽伤害。

■ 春节装饰品之鞭炮

有一年除夕，从村外来了个乞讨老人，他看到乡亲们匆忙逃往深山。只有村东头一位老婆婆给了他一些食物，并劝他快上山躲避"年"兽。

老人把胡子撩起来笑道："婆婆若让我在家待一夜，我一定把'年'兽赶走。"

老婆婆仍然继续劝说，乞讨老人却笑而不语。

半夜时分，"年"兽闯进村里。它发现村里气氛与往年不同：村东头老婆婆家，门贴大红纸，屋内烛火通明。"年"兽浑身一抖，怪叫一声。将近门口时，院内突然传来"噼噼啪啪"的炸响声，"年"浑身战栗，再也不敢往前凑了。

原来，"年"最怕红色、火光和炸响。这时，婆

除夕 是中国传统节日中最重大的节日之一。指农历一年最后一天的晚上，即春节前一天晚上，因常在农历腊月三十或二十九，所以又称该日为年三十。一年的最后一天叫"岁除"，那天晚上叫"除夕"。除夕人们往往通宵不眠，叫"守岁"。

婆把家门打开，只见院内一位身披红袍的老人在哈哈大笑。“年”一见大惊失色，狼狈逃窜。

第二天是正月初一，避难回来的人们见村里安然无恙，都十分惊奇。这时，老婆婆恍然大悟，赶忙向乡亲们述说了乞讨老人的许诺。

这件事很快在周围村里传开，人们都知道了驱赶“年”兽的办法。从此每年除夕，家家贴红对联、燃放鞭炮；户户烛火通明、守更待岁。初一一大早，还要走亲串友道喜问好。这风俗越传越广，成了中国民间最隆重的传统节日。

春节到了，就意味着春天将要来临，大地复苏、万象更新，新一轮播种和收获季节又要开始了。人们刚刚度过冰天雪地、草木凋零的漫漫寒冬，早就盼望着春暖花开的日子。当新春到来之际，自然要充满喜悦载歌载舞迎接这个美好节日。

阅读链接

据说，“年”的甲骨文写法是上面部分为“禾”字，下面部分为“人”字。金文的“年”字也与甲骨文相同，也由禾和人组成。小篆的“年”写作“秊”，《说文解字·禾部》：“秊，谷熟也。从禾，从千声。”小篆将“人”字讹变为“千”了，因而许慎用了此说，而“千”字本为有饰的人。

“禾”是谷物的总称，不能错解仅为“小麦”。年成的好坏，主要由“禾”的生长和收成情况来决定，而现在已发掘的甲骨文中的“禾”字，几乎都是看上去沉甸甸的被压弯了腰，可见它象征着取得谷物生产的大丰收。

那么，“年”字下面的“人”字又作何解释呢？从甲骨文看，“年”字好像是人头上顶着沉甸甸的谷穗的样子，象征着人们丰收后的庆祝。

喜迎新春

迎年习俗

春节一般指除夕和正月初一。但在民间，传统意义上的春节是指从腊月初八的腊祭或腊月二十三、二十四的祭灶，直至正月十五，其中以除夕和正月初一为高潮。

从农历腊月二十三起到年三十儿这几天，中国民间把这段时间叫作"迎春日"，也叫"扫尘日"。

在春节前扫尘搞卫生，是中国素有的传统习惯。由于时期、地区和民族的不同，部分地区在扫尘前，还要举行祭灶仪式。

小年的祭灶活动——送灶神上天

灶王爷塑像

腊月二十三或二十四又称"小年"，是中国民间祭灶的日子，也被称为谢灶、祭灶节、灶王节、祭灶。

小年是整个春节庆祝活动的开始和伏笔，其主要的活动有两项：扫年和祭灶。除此之外，还有吃灶糖的习俗，有的地方还要吃火烧、吃糖糕、吃油饼、喝豆腐汤等。

祭灶，是中国民间一项影响很大、流传极广的习俗。在中国古代，差不多家家灶间都设有"灶王爷"的神位。人们称这尊神为"司命菩萨"或"灶君司命"。

传说灶王爷是玉皇大帝封的"九天东厨司命灶王府君"，负责管理各家的灶火，被当作一家的保护神而受到崇拜。

灶王神龛大都设在灶房的北面或东面，中间供上灶王爷的神像。没有灶王神龛的人家，也有将神像直接贴在墙上的。有的神像只画灶王爷一人；有的则有男女两人，女神被称为"灶王奶奶"。

■ 灶王爷画像

腊月二十三的祭灶与过年有着密切关系。因为在一周后的大年三十晚上，灶王爷便带着一家人应该得到的吉凶祸福，与其他诸神一同来到人间。

灶王爷被认为是为天上诸神引路的，其他诸神在过完年后再度升天，只有灶王爷会长久地留在人家的厨房内。

祭灶节这一天，实际是各家欢送灶神上天的节日。由于一般人家在灶台附近贴有灶神画像，有时还有灶王奶奶画像陪伴，经过一年烟熏火燎，画像已旧了，面目也黢黑。

人们要把旧像揭下，用稻草为灶神扎一草马，为

火烧 流行于华北地区的著名小吃，扁圆如烧饼，分为无馅火烧与肉火烧，一般以肉火烧为多，但胶东半岛的火烧为无馅火烧。火烧多见于北方。肉火烧含馅似饺子，皮薄馅多，外酥里绵，分为干火烧和油火烧两种。在中国北方，在过小年期间，有吃火烧的习俗。

普天同欢的节庆习俗

关东糖 又称灶王糖、大块糖。一年之中，只有在小年前后才有出售。关东糖是用麦芽、小米熬制而成的糖制品，也有人说它是用白糖加淀粉加水加淀粉酶酿熬而成。在关东的农村，过小年这一天，人们习惯用这种糖制品来祭灶神。

了让他"上天言好事，回宫降吉祥"，因此要敬供他，用一块黏稠的糖瓜或者是糕粘在他的嘴上，以使其"嘴甜"，只能说好事，然后和草马一起烧掉。这个过程称为"辞灶"。新年后再买一幅新画像，将灶神请回贴上。

迎接诸神的仪式称为"接神"，对灶王爷来说叫作"接灶"。接灶一般在除夕，仪式简单得多，到时只要换上新灶灯，在灶龛前燃香就算完事了。

在祭灶以后，中国古人还有吃饺子的习俗，取意"送行饺子迎风面"。山区多吃糕和荞面。

在晋东南地区，流行吃炒玉米的习俗，民谣有"二十三，不吃炒，大年初一一锅倒"的说法。人们喜欢将炒玉米用麦芽糖黏结起来，冰冻成大块，吃起来酥脆香甜。

■ 灶台前的灶王爷像

灶糖是一种麦芽糖，黏性很大，把它抽为长条形的糖棍称为"关东糖"，拉制成扁圆形就叫作"糖瓜"。

冬天把它放在屋外，因为天气严寒，糖瓜凝固得坚实而里边又有些微小的气泡，吃起来脆甜香酥，别有风味。

关东糖坚硬无比，摔不碎，吃时必须用菜刀劈开。质料很重很细，口味微酸，中间绝没有蜂窝，每块重50克、100克、200克，价格也较贵一些。

喜迎新春
迎年习俗

糖瓜有有芝麻的和没芝麻的两种，用糖做成甜瓜形或北瓜形，中心是空的，皮厚不及1.5厘米，大小不同。

做糖瓜、祭灶是过小年的主要活动，从此后就进入准备过年的阶段，人们精神放松，开始欢欢喜喜准备正式过年了。

阅读链接

关于灶王爷的来历，说起来源远流长。在中国民间诸神中，灶神资格算是很老的。

早在夏朝，他已是民间所尊奉的一位大神了。有说灶神是钻木取火的"燧人氏"；或说是神农氏的"火官"；或说是"黄帝作灶"的"苏吉利"；或说灶神姓张，名单，字子郭。总之众说不一。

为感激灶王消灾的扫尘活动

　　"腊月二十四，掸尘扫房子。"据《吕氏春秋》记载，中国从尧舜时期就有春节前扫尘的风俗。

　　按中国民间的说法：因"尘"与"陈"谐音，新春扫尘有"除陈布新"的含义，其用意是要把一切穷运、晦气统统扫出门。

春节福字挂件

关于"扫尘"的由来，源于一个古老的故事。

传说，古人认为人身上都附有一个三尸神，像影子一样，跟随着人的行踪，形影不离。

三尸神是个喜欢阿谀奉承、爱搬弄是非的家伙，他经常在玉帝面前造谣生事，把人间描述得丑陋不堪。久而久之，在玉皇大帝印象中，人间简直是个充满罪恶的肮脏世界。

■ 迎新年的装饰品

有一次，三尸神密报，人间在诅咒玉帝，想谋反天庭。玉皇大帝大怒，降旨迅速查明人间犯乱之事，凡怨忿诸神、亵渎神灵人家，将其罪行书于屋檐下，再让蜘蛛张网遮掩以做记号。

玉皇大帝又命护法镇山神将王灵官在除夕之夜下界，凡遇到有记号人家，满门斩杀，一个不留。

三尸神见此计即将得逞，乘机飞下凡界，不管青红皂白，恶狠狠地在每户人家的屋檐墙角做上记号，好让王灵官来个斩尽杀绝。

正当三尸神作恶时，灶君发觉了他的行踪，大惊失色，急忙找来各家灶王爷商量对策。于是，想出了一个好办法，从腊月二十三送灶之日起，到除夕接灶前，每户人家必须把房屋打扫得干干净净，哪户不清洁，灶王爷就拒不进宅。

大家遵照灶王爷升天前的嘱咐，清扫尘土，掸去

三尸神 又称三彭或三虫，道教认为，人身中有三条虫，称为上尸、中尸、下尸，分别居于上、中、下三丹田。上尸神在人头里面，他能够叫人胡思乱想，能够叫人眼昏，头发脱落；中尸神住在人的肠胃里面，他叫人好吃、健忘、做坏事；下尸神住在人的脚里面，可以叫人好色、好贪、好杀。

蛛网，擦净门窗，把自家宅院打扫得焕然一新。等到王灵官除夕奉旨下界查看时，发现家家户户窗明几净、灯火通明，人们团聚欢乐，人间美好无比。

王灵官找不到表明劣迹的记号，心中十分奇怪，便赶回天上，将人间祥和安乐、祈求新年如意的情况禀告了玉皇大帝。玉皇大帝听后大为震动，降旨拘押三尸神，下令掌嘴三百，永拘天牢。

这次人间劫难多亏灶神搭救才得幸免，为了感激灶王爷为人们除难消灾、赐福张祥，所以民间扫尘总在送灶后开始，忙到大年夜。

在扫尘时，人们不仅要把家里的地上打扫干净，还要把墙角、床下及屋柱屋梁等处一年的积尘用扫帚清除干净，此外，还要清洗各种器具，拆洗被褥窗帘，箱柜上的金属把手等也要擦拭一新。

扫尘这一习俗寄托着人们破旧立新的愿望和辞旧迎新的美好祈求。在春节前扫尘，是中国人民素有的传统习惯。因此，每逢春节来临，大江南北到处洋溢着欢欢喜喜搞卫生迎新春的喜庆节日气氛。

举行过灶祭后，便正式开始做迎接春节的准备。

除夕是中国传统节日中最重大的节日，是指每年农历腊月最后一天的晚上，也指一年的最后一天，与正月初一首尾相连。

除夕中的"除"字，是"去""易""交替"的意思，除夕的意思是月穷岁尽，人们都要除旧布新，有除去旧岁换新岁的意思。所以在此节日期间的活动都围绕着除旧布新、消灾祈福这个中心进行。

除夕和正月初一作为春节的年节，是庆贺过年的高潮，也是核心。

除夕的起源传说和内涵

农历一年最后一天的晚上，即春节前一天晚上，又称该日为年三十，也叫"除夕"。除夕这个词是从岁暮演变而来。岁暮的根源体现在《诗经·唐风·蟋蟀》里：

■ 傩舞闹新春

■ 傩剧表演

蟋蟀在堂，岁聿其莫。
今我不乐，日月其除。
无已大康，职思其居。
好乐无荒，良士瞿瞿。

意思是说：蟋蟀还在叫，一年又到岁末。今天不乐，日月将除。但要居安思危，好乐也不应有过，这才是良士的所为。岁末夜还要除残去秽，才可以进入新年。

岁末除的另一种表达是送或逐除。《礼记·月令》中说，岁末第一要务是"命有司大傩，旁磔，出土牛，以送寒气"。

"有司"是指掌管驱疫的官吏。"旁磔"按唐朝经学家孔颖达的解释是，在四方之门分别披挂被肢解的牲畜，即鸡、羊与狗，与"大傩"目的是一样的。

大傩 秦汉时，在腊日前一日，宫禁之中集童子百余人为侲子，以中黄门装扮方相及十二兽，大张声势以驱除疫鬼，称为"大傩"。这是中国古代封建社会祭鬼神以驱逐疫灾的活动。古代人们认为瘟疫流行系疫鬼作祟，因此为预防和控制疫疠流行，每年在一定时期举行大傩。

■ 春节挂件

御史中丞 中国古代官名。秦朝起开始设置。汉朝为御史大夫的次官，或称御史中执法。汉哀帝废御史大夫，以御史中丞为御史台长官，后历代相沿，唯官名时有变动：曹操曾改御史中丞为宫正，取其纠弹百官朝仪的职掌而言；北魏亦曾改称中尉。南北朝，御史大夫时置时废。

大傩的形式，在《周礼·夏官·方相士》中有清晰的记载，专驱鬼怪的"方相士"由武夫担任，他们的手掌要蒙熊皮，头戴面具，面具上以黄金点目，穿黑衣红裙，执戈扬盾，挥戈时要呼"傩！傩"之声。

驱疫在冬至后阳气推阴气上升而弥漫的前提下，腊日是腊月初八，是进入岁末仪式的开端。

从腊月初八开始就要以大傩禳祭驱鬼，这驱鬼其实与除夕的祖先团聚相互关联，迎回祖先必须先要驱除外来的邪气。

中国在先秦时期就有"逐除"的习俗。据有关记载，古人在新年的前一天用击鼓的方法来驱逐"疫疠之鬼"，这就是"除夕"节令的由来。

相传在很久以前，有一个妖怪叫"夕"，专门害人，特别是看见哪家有漂亮的女孩儿，晚上就要去糟蹋她，而后还要把女孩儿吃掉。老百姓对夕恨之入骨，但又没有办法。

有个叫七郎的猎人，力大无穷，箭射得很好，养的狗也非常厉害，任何猛兽都敢去斗。七郎见百姓被夕害苦了，就想除掉它。他带着狗到处找夕，却始终没有找到。

原来，夕白天不出来，太阳落山后才出来害人，半夜后又不见了，没人知道它到底住在哪里。

七郎找夕找了一年，这天已是腊月三十，他来到一个镇上，见人们都在欢欢喜喜准备过年。

七郎心想，这个镇大，人多，姑娘也多，夕可能要来。于是，七郎就找镇上的人们商量，说夕最怕响声，叫大家天黑了不要睡觉，多找些敲得响的东西放在家里，一有动静就使劲敲，把夕吓出来除掉。

这天晚上，夕果然来了，它刚闯进一户人家就被发现了。这家人马上敲起了盆盆罐罐，接着，整个镇子也跟着敲起来。

夕吓得四处乱跑，正好被七郎看见了。七郎放出猎狗去咬它，夕就跟七郎和狗打了起来。人们一听外头打起来了，都拿起东西敲得震天响。

这时，夕有点斗不过七郎和猎狗，想逃跑，哪

■ 招财进宝花灯

普天同欢的节庆习俗

知道后腿被猎狗咬住不放。七郎趁机开弓猛射，一箭就把夕射死了。

从那以后，人们就把腊月三十叫"除夕"了。

关于"除夕"一词，最早见于古代文献，晋代御史中丞周处的《风土记》说：

至除夕达旦不眠，谓之"守岁"。

《风土记》又记载，除夕之夜，互相赠送，称为馈岁；酒食相邀，称为别岁；长幼聚饮，祝颂完备，称为分岁。

除夕一过，新年就到了，所以称为年除日，又称穷年、穷岁、除日、除夜、岁除、岁暮、岁尽、暮岁等。民间俗称大年夜、年三十儿或大年三十儿。

除夕还被称为年关，与端午、中秋并称为民间一年中清理往来账目的三大节关。

■ 排列整齐的灯笼

除夕的前一夜，民间俗称为小除；除夕夜又称大除。

除夕这一天对中国人来说是极为重要的。这一天人们要除旧迎新、吃团圆饭、守岁、放火炮等，表示驱除不祥、迎接幸福祥瑞。

除夕夜守岁的风俗，与上古年终围炉习俗的传承有关。原始先民掌握了火的使用之后，就用火取暖照明、烤食制器、防御野兽。

在母系社会里，威望最高的妇女管理着氏族里的炊事等活动，年终围炉守岁的原始遗风逐渐传承下来。有关"年"的传说，也说明除夕的历史更加悠久。

在《诗经·豳风·七月》中，记载了西周时期民间新旧岁交替时的风俗活动。一般庶民结束田间的农业劳动，已到了十月的冬季。

人们在室内生火，用烟熏鼠，准备过年，即所谓"八月剥枣，十月获稻，为此春酒，以介眉寿"，用收获物庆丰收、敬老人，成为最隆重的庆祝活动。同时举行敬神、敬祖活动，感谢神和列祖列宗的保佑，祈求来年再获丰收。

在周朝有关的史料典籍中，有周天子岁首与朝臣贺岁团拜的记录。西汉时，君臣在年节互相拜年，逐

■ 中国结挂件

阴阳五行 阴阳五行学说是中国古代朴素的唯物论和自发的辩证法思想，认为木、火、土、金、水五种最基本的物质是构成世界不可缺少的元素。这种学说对后来古代唯物主义哲学有着深远的影响，还说明人类生命起源、病理变化，对中医学理论体系的形成和发展有着极为深刻的影响。

渐成为皇家例制。汉武帝时颁行了《太阴历》，元旦节庆正式形成，除夕也成为重要的年节。

秦汉时代，"阴阳五行""五德终始"之说广泛流传于民间，方术之士遍布天下，他们有时讲灾异，有时讲祥瑞，周朝兴起的巫术再度盛行。

许多起源于迷信的民间风俗活动，也使维系新旧两年更替的除夕年节染上了迷信色彩，这实际上表达了人们向往美好生活的愿望。

南宋学者吴自牧的《梦粱录》卷六记载：

> 十二月尽，俗云"月穷岁尽之日"，谓之"除夜"。士庶家不论大小家，俱洒扫门闾，去尘秽，净庭户，换门神，挂钟馗，钉桃符，贴春联，祭祀祖宗。遇夜则备迎神香花贡物，以祈新岁之安。

唐宋时期，除夕作为年节，已被人们普遍重视。众多的年节活动，不断展示着中国传统文化丰富而厚重的内涵。

阅读链接

一年的最后一天，是春、夏、秋、冬四季中的最后一个节日，民间俗称"大年三十儿"，这天晚上称为"除夕"。

由于农历大月有30天、小月只有29天，所以除夕的日期也就有廿九、三十的不同了。但是这一天常常不论是二十九还是三十，习惯上都被称为"大年三十儿"。

在这一天，人们要彻底清扫室内外环境，即使平时很少光顾的犄角旮旯，这一天也要特别认真地打扫干净。俗话说"柴有柴样，炭有炭样。清水洒街，黄土垫厕。院里院外，喜气洋洋"。

辞旧迎新贴条幅和摆天地桌

　　农历腊月三十为除夕，俗称"大年三十儿"。人们辞旧迎新的主要庆典都集中在这一天，因此，这一天是一年中最隆重、最热闹的日子。

　　为了点缀年景，营造新春纳福迎祥的气氛，从早晨起人们就都梳妆打扮整齐。

■ 年货市场上的春联

福禄寿三星 福禄寿在中国神话中，是福星、禄星、寿星三星的合称。又称为"财子寿""三星""三仙"，象征财富、子孙、长寿。在中国，人们常用"福如东海，寿比南山"祝愿长辈长寿。道教创造了福、禄、寿三星形象，从而迎合了人们的这一心愿，"三星高照"也就成了一句吉利语。

旧时，女人们都戴上象征吉庆有余的绒花、绢花，门前贴上红色春联，词句因户而异。有的还要贴上红绿挂签，在窗户的玻璃上贴上窗花。室内贴上"一人新年，福在眼前。合家欢乐，人口平安"之类的春条。

此外，钱柜及大型生产工具，买卖店铺的幌子、招牌上，都贴上黄纸做的"道有儿"。但是，一些王府门头或较大的宅门往往不用这些装点，他们只将标有自家堂号的大红"气死风"灯挂起来就行了。

三十儿晚上至初一凌晨，传说诸神下界考察人间善恶。因此，各家各户的院内还要设天地桌，上设五供，焚香秉烛，以求过往神灵在新的一年里赐福。

摆天地桌的位置也不统一，如堂屋地方宽大，可置于屋中；如屋内无地方，就置于院中。

正厅设八仙桌，挂上红绣片的桌围子，摆上香炉、蜡扦，插上红蜡。蜡扦下边还分别压着黄钱、元宝、千章，谓之"敬神钱粮"。

各家所供的神像不一，大致说来，一是"百份"，即天地爷和诸神木版刻印的相册。头一张是黄纸彩色的玉皇大帝，半插半露地插在一个红灯花纸的口袋里，再夹在一个木夹子上。二是在大幅黄毛边纸上拓印的木刻水彩印刷的"天地三界十八佛诸神"的全神码。三是福禄寿三星

过新年时高挂的福字灯笼

的画像或瓷像。四是接进来的财神码，是给夜间接神准备的祭坛。

院内设生铁铸成的大"钱粮盆"一个，内放松木枝、芝麻秸，两旁各设一挂至数挂鞭炮。

在中国古代，如家里有佛堂、神龛的，在除夕之夜一律要上供，供品通常有呈堂套饼、呈堂蜜供、呈堂鲜果和其他多为素食品的干果或炒菜。

供品堂数不拘，有用一堂、三堂、五堂乃至九堂的。此外，还要做一碗年饭，摆上桂圆、荔枝、生栗子、红枣等年饭果，中间用一块大柿饼插上带松木豆染红的松枝，以红绳拴五枚小铜钱挂在上边，谓之"摇钱树"，再用黄、白年糕各一块，一块枣朝上，一块枣朝下，放在碗内，上插刘海撒金钱的元宝。

这两碗供品对称地放在供桌两边，前边摆设五供祭器，并点上大红蜡，以渲染年夜的气氛。

在除夕这一天的所有这些活动仪式，都表达了人们祈福保平安的美好愿望。

阅读链接

除夕之夜的供品呈堂套饼、呈堂蜜供、呈堂面鲜和呈堂鲜果等分别是：

呈堂套饼：即是用5个大小不等的月饼叠起来，上边摆个带红寿字的面桃，此为一碗，共5碗。每碗插一支供花。

呈堂蜜供：即是用面块小条过油后，滚上蜜，叠成小塔，高的有数尺，矮的只有几寸。除灶王供为3碗外，余者皆为5碗一堂。

呈堂面鲜：即用面粉制成的各种水果形的点心，亦为5碗，每碗亦插供花一支。

呈堂鲜果：如柑橘、苹果之类，只有梨不作供品。亦为5碗，每碗亦插供花一支。

祖国各地不同食俗的年夜饭

　　春节是中华民族的传统节日。农历腊月底和正月初，家家户户备好最好的美食，把最好的肉类、菜类、果类、点心类摆满，全家人尽情享用，也用来招待宾客。

新年饺子

花式枣糕

在中国各地，除夕的食俗也各不相同，但普遍反映了人们在这一重大节日的诸多美好愿望。

在北方，除夕夜有的人家要供一盆饭，年前烧好，过年食用，叫作"隔年饭"，表示年年有剩饭，一年到头吃不完，今年还吃昔年粮的意思。

这盆隔年饭一般是用大米和小米混合起来煮，北京俗话叫"二米子饭"，这是为了有黄有白，同时也叫作"有金有银，金银满盆"的"金银饭"。

在旧时的北京、天津，除夕夜一般人家做大米干饭，炖猪肉、牛羊肉，炖鸡，再炒几个菜。

至于除夕之夜的饺子，其中的素馅饺子要用来敬神，大家吃的则是肉馅的。生活不富裕的人家，则以肉、菜混合为馅。即便最穷的人家，过年时吃饺子的程序也是不会少的。

在饺子、年糕这些美食之外，老北京人家还要打豆儿酱，是一种

琥珀 是数千万年前的树脂被埋藏于地下，经过一定的化学变化后形成的一种树脂化石，是一种有机的矿物。琥珀的形状多种多样，表面常保留着当初树脂流动时产生的纹路，内部经常可见气泡及古老昆虫或植物碎屑。用琥珀形容豆儿酱，说明豆儿酱的色泽非常漂亮。

由肉皮、豆腐干、黄豆、青豆、水芥等做成的凉菜，色如琥珀，类似于肉冻儿。

此外还有芥末墩儿，这是用来佐酒和开胃的凉菜。节日中人们食用油腻食品多，易于生火、生痰，这些凉菜可以弥补这一缺陷。

东北人特别讲究过年，于是便有了有趣的民谣：

小孩儿小孩儿你别馋，过了腊八就是年。

腊八粥，喝几天，哩哩啦啦二十三。

二十三，糖瓜粘；

二十四，扫房子；

二十五，炸豆腐；

二十六，炖猪肉；

二十七，杀公鸡；

二十八，把面发；

■ 油炸豆腐

二十九，蒸馒头；

三十儿晚上坐一宿；

大年初一扭一扭。

■ 东北的黏豆包

民谣中列举的腊八粥、炸豆腐、炖猪肉等，都是春节东北的美食。

一些富裕的老东北人，过去还有除夕夜食鱼的习俗。鱼必须是鲤鱼，最初是以祭神为名目，后来则与"吉庆有余"的吉祥话相连，鱼不仅是美食，也是东北民间的供品。

东北还有一个习俗，就是进入腊月后会先杀一头猪，请村里人吃一顿，以示庆祝。然后再包黏豆包、做豆腐。

黏豆包大多由大黄米做皮加豆馅制成，几乎家家都要做，多则上百斤，少的也有几十斤，可以吃上一

腊八粥 是一种在腊八节由多种食物熬制的粥。其俗来自印度天竺，农历十二月初八是佛陀成道纪念日。作为民间风俗，腊八吃腊八粥以庆祝丰收。中国最早的腊八粥是用红小豆来煮，后经演变，加之地方特色，逐渐丰富多彩起来。

■春节糖果

个冬天。

当各式荤素大菜已备齐时，东北人还备糖果、干果和杂拌儿。所谓"杂拌儿"，就是今日的什锦果脯。当年这些小食品是人们围炉闲坐、守岁辞岁时的美食。

东北还有一个习惯，就是吃过年夜饭后吃冻梨。由于东北的天气比较寒冷，一些水果在冻过之后别有一番滋味。最常见的是冻梨和冻柿子。

最纯正的是冻秋梨。在北方有一种梨叫秋梨，这种梨刚摘下来的时候又酸又涩，于是人们就把这种梨采摘下来直接放在树下，盖上一层树叶。经过冰冻之后的秋梨酸甜可口，果汁充足。

冻梨在吃之前要放在水里解冻。年夜饭后吃这种梨，既能解酒，又能解油腻。

那些以祭祖祭神为名的供品和传统食品，几乎全保留下来了。如今的除夕佳节，餐桌上只能用"丰盛"一词形容了，什么川鲁大菜、生猛海鲜，都会出现在寻常百姓的餐桌上。

在厦门，除夕吃年夜饭，叫"吃廿九暝"，人们此时大都爱吃火锅，"围炉"合家欢。

火锅有一品锅、鸳鸯锅、四色锅。汤是猪肉或鸡鸭汤。主菜有"金元宝"鸡蛋、"银元宝"鸽蛋，整只蹄髈又叫"一团和气"，黑刺参与墨鱼用海带绑在一起叫"乌金墨玉"，鸡鸭翅膀叫"鹏程万里"，冬笋叫作"节节高升"，粉丝叫作"福寿绵长"，鱼丸、肉丸和发菜叫"团圆发财"，鸡头鸡尾、鱼头鱼尾叫作"有始有终"，加上火腿、脚爪叫作"平步青云"。最后吃长生果，意思是"长生不老"。

由于火锅热气腾腾，食品翻滚不停，不断续汤，添加作料，就叫"越吃越有，越烧越旺"。

厦门人特别重视鲜鱼，还有蚝、虾、珠蚶、旺螺、海带和发菜豆腐等。近年来又出现了啤酒火锅、豆腐火锅、丸子火锅、鱼肉火锅、什锦火锅等。

腊月三十儿是武汉人最重视的节日。这一天，全家欢聚一堂，吃一顿丰盛的年夜饭。年饭一般要用"三全"，包括全鸡、全鱼、全鸭；"三糕"，包括鱼糕、肉糕、年糕；"三丸"，包括鱼丸、肉丸、藕丸。

近年来人们又在桌子中间放置一火锅，热气腾腾，更增添了节日气氛。开饭时间多在天黑之前，也有在晚间的。开饭前，有的人家还要先祭祖，摆上几副碗筷请祖宗入席。祭祖仪式之后，大家才开始上桌吃饭。鱼这道菜是不能吃的，以祈年年有余。

在豫南一带，除夕的年

蚝仔 也称牡蛎，福建地区叫蚝仔，是一种海生贝类动物，在中国从渤海湾到南沙诸岛海岸均有生长。牡蛎外壳长得十分难看，但里面的嫩肉却极其鲜美。牡蛎可生吃，也可煮熟吃。明代李时珍的《本草纲目》则称牡蛎是"海族为最贵"，是介壳类中食疗作用最佳的"上品"。

■ 春节糖果

年三十的红烧鲤鱼

夜饭全家要吃到午夜。当新年的钟声敲响的时候，再端上一盘鱼，以示年年有余。

初一的早上，又将饺子和面条同煮着吃，面条代表钱串子，为发财之意。

除夕这一天，上海人把过年的一切陈设都布置妥当，如写春联、贴门神等。

晚上，全家老少围在一起吃年夜饭。菜肴远比平时丰盛，主要的一道菜用菜心、豆腐等烧成后，用百叶卷裹，称之为"卷钱捆"，以示新一年财源滚滚而来。

除夕以后，新的一年便正式开始了。从腊月三十儿的除夕到正月初一这两天，是过年的高潮期。

之后，从初二、初三开始，人们纷纷走出家门看望朋友，相互拜年，道贺祝福，说些恭贺新禧、恭喜发财、过年好等话，进行祭祖等活动。

当然，节日的热烈气氛不仅洋溢在各家各户，一些地方的街市上还有舞狮子、耍龙灯、演社火、逛庙会等习俗。这期间花灯满城，游人满街，热闹非凡，盛况空前，一直要闹到正月十五元宵节过后，春节才算真正结束。

正月大拜年

新春风俗

正月初一争先放"开门炮"

　　正月初一，古称元日、元辰、元正、元朔、元旦等，"元"的本意为"头"，后引申为"开始"。

　　因为这一天是一年的头一天、春季的头一天、正月的头一天，所

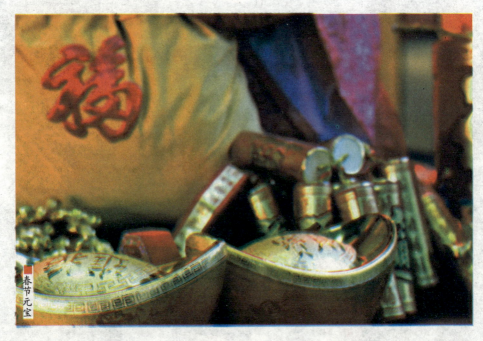

春节元宝

■ 春节灯笼

以称为"三元"；还因为这一天还是岁之朝、月之朝、日之朝，所以又称"三朝"；又因为它是第一个朔日，所以又称"元朔"。

初一早晨，为了开门大吉，人们会先放鞭炮，叫作"开门炮仗"。鞭炮声后，碎红满地，灿若云锦，称为"满堂红"。这时满地瑞气，喜气洋洋。

此外，正月初一还有上日、正朝、三朔、三始等别称，意思是这一天是年、月、日三者的开始。因此，这一天是春节庆祝中最隆重的一天。

为了开门炮仗，过年前的几天，家里的大人就要从街上买回红红绿绿的鞭炮，摊放在簸扁里晾晒几天，然后用旧的棉袄、棉被裹严实，不让鞭炮受潮。

每年过年，每家都要花不少钱买鞭炮，据说谁家的鞭炮声越多越响，就预示着谁家新的一年日子越红

簸扁 指用劈成条的竹片或者芦苇、高粱秆皮等制成的一种簸器。这种簸器民间亦称簸盒、簸箕、簸箩、簸罐等。因其外形美观、质地坚韧、轻便实用、制作精巧，深得旧时人们的青睐。

春节灯炮

火，会行大运。

大年初一凌晨，天刚蒙蒙亮，人们便起床了，家家户户第一件事就是争先恐后放"开门炮"，梆敲三更，响炮连天，这意味着开门大吉，也宣告新年开始。

到处一片鞭炮声，象征送旧迎新和接福，俗谓"接年"。大家都用鞭炮迎接新春，看谁家的响声大、响的时间长，看谁家的礼花品种多。各式各样的鞭炮、礼花把夜空映得五彩缤纷，预祝新年吉祥如意、兴旺发达。

放"开门炮"也有惯例：男主人起床，口念吉词先开门，放鞭炮于门口。一般是先放小鞭炮一串，称"百子炮"；再放双声大鞭炮，手腕那么粗的大鞭炮只放3发，但要"带四放三"，留一个做"备炮"。

全家老小团聚在门前大场上，满怀着兴奋和喜悦，一边相互祝福，一边看着家中男主人把鞭炮摆成吉祥图案，然后小心翼翼地点着引信，随着"刺"的一溜火花，"噼里啪啦"的小鞭炮满地欢跳，硕大的炮仗满载着人们的祝福和希望，"通"的冲向蓝天，又"啪"的撒下一片繁花。

"开门炮"放得越高越响越好，要求3发都响，声音洪亮清脆，最为吉祥。意味着可解除一年的疫疠灾晦，并表示接新年。

普天同欢的节庆习俗

据说放"开门炮"越早越好，象征当年做什么事都会顺利、如意、发财，农民会五谷丰登。有些地方在放开门炮时，还口中念道：

开大门，放大炮；财亦到，喜亦到。

新年的第一天，人们还会早早地起床，穿上最漂亮的衣服，打扮得整整齐齐，出门走亲访友，互相拜年。

拜年是中国民间的传统习俗，是人们辞旧迎新、相互表达美好祝愿的一种方式。

通常，正月初一的拜年是家长带领小辈出门谒见亲戚、朋友、尊长，以吉祥之语向对方祝颂新年。幼者须叩头致礼，谓之"拜年"。主人则以点心、糖食、红包热情款待。

古时"拜年"一词原有的含义是为长者拜贺新年，包括向长者叩头施礼、祝贺新年如意、问候生活安好等内容。遇有同辈亲友，也要施礼道贺。

喜庆新春

普天同欢的节庆习俗

■ 春节拜年蜡像

陕北 是中国黄土高原的中心部分，包括陕西省的榆林市和延安市，它们都在陕西的北部，所以称作陕北。地势西北高，东南低。基本地貌类型是黄土塬、梁、峁、沟、壕，是黄土高原经过现代沟壑分割后留存下来的高原面。

古时有拜年和贺年之分：拜年是向长辈叩头，贺年是平辈相互道贺。

拜年从家里开始。初一早晨，晚辈起床后，要先向长辈拜年，祝福长辈健康长寿。长辈受拜以后，要将事先准备好的"压岁钱"分给晚辈。

拜年是尊老敬贤的传统习俗，这种传统在中国很多地方一直流传着。

在大年初一早上，拜毕天地、财神、庙神、祖宗，则要向长者拜年。之后是儿孙辈登门给祖父母、父母拜年。

拜过年，儿孙们坐在炕上，爷爷、奶奶、爸爸、妈妈把早已准备好的瓜子、花生、糖果、油炸糕、酸枣等食品端出来，让晚辈们品尝，并给孩子们一些钱币，这些钱币是"压岁钱"，也是"赐福钱"。

孩子们高高兴兴地接过长辈的钱，欢欢喜喜地吃着糖果、瓜子、油炸糕之类，长辈们看着晚辈生龙活虎的样子，也欢乐无比。

在给家中长辈拜完年以后，人们外出相遇时也要笑容满面地恭贺新年，互道"恭喜发财""四季如意""新年快乐"等吉祥话语，左右邻居或亲朋好友亦相互登门拜年或相邀饮酒娱乐。

新年拜年的方式多种多样，有的是族长带领若干人挨家挨户地拜年，有的是同事相邀几个人去拜年。

开门喜，出门喜，处处欢喜。吃过饭后，村人互相见面也要拜年问好。拜年的方法是辈分小者、年龄小者向长辈、长者作揖，祝其康健；长辈、长者也回敬一揖，并致以问候。

随着时代变迁，拜年的习俗也日趋简单了。孩子们给祖父母、父母拜年时尚有叩头作揖的，给邻居拜年就不必拘礼了。村人邻居相见，也不说康健、长寿之类的问候语，而改为"新年好""过年好"等时新语言。

语言虽然变了，但是祝福的心情没有变。

随着时代的发展，拜年的习俗亦不断增添新的内容和形式。人们除了沿袭以往的拜年方式外，又兴起了多种多样新的拜年方式。

阅读链接

在中国，还流传着一个关于"开门炮"的故事。说是在从前，村内有一个穷人，由于连年不顺，在除夕夜这晚为来年营生无着落而苦闷睡不着觉，于是在半夜到屋外放起鞭炮来。

放炮声吵醒附近的邻居，邻居们出来查看究竟，发现是穷鬼起来放炮，都说："穷鬼起来啦？""穷鬼怎么这么早就起来放鞭炮了？"

结果，从那年开始，穷鬼真的"起来了"，遇到了贵人，做起了生意，家产日盈，彻底告别了贫穷。

这个当年的穷人认为是得了左邻右舍的"好口彩"，而人们则认为那是穷鬼在正月初一大早就起来放鞭炮才发家的。于是，从那以后，大家都在正月初一争相起早放"开门炮"，希望来年能发家致富。

正月初二回娘家与祭财神

正月初二是中国农历一年之中的第二天，亦是正月第二天，它在中国二十四节气的立春和雨水两个节气之间。

据西汉著名文史家东方朔的《占书》中说，正月初一为鸡，初二为犬，初三为猪，初四为羊，初五为牛，初六为马，初七为人，初八为谷。

为此，传统上，在正月初二这天叫作"狗日"或者"犬日"，古人认为，这一天是狗的节日，因此这一天不能吃狗肉。

在这一天，中国旧时有回娘家、祭财神等习俗，这些都是庆祝春节的重要活动。

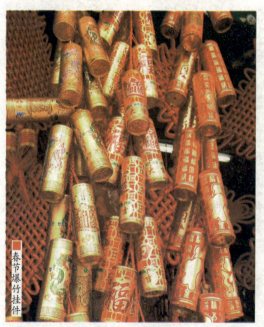

春节爆竹挂件

正月初二，嫁出去的女儿们便纷纷带着丈夫、儿女回娘家拜年。在北方地区则为正月初三。

所谓回娘家，当然是指已婚女儿带夫婿、孩子回到家里给父母拜年。为什么必须在初二而不是初一呢？

过去迷信观念认定，已逝的老祖宗，年底从天上回家享受供奉，老祖宗如果看到家里有"外人"，就不愿进家了。因为已婚女人被认为是"外人"，所以已婚女人不能在家里过除夕和初一。

老祖宗享用供奉后，在初一或初二早上就回到天上了，女儿就可以回家了。这个规矩在旧社会特别是农村是很严格的，违反了就是大不敬。

后来，人们虽然不相信鬼神，但仍然严格地遵守着。如果由于某种特别的原因，已婚女儿在家里过年，那可能父母、家人包括自己都会十分不高兴。这也是一种沿袭已久的文化现象。

"回娘家"又称"归宁"。在大年初二，女儿回娘家时，必须办一大袋饼干、糖果，由母亲分送邻里乡亲，一如过年的情景。

如果家中有多个女儿，而这些女儿又不在同一天归来，那么，就要来一个分一次。礼物颇薄，四块饼干而已，然而，它表达的情意却甚浓，真正是"礼轻情意重"，它表达了姑娘对乡亲的思念。

姑娘回到家中，若家中有侄儿，当姑母的必须再掏腰包，尽管在初一给"压岁钱"时已经送了，可这一次意义不同。这一习俗，广东潮汕人称为"食日昼"。顾名思义，仅仅是吃中午饭而已，女儿必须在晚饭前赶回婆家。

吉祥挂件

除了回娘家，北方在正月初二这一天，还要祭财神。在这一天，无论是商贸店铺，还是普通家庭，都要举行祭财神活动。各家把除夕夜接来的财神祭祀一番。实际上是把买来的粗糙印刷品焚化了事。

这天中午要吃馄饨，俗称"元宝汤"。祭祀的供品要用鱼和羊肉。老北京的大商号，这天均要大办祭祀活动。祭品要用"五大供"，即整猪、整羊、整鸡、整鸭、红色活鲤鱼，祈望当年发大财。

中国民间所供财神大多以赵公明居多，其印刷形象很威武，黑面浓髯，顶盔贯甲，手中执鞭。周围画有聚宝盆、大元宝、珊瑚之类的图案，加以衬托，突出其富丽华贵效果。

阅读链接

在中国古代，关于财神是谁的说法并不统一，主要有以下几种：

赵公明，因道教第一创始人张天师曾命其守玄坛，故又名赵玄坛。此人来源于《封神演义》，姜子牙封他为"金龙如意正一龙虎玄坛真君之神"。赵明朗，字公明，道教中的玄武之神，俗称"赵公元帅"。

范蠡，春秋时期越王勾践手下大臣，帮助越王打败吴国，后来经商发了大财，改名陶朱公。被后人奉为财神。

关羽，是三国中的"全能"人物，最重义气，后人把"义"和"利"等同对待，奉其为财神。一般商号供奉关羽者居多，认为他对商号有保护作用。

正月初三不拜年，觉要睡个饱

正月初三称为"小年朝"，也称为"赤狗日"。民间亦传说初三晚上是"老鼠娶亲"的日子，所以一般人家都早早熄灯睡觉，以免打扰了鼠辈。

中国古人认为，正月初三这一天为谷子的生日，要祝祭祈年，且禁食米饭。

门神贴画

在宋代，这天也是天庆节，后来称小年朝，不扫地，不乞火，不汲水，与正月初一相同。

中国民间有民谣说："初一早，初二早，初三睡个饱。"就是说到了初三，总算告一段落，可以晚起些，补补前两天缺的睡眠，以保健康。

三牲 亦称"太牢"，是古代祭祀用的供品。三牲有大小之分：大三牲指羊头、猪头和牛头；小三牲指鸡头、鸭头和兔头。也有说大三牲指猪、牛、羊；小三牲指鸡、鸭、鱼。后来也称鸡、鱼、猪为三牲。不过，也可以理解为组合祭祀、大型组合宴会中的三个不同等级使用的牲畜。

■ 门神贴画

在这一天，中国古代有烧门神纸的习俗。

民间信仰"报赛"活动，其实质就是酬神，即对神的感恩、报答、酬谢。比如，客家人对门神的感恩报赛活动，就是大年初三"烧门神纸"，其酬神仪式也相对简单。

在初三这天夜幕降临后，家家户户都焚香秉烛，以三牲、水果、酒饭拜谢门神。然后将年节时的松柏枝及节期所挂门神像、门笺纸等一并焚化。

在旧俗里，客家人在大年初五"出年界"，因此在大年初三的"烧门神纸"也意味着年界即将过去，人们即将开始各自的营生。

客家俗语说："火烧门神纸，大人做生意，细伢捡狗屎。"就是说正月休闲吃喝到此差不多了，再过些天大人们做生意的该做生意了，耕田的得耕田了。

从此商开市、士入学，人们开始从浓浓的年味里走出，走入新一年的奔忙。

虽然广大汉族地区自清代开始基本不再拜祭门神，只保留了除夕"贴门神"的习俗，但长江流域各省还有不少地方保留了年初三"烧门神纸"的岁时传统。

在中国南方，大年初

三早上还要贴"赤口"，认为这一天里容易发生口角，不宜拜年。

所谓"赤口"，一般是用长七八寸、宽一寸的红纸条，上面写上一些出入平安吉利的话，贴在前门和后门的门顶上。

另外有一张放在垃圾上面挑出外面倒掉。这些垃圾都是初一、初二两天积下来的，一定要到初三才能一起清理倒掉，否则，等于把家中的金银财宝向外倒掉一样。

总之，贴"赤口"是使人们心理上觉得一年到头都能出入平安，不与人发生口角，避开各种不幸和灾难，家中能够招财进宝、万事如意。

布老虎

阅读链接

大年初三这一天，在河南、湖北等地，尤其是豫北地区，有出嫁的闺女回娘家的习俗。

每到这一天，出嫁的女儿们带着丈夫和儿女一起回娘家走亲戚，当地人也叫"回娘家"或"走姥姥家"。

女儿和父母、丈夫一大家子人凑在一起吃一次团圆饭，也是连襟们相互交流的好机会。

正月初四迎灶神与接五路

普天同欢的节庆习俗

灶神年画

正月初四，是女娲创世神话的"羊日"，故常说的"三羊开泰"乃是吉祥的象征，也是恭迎灶神回民间的日子。

传统的正月初四是迎神的日子，而年前腊月二十四是送神的日子。传说下界诸神都在送神时升天向玉帝拜年并报告人间的善恶，于正月初四再度下凡。

据说，神明上天述职，禀报人间善恶，到了大年初四会返回人间，继续接受祭拜与监察人间的善恶，因此，这一天必须非常谨慎地迎接神明下凡，故称为"接神日"。

据说腊月二十四到大年初四这段时间，天界改派其他天神下界巡逻，监视一切，然后上奏天庭。

在北方还有个传说：初四灶王爷要查户口，因此也不宜离家，家家户户都要守在家里，准备丰富的果品，焚香点烛并施放鞭炮，以示恭迎。

北方有些农村的风俗，要绑上火神，用玉米秸或麦秸绑在棍子上，点燃后从自己家送到河里去，代表一年家里无火灾。

在大年初四晚上，一般商家还会接请五路财神，初五开市，以图吉利。

古人们深信，只要能够得到财神显灵，便可发财致富。初四这天下午，接五路财神仪式的准备工作就开始了，直到晚上才结束。

先是摆案桌，一般用几张八仙桌拼起来即可。头桌是果品，如广橘、甘蔗，寓意财路广阔、生活甜蜜。二桌是糕点，寓意高升、常青。三桌为正席，供全猪、全鸡、全鱼，并有元宝汤等。

半桌是饭、菜，一碗路头饭中插一根大葱，葱管

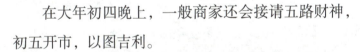
■ 灶神年画及香案

火神 是中国神话中民间俗神信仰中的神祇之一，中华各民族都有祭祀火神的风俗，由于地区不同，历史文化不同，对火神有不同的认识和解释。在中国北方信奉萨满教的各民族中，火神是一位古老的男性，被称为火神公，而西南少数民族则把燃烧的火焰视为火神的化身。

农家的财神塑像

内插一株千年红，寓意兴冲冲、年年红。第三桌上的酒菜须等接上五路财神后方可奉上。

接五路财神需主人带上香烛分别到东、西、南、北、中五个方向的财神堂去请接，每接来一路财神，就在门前燃放一串百子炮。

全部接完后，主人和伙计依次向财神礼拜，拜后将原供桌上的"马幛"火化，表示恭送财神。这样仪式才算结束了。

阅读链接

在中国的福建莆田地区，除夕大年三十儿，叫作"岁"，而初四叫作"大岁"。关于这个说法，源于一个古老的传说。

据说，在明朝年间，倭寇不时骚扰中国东南部沿海地区。一次，莆田人正在高高兴兴过年三十儿的时候，倭寇杀过来，烧杀抢掠，幸存的人们跑进了山里。

后来倭寇被打退了，人们也从山里回家了，但是年没过成，而且很多家庭也失去了亲人。所以，在莆田地区，初二忌讳去别人家里拜年串门，因为在古代莆田，这个日子人家在治丧。

等过了初三，大伙都觉得，因为年三十儿没过好年，应该再过一次，因此就定初四再过一次年，而且办得更隆重。于是，这个习俗就被莆田人代代传了下来，直到现在。

正月初五迎财神与开集市

农历的正月初五，俗称"破五"。中国民间一说初五前有诸多禁忌，过此日皆可破。按照旧的习惯这天要吃"水饺子"，在北方叫"煮饽饽"。

春节拜年

■ 元宝鱼招财挂饰

有的人家饺子只吃两三天，有的隔一天一吃，没有不吃的。从王公大宅到街巷小户都如此，就连待客也是如此。

在这一天，妇女们也不再忌串门，开始互相走访拜年、道贺。新嫁女子在这一天归宁。一说破五这一天不宜做事，否则本年内遇事破败。

除破五习俗以外，在正月初五这天，主要还有迎接财神、祭路头神和开市贸易等。

中国古人认为，正月初五这天为"财神生日"，中国南方在这天祭财神。按照旧俗，春节期间大小店铺从大年初一起就关门了，而到了正月初五这天，家家又都重新开张了。

大家闻鸡鸣即起，放鞭炮，在招幌上挂红布，共喝财神酒。祭品中必须有一条大鲤鱼，"鲤"为"利"的谐音，故称该鱼为"元宝鱼"。

初五早上必有叫卖元宝鱼的，各店铺争购，用线穿鱼脊并挂在房梁上，鱼头朝内，身上贴红纸元宝，

招幌 又称幌子，是现在广告牌的雏形。在中国古代漫长的农耕时代里，从事商贸、修理、加工、服务等业者为招揽顾客、推销货物，采取了多种多样的招幌形式。招幌经商，世代相袭，形成了独特的民俗文化。随着社会变革、经济发展，中国一些招幌形式发生演变，一些流传延续至今。

寓意可以"招财进宝"。

除了叫卖鲤鱼的，还有"送财神"的，多是一些贫寒子弟或街头小贩，他们低价买来财神像，穿街走巷，挨门挨户叫卖："送财神来喽！"

户主绝不能说"不要"，而要客气地说："劳您驾，快接进来。"几个铜子儿可买一张，即使再穷也得赏个豆包，换回一张，讨个"财神到家，越过越发"的吉利。

民间还传说，财神即五路神。所谓"五路"指东西南北中，意为出门五路皆可得财。凡接财神须供羊头与鲤鱼，供羊头有"吉祥"之意，供鲤鱼是图"鱼"与"余"谐音，讨个吉利。因此，每到过年，人们都在正月初五零时零分，打开大门和窗户，燃香、放鞭炮、点烟花，向财神表示欢迎。

接过财神后，大家还要吃路头酒，往往要吃到天亮。大家满怀发财的希望，但愿财神爷能把金银财宝带来家里，在新的一年里大发大富。

此外，在正月初五，还

吴地　指中国春秋时吴国所辖之地域，包括今之江苏、上海和安徽、浙江、江西的一部分，后扩展至淮河下游一带。现吴地一般指苏南，苏州为东吴，常州为中吴。

年画五神像

有祭路头神的习俗。路头神是吴地信奉的一位财神。旧俗认为，正月初五这天是他的生日，祭祀迎接，颇为壮观。

路头又称"五路神"，据说是五圣神。一般以此路头为古五祀中的行神，所谓五路乃东西南北中。财货无不凭路而行，故人们以行神为财神，加以祭祀，希望它引财入门或出行获利。古人外出行旅，祭祀路神以求平安。

路神变为财神，是因为商业的发展、财货流通加剧的原因。财货往来于陆水之间，人们认为路主宰了财货。

人们认为接路头越早越好，最早接到的才是真神，特别灵验，因此有的地方，真的在初四便"匆匆抢路头"了，且相沿成俗。既然路神已不再是行旅的保护者，人们便不再在赴旅时祭祀了。

另外，人们还会选择在正月初五这一天开市。旧俗以正月初五为财神的生日，认为选择这一天开市必将招财进宝、财源滚滚。

在中国古代广泛流行的正月开市习俗，反映了中国古人普遍希望辞旧迎新，迎接新一年美好生活的传统心理。

普天同欢的节庆习俗

阅读链接

在中国，有些地方又把初五日叫作"圆年"，意思是说年过完了，到这一天要做一个总结，画句号了。

其实，这是"破五"的变种，是由于不知"破五"的由来，慢慢地演变出来的。

据《封神榜》所说，姜子牙封神，把背叛他的妻子封为"穷神"，令她"逢破即归"。

神话传说中，姜子牙的妻子是很让人讨厌的背夫之妇，封了穷神以后，就更让人讨厌了，还没听说有谁是喜欢穷神的，所以人们就在初五这一天"破"她，让她"即归"就是马上回去吧！

正月初六大扫除送"五穷"

"六"在中华文化中是个吉祥数字，有"顺"的意思，而正月初六这天是一年的第一个"六"，因此，这一天是人们选择出门的好日子。因此许多人选择这天拜年，开始走亲访友。

农家春节场景

■ 财神爷塑像

正月初六，又称为"马日"。这一天开始大扫除，所以称为"挹肥"。人们在这天才真正开始工作或做生意。

这一天也表示旧时农民于此日开始下田，准备春耕。但是，正月初六主要习俗是大扫除"送穷"出门。

正月初六"送穷"，是中国古代民间一种很有特色的岁时风俗，其意就是祭送穷鬼。

穷鬼，又称"穷子"，指"智穷、学穷、文穷、命穷、交穷"五种穷鬼。

相传，穷鬼是黄帝孙子颛顼帝之子。他身材羸弱矮小，喜欢穿破衣烂衫、喝稀饭。即使将新衣服给他，他也扯破或用火烧出洞以后才穿，因此"宫中号为穷子"。

正月初六这一天，人们用纸造妇人，称为"扫晴娘""五穷妇""五穷娘"，身背纸袋，将屋内秽土扫到袋内，鞭炮从每间房屋里往外放，边放边往门外走。说是将一切不吉利的东西、一切妖魔鬼怪都轰出去，越远越好。这一习俗又称为"送穷土""送穷媳妇出门"。

黄帝 上古时代一位著名的部落联盟首领，传说是少典与附宝之子，本姓公孙，居轩辕之丘，号轩辕氏，建都于有熊，亦称有熊氏。史载炎帝以姜水成，因有火德之瑞，故号炎帝；黄帝以姬水成，因有土德之瑞，故号黄帝。

打扫卫生是一种彻底的大扫除。从每间房屋里把垃圾扫出门外。有的地方腊月三十到正月初六以前，一般是不允许搞卫生的，但能扫扫地，只能在屋里扫，垃圾只能先放在屋里的拐角处。

特别大年初一，这天是一扫帚也不能动的，说是动了就将好运气弄掉了。可到"送穷"这一天，却非彻底地搞一回大扫除不可了。因为中国古人把垃圾视为穷鬼的象征。

等到垃圾扫出大门，扫到一个角落，便也将鞭炮从屋里放到了屋外，于是拿来一个极大的鞭炮，放在那垃圾堆上点燃了，"轰隆"一声仪式完毕。

然后，人们便说，这一下子，一切穷气穷鬼都给赶跑了！

做完这一切以后，人们才开始吃早饭。

"送穷出门"，就要把它送得远远的。尤其放

■ 农家浓郁的新年氛围

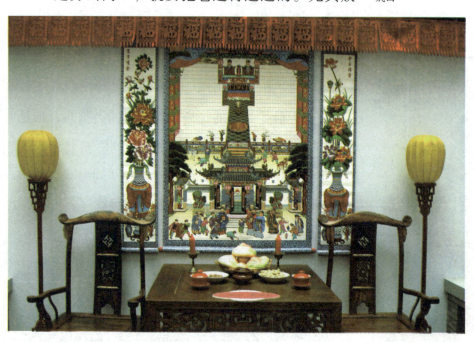

■ 古民居的春联及红灯笼

鞭炮，称"崩穷"，把"晦气""穷气"从家中崩走。人们从初一至初五已经5天没干活了，日出之前放炮崩穷后，要努力干一天活，称为"恨穷"。

在中国，还有些地方的人们甚至还用草或纸扎车、船，为"穷鬼"准备象征性的"交通工具"，有的地方还有"以芭蕉船送穷"的做法，还要给"穷鬼"带上干粮。

有些地方要将鲜肉放在锅中炙烤，还要爆炒麻豆，让其崩裂发声，这样可以崩除穷气，求得财运。此外，旧时除夕或正月初五要吃得特别饱，俗称"填穷坑"。

老北京的民俗称：这一天，家中主妇要把节日积存的垃圾扔出去，谓之"送穷鬼"，门上的挂笺也可摘下来同时扔出去，叫作"送穷神"。

这一天最受欢迎的是当年满12岁的男孩儿，12是6的2倍，可称六六顺。又传说福神刘海是北京人，是个穿红披绿的胖小子，民间流传着"刘海戏金蟾，步步钓金钱"的俗语，其形象很受市民欢迎。

为此，正月初六，正值本命年的男孩儿，以刘海的形象打扮，背着5个用白纸或彩纸剪成的小人儿上街，谁抢到就算谁抢到了财神，被抢者则叫扔掉穷鬼。

如果两位都是本命年者相遇，谁先抢到对方背后

刘海 与八仙一样，也是喜剧色彩很浓的神仙。明朝《列仙全传》中，刘海为八仙之一，到了《八仙出处东游记传》中，刘海的位置被张果老顶替。刘海，原为五代时人，本名刘操，字昭远，先为辽国进士，后出家修道，号海蟾子。传说他从16岁起便开始做官。

农家人的招财狮

的小人儿谁吉利。也有用布制小包当穷鬼向外扔的，双方背后均要背个小筐，先把小包投入对方背后筐中者为先扔掉穷鬼，也就吉利。

　　各地民间的"送穷"时间、方法虽然有些大同小异，但都普遍反映了人们希望送走旧日的贫穷困苦、迎接新一年幸福生活的美好心理。

阅读链接

　　在中国，关于"送穷"的日期，有几种说法：

　　一说是以正月晦日为送穷日。唐韩愈《送穷文》李翘注："予尝见《文宗备问》云：'颛顼高辛时，宫中生一子，不着完衣，宫中号为穷子。'其后正月晦死，宫中葬之，相谓曰：'今日送却穷子。'"

　　一说是以正月二十九为送穷日。《岁时广记·月晦》引《图经》："池阳风俗，以正月二十九为穷九日，扫除屋室尘秽，投之水中，谓之'送穷'。"

　　一说是以正月初六为送穷日。《岁时广记·人日》引宋吕原明《岁时杂记》："人日前一日，扫聚粪帚，人未行时，以煎饼七枚覆其上，弃之通衢以送穷。"为此，在北京现在仍保留有正月初六送穷鬼的风俗。

初七人日节与初八要放生

春节剪纸年画

正月初七是中国传统习俗中的人日，也称"人胜节""人庆节""人口日""人七日"等。

传说女娲初创世，在造出了鸡狗猪牛马等动物后，于第七天造出了人，所以这一天是人类的生日。人日当天也有放花炮、烟花等习俗，故人日亦是火的生日。几经演变，成为汉族吃七样羹的习俗。

中国从汉朝开始便有人日的节俗，魏晋后开始受到重视。古代人日有戴"人胜"的习俗。

人胜是一种头饰，又叫"彩胜""华胜"，从晋朝开始有剪彩

为花、剪彩为人，或镂金箔为人来贴屏风，也戴在头发上。

■ 连年有余年画

在初七这天，还有赠花胜，就是人们制作各种花胜，用彩纸、丝帛、软金做成花朵，相互馈赠。

这天，古人还有登高赋诗的习俗。唐代之后，人们更重视这个节日。每到正月初七，皇帝赐群臣彩缕人胜，又登高大宴群臣。如果正月初七天气晴朗，则代表这一年人口平安、出入顺利。

在中国古代，这天还要吃春饼卷"盒子菜"，即一种熟肉食品，并在庭院摊煎饼，进行"熏天"。

此外，在这天，有的地方还要吃七宝羹，即用七种菜做成的羹，以此来取吉兆，并说此物可以除去邪气、医治百病。因各地物产不同，每个地方所用的果菜也有所不同，取意也有差别。

广东潮汕用芥菜、芥蓝、韭菜、春菜、芹菜、

屏风 古时建筑物内部挡风用的一种家具。屏风作为传统家具的重要组成部分，历史由来已久。屏风一般陈设于室内的显著位置，起到分隔、美化、挡风、协调等作用。它与古典家具相互辉映，成为家居装饰的整体。古人在初七这天喜欢把华胜饰品贴在屏风上。

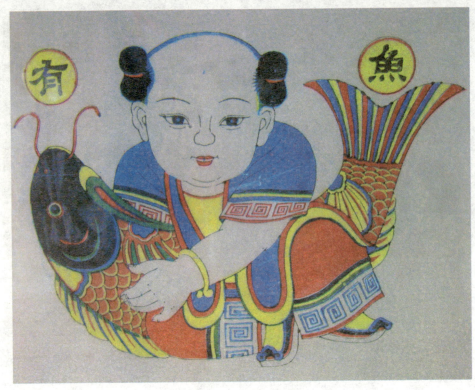

■ 新春年画

蒜、厚瓣菜；客家人用芹菜、蒜、葱、芫茜、韭菜加鱼、肉等。其中，芹菜和葱预兆聪明，蒜预兆精于算计，芥菜令人长寿，凡此种种。

南方一些地区，人们有在人日时"捞鱼生"的习俗，即类似吃生鱼片。捞鱼生时，往往多人围满一桌，把鱼肉、配料与酱料倒在大盘里，大家站起身，挥动筷子，将鱼料捞动，口中还要不断喊道："捞啊！捞啊！发啊！发啊！"而且要越捞越高，以示步步高升。

在中国北方则有用炒过的大米拌上饴糖，做成球状或方状食品食用，叫"响太平"，寓意"太平安康"。

大部分地方在这天还有吃面条的习俗，寓意用

饴糖 是以高粱、米、大麦、粟、玉米等淀粉质的粮食为原料，经发酵糖化制成的食品，又称饧、胶饴。主要含麦芽糖，并含维生素B和铁等。有软硬之分，软者为黄褐色黏稠液体；硬者系软饴糖经搅拌，混入空气后凝固而成。在中国北方，在初七这天，喜欢食用此食品。

面条缠住岁月的双腿，取"长寿"之意。

过完正月初七，就是传说中谷子的生日正月初八了。在这一天，人们不仅要庆祝谷子的生日，还要对鸟类进行放生。

这些习俗不仅体现了古人尊重自然万物和谐相处的品德，也表达了新春之始，企盼世间各种生物兴旺发达的美好愿望。

初八是谷子的生日，据传这天如果天气晴朗，那么这一年就会稻谷丰收，天阴就会歉收。

谷日节这天所蕴含的重视农业、珍惜粮食的思想，十分值得继承。在谷日节感受农业的重要，对于四体不勤、五谷不分的人来说，还是很有教育意义的。

对于农耕社会来说，谷是命脉，这一天人们要观谷、食谷和养谷。这天，全家穿着汉服，离开城市来到乡村田野，大人向小孩子介绍基本农业知识，全家观看各种越冬作物的长势，让小孩儿和大人一起亲近农业，帮助孩子树立尊重农业、农民，爱惜粮食的意识。

在春节期间，来到郊外田野，也是一种很好的休息远足活动。返家后，由孩子亲手做一餐谷物晚餐给全家食用。如让孩子亲手和面蒸馒头、亲手做面条、亲手淘

■ 春节装饰挂件

普天同欢的节庆习俗

放生 就是救护那些被擒、被抓的鸟、鱼等生物的命，而众生最宝贵的就是自己的生命得以重拾生机。救它们的命，它们感激最深，所以功德至大。将被捕获的鱼、鸟等众生放之于山野或池沼之中，使其不受人宰割，便称之为"放生"。在中国，正月初八为放生日。

米蒸饭、亲手熬粥，大人只进行必要的指导，而不要代替。通过这种方式，让孩子更真切地懂得粮食的珍贵、劳动的不易。

在这一天，人们还有放生的习俗。人们认为，鸟是吃谷的，会抢夺人的收成，所以这一天要放生，主要放生的对象是鸟和鱼，人们借此表达好生之德，同时也讨好一下鸟类，让它们嘴下留情。

放生表达了人与自然和谐的善意，而不打捞、捕捉放生的动物，更体现了人的敬畏之心，有了善意与敬畏之心，和谐才会有保障。选择初八放生，就是因为初八是顺星之日，可以让星宿看到自己的善行。

顺星又名祭星。正月初八晚上，人们去庙里上香祭祀星君，即顺星，等天上星斗出齐后，各家都要举行一个祭祀顺星的仪式。

祭祀仪式上，人们还要选择两张神码，第一张印

■ 春节夜晚的花灯

着星科、朱雀、玄武等，第二张是"本命延年寿星君"。

二张神码前后放在一起，夹在神纸夹子上，放在院中天地桌后方正中受祀。神码前陈放着用香油浸过的黄、白灯花纸捻成的灯花，放入直径寸许的灯盏碗，或用49盏，或用108盏，点燃。再供熟元宵和清茶。

黄昏后，以北斗为目标祭祀。祭祀后，待残灯将灭，将神码、香根与芝麻秸、松柏枝一同焚化。

祭星结束后，全家聚在一起吃一顿元宵。如今，人们都是在正月十五吃元宵，其实古人一般选择在正月初八吃，以此表示圆满。

春节的花灯

阅读链接

据说，在古代，人们在正月初七这天，还喜欢用占卜的方式预测这一年的吉凶。汉魏以后，人们又逐渐把这一活动发展成为包括庆祝、祭祀等活动内容的节日。

到了唐代，人们仍相当重视人日节。高适的《人日寄杜二拾遗》诗中就有"今年人日空相忆，明年人日知何处"的感怀之句。它证明唐代的人日节，已不仅仅专用作祈祥祝安，又衍添了一层思亲念友的气氛。

时至今日，也有在外的游子在年前回家，过了人日节才能远走他方。人日节这天不出远门，不走亲串友，在家团聚。人日节下午一般吃长面，也叫"拉魂面"。意即过年时人都走东串西，心都野了，人日一过该准备春耕生产了。故而吃拉魂面，把心收回来，准备春耕生产。

初九拜天公与初十忌搬石

　　中国古人认为，"九"在数目中表示多数，最多、最大，因此在正月初九这天，人们称之为"天日"。传说这天是玉皇大帝的生日，必须隆重庆祝。

■ 祭祀玉皇大帝

■ 春节喜庆鞭炮

"九"与"酒"谐音，九不离酒。因此，各家各户都要准备丰盛的酒宴，尽兴喝个痛快，给玉皇大帝祝寿。

"天公"就是玉皇大帝，道教称之为"元始天尊"，是主宰宇宙最高的神。

正月初九为玉皇圣诞，俗称"玉皇会"。传言天上地下的各路神仙，在这一天都要隆重庆贺，玉皇在其诞辰日的下午回銮返回天宫。这时道教宫观内均要举行隆重的庆贺仪式。

旧时这天人们会举行祭典以表庆贺，自午夜0时起一直到当天4时，都可以听到鞭炮声。

祭拜的仪式相当隆重，在正厅天公炉下摆设祭坛，一般都是用长板凳或矮凳先置金纸，再选高八仙桌为"顶桌"，桌前系上吉祥图案的桌围，后面另设"下桌"。

顶桌供奉用彩色纸制成的神座，象征天公的宝

祭坛 是古代用来祭祀神灵、祈求庇佑的特有建筑。先人们把他们对神的感悟融入其中，升华到特有的理念，如方位、阴阳、布局等，无不完美地体现于这些建筑之中。祭祀活动是人与神的对话，这种对话通过仪礼、乐舞、祭品，达到神与人的呼应。

普天同欢的节庆习俗

■ 春节挂件

斋戒 在中国，斋戒主要是用于祭祀、行大礼等严肃庄重的场合，以示虔诚庄敬。斋戒包含了斋和戒两个方面。"斋"来源于"齐"，主要是"整齐"，如沐浴更衣，不饮酒，不吃荤。"戒"主要是指戒游乐。在佛教中，清除心的不净叫作"斋"，禁止身体的欲望叫作"戒"。

座。前面中央为香炉，炉前有扎红纸面线三束及清茶三杯，炉旁为烛台，其后排列五果，即柑、橘、苹果、香蕉、甘蔗等水果；还有六斋，即金针、木耳、香菇、菜心、豌豆、绿豆等，以祭祀玉皇大帝。

下桌供奉五牲，即鸡、鸭、鱼、卵、猪肉或猪肚、猪肝，还有花生仁、米枣、糕仔等甜料和红龟粿，即像龟形，外染红色，打龟甲印，以象征人之长寿，用这些物品祭祀玉皇大帝的从神。

在祭拜天公之前，全家大小都得斋戒沐浴。初九当天，更禁止家人晒衣服，尤其是女裤、内衣，禁止倒垃圾，以表示对玉皇大帝的尊敬。祭品如果要用牲畜的，一定要用公鸡，不能用母鸡。

有的地方，在正月初九这天，妇女还要准备清香花烛、斋碗，摆在天井巷口露天地方膜拜苍天，以求天公赐福。

福建、台湾地区的民众在正月初九这天，一家老小斋戒沐浴，上香行礼，祭拜诵经，有的地方还唱戏娱神。

正月初九，是福建人拜天公、大过年的日子。这一天凌晨的拜天公仪式，比大年除夕迎新春、接财神更热闹、更隆重。祭拜仪式过后，大家要吃一顿丰富的年餐，以示团圆、吉祥。

大年初九凌晨，烧猪和鸡、鸭将是祭拜天公的主要祭品，以祈求新春大吉大利。天公诞的祭拜仪式从大年初八深夜开始，一直持续到初九凌晨。

烧猪是孝敬天公的重点祭品之一，一些经济不错的家庭，甚至订购大烧猪供拜，而普通家庭也以小金猪或烧肉祭拜，以祈求天公带来好运。祭拜天公的祭品，还包括鸡鸭、水果、香烛、龙香等。

拜天公时，必须诚心膜拜，一点不能马虎。早年

天井 指四面有房屋、三面有房屋另一面有围墙或两面有房屋另两面有围墙时中间的空地。天井为南方房屋结构中的组成部分，一般为单进或多进房屋中前后正中间，两边为厢房包围，宽与正间同，进深与厢房等长，地面用青砖嵌铺的空地，因面积较小，光线为高屋围堵显得较暗，状如深井，故名天井。

■ 春节挂件

普天同欢的节庆习俗

■ 春节庙会舞狮

碓臼 是农耕时期中国劳动人民一种常用的生活用品。在生活用具中，碓臼是最简单耐用的东西。它分碓窝和碓锥两部分。碓窝凿有若干斜凹槽，碓锥凿有若干斜凸槽，以便提高功效。碓臼的功用一般是用来舂数量不大的糙米、杂粮、米粉和面粉，还兼带着打糕粑。

还要燃烧鞭炮，彻夜响个不停，一直拜到大年初九凌晨时分才圆满结束，这时全家人一起享用丰富的年餐，然后才上床睡觉。

旧时这天晚上，男女要相聚在大树下唱歌，最好是桂花树，请玉皇大帝最宠爱的小女儿七仙女下凡。所唱歌曲必须欢乐吉祥，让七仙女高兴，她一高兴，父皇玉帝就会保佑人间一切顺利。

正月初九以后的正月初十，称为石头节，俗称十指。"十"与"石"谐音，因此初十俗称为石头生日。这一天，中国的古人忌动石器，不搬石头，凡磨、碾等石制工具都不能动，习惯祭祀碾神、磨神、碓臼神、泰山石敢当神等。

河南的风俗，这一天家家向石头焚香致敬。午餐必食馍饼，认为吃饼一年之内便会财运亨通。

旧俗的除夕在这些石器上贴春联后，正月初十以前，是禁止使用的。过了正月初十，则可以开封使用，无所讲究了。

石头节，与原始人类的大山及石头崇拜有着源流关系。因为墙基用石头垒砌，老鼠又多生活在墙角窟窿里的缘故，民间传说又称这一天是老鼠娶媳妇的日子。

晋东南地区，习惯在这一天用谷面做蒸食，称为"十子团"。夜晚时，放置于墙角土穴等处供老鼠吃。晋南地区放面饼，以庆祝老鼠娶媳妇。

忻州地区在这一天习惯吃莜面或高粱面鱼。妇女们搓面鱼，一手5根，两手同时动作，面板上搓动着10根细长的面鱼，因此把这一天称为"十指"。

搓面鱼的时候，要捏一些花轿同时蒸熟，放置墙角瓮底等处，以备鼠郎娶亲使用。

这天，许多地方要在屋隅、墙角及水瓮里点灯、

■春节舞龙表演

夜色下的彩灯

焚香、敬纸，对老鼠娶亲致贺。而在晋北一些地方，晚上却忌点灯、忌说话，以免惊扰了老鼠娶亲事宜，惹下鼠神，一年为患。

总之，春节是中国人民一年中最大的节日，但春节的活动却并不止于正月初一这一天。而是从腊月二十三的小年起，直至正月十五以前，在这段日子里，每一天几乎都有不同的节日习俗。

春节不但是中国汉族最重要的节日，满族、蒙古族，瑶族、壮族、赫哲族、哈尼族、达斡尔族、侗族、黎族等十多个少数民族也有过春节的习俗，只是过节的形式更有自己的民族特色，韵味无穷。

阅读链接

据说，在过去，正月初十这天，因为是老鼠娶亲日，有的小孩子往往信以为真，闹着不睡觉，要看个明白。

大人们便接过祖辈的传说，对孩子们说，想要看老鼠娶亲，就必须在嘴里含着驴粪蛋蛋，耳朵里塞上羊粪蛋蛋，眼皮上夹着鸡屎片片，在满天星星的时候，趴在磨眼里，才能看到老鼠娶亲的热闹场面，听到鼓乐声。

这样的事情，孩子们当然不愿干了，就只好睡觉了。

张灯结彩

元宵习俗与彩灯文化

起源发展

　　每年农历正月十五，是中国传统节日元宵节。正月为元月，古人称夜为"宵"，而十五的夜晚又是一年中第一个月圆之夜，故称"元宵节"。

　　元宵节又称为"小正月""元夕"或"灯节"，是春节之后的第一个重要节日。自汉代以来，民间就有正月十五张灯、赏灯的习俗，所以正月十五又称灯节。

　　按照中国民间的传统，正月十五的夜晚，人们要观灯会、猜灯谜、吃元宵，活动丰富多彩。其时，阖家团聚，其乐融融。

元宵节源于古人以火把驱邪

元宵节的起源很古老，源于远古人类在过节时以火把驱邪。这个节要祭祀天神，由于是夜里进行，自然要打着火把，后来就逐渐演变为元宵节了。

元宵灯会

■ 元宵平安灯

元宵节是中国的传统节日，早在2000多年前的西汉时期就有了这一节日习俗。

元宵节赏灯始于东汉的汉明帝时期。因为汉明帝提倡佛法，恰逢蔡愔从印度求得佛法归来，蔡愔称印度摩揭陀国每逢正月十五，僧众云集瞻仰佛舍利，是参佛的吉日良辰。

汉明帝为了弘扬佛法，于是下令正月十五的夜晚在宫中和寺院"燃灯表佛"。因此，正月十五夜燃灯的习俗，随着佛教文化影响的扩大及道教文化的加入，逐渐在中国流传下来。

汉代以后，这种佛教礼仪节日逐渐扩展成民间盛大的节日。这一节日经历了由宫廷到民间、由中原到全国的发展过程。

此外，关于元宵节的起源还有一种说法，说是起源于火把节。汉代的民众习惯在乡间田野持火把驱赶虫兽，希望减轻虫害，祈祷获得好收成。

汉明帝 刘庄，刘秀之子，母阴丽华，性格刚毅严酷。明帝即位后，一切遵奉光武制度。汉明帝提倡儒学，注重刑名文法，为政苛察，总揽权柄，权不借下。他也致力消除北匈奴的威胁。其后，又派班超出使西域，由是西域诸国皆遣子入侍。此后，复置西域都护。明帝时，吏治比较清明，境内安定。

■ 元宵灯会上的彩灯

佛光普照

这种习俗自隋代、唐代、宋代以来，更是盛极一时。参加歌舞的人数以万计，活动从第一天黄昏开始，直至第二天天黑才结束。

直到现代，中国西南一些地区的人们还在正月十五用芦柴或树枝做成火把，成群结队高举火把在田头或晒谷场跳舞。

随着社会和时代的变迁，元宵节的风俗习惯有了较大的变化，但至今仍是中国民间的传统节日。

关于元宵节的来历，民间还有一些传说。

据传，汉文帝在元月十五平定了"诸吕之乱"，因此就将这一天定为元宵节。

汉高祖刘邦死后，吕后之子刘盈登基为汉惠帝。惠帝生性懦弱，优柔寡断，大权渐渐落在吕后手中。汉惠帝病死后，吕后独揽朝政，把刘氏天下变成了吕

汉文帝 刘恒，汉代第三位皇帝。公元前196年，刘邦封刘恒为代王。公元前180年，汉文帝即位。他励精图治，兴修水利，衣着朴素，废除肉刑，使汉朝进入强盛安定的时期。当时百姓富裕，天下小康。汉文帝与汉景帝时期史称"文景之治"。

080

普天同欢的节庆习俗

氏天下。朝中老臣、刘氏宗室深感愤慨，但都惧怕吕后的残暴，因而敢怒不敢言。

吕后病死后，吕氏家族惶惶不安，害怕遭到伤害和排挤。于是，在上将军吕禄家中秘密集会，共谋作乱之事，以彻底夺取刘氏江山。

此事传至刘氏宗室朱虚侯刘章耳中。刘章为了保住刘氏江山，使人告兄齐王，令起兵讨伐诸吕。随后，刘章与开国老臣周勃、陈平取得联系，设计解除了吕禄，"诸吕之乱"终于被彻底平定。

平定叛乱之后，众臣拥立刘邦的第四个儿子刘恒登基，称汉文帝。文帝深感太平盛世来之不易，便把平息"诸吕之乱"的正月十五定为与民同乐日，每年的正月十五，京城里家家户户都要张灯结彩，以示庆祝。

从此，正月十五便成了民间一个普天同庆的节日，就是后来的元宵节。

另一则传说的是东方朔与元宵姑娘的故事。这一传说与吃元宵的习俗有关。

蔬菜花灯

元宵喷水花灯

相传汉武帝有个宠臣名叫东方朔，他善良又风趣。有一年冬天，连续下了几天大雪，东方朔就到御花园去给汉武帝折梅花。他刚进园门，就发现有个宫女泪流满面准备投井。东方朔连忙上前搭救，并问明她欲自杀的原因。

原来，这个宫女名叫元宵，家里还有双亲及一个妹妹。自从她进宫以后，就再也无缘和家人见面。每年到了腊尽春来的时节，就比平时更加思念家人。她觉得不能在双亲身边尽孝，不如一死了之。

东方朔了解了元宵姑娘的遭遇，深表同情，就向她保证，一定设法让她和家人团聚。

一天，东方朔出宫在长安街上摆了一个占卜摊，不少人都争着向他占卜求卦。不料，每个人所占所求，都是"正月十六火焚身"的签语。一时之间，长安陷入一片恐慌，人们纷纷求问解灾的办法。

东方朔就说："正月十三傍晚，火神君会派一位赤衣神女下凡察访，她就是奉旨烧长安的使者，我把抄录的谶语给你们，可让你们想想办法。"说完，扔下一张红帖便扬长而去。

老百姓拿起红帖，赶紧送到皇宫去禀报皇上。

汉武帝接过来一看，只见上面写着："长安在劫，火焚帝阙。十五天火，焰红宵夜。"他心中非常惊讶，连忙请来了足智多谋的东方朔。

东方朔假意想了一想，就说："听说火神君最爱吃汤圆，宫中的元宵姑娘不是经常给你做汤圆吗？十五晚上可让宫女元宵做好汤圆，万岁焚香上供，并传令京城家家都做汤圆，一齐敬奉火神君。再传谕臣民一起在十五晚上挂灯，满城点鞭炮、放烟火，好像满城大火，这样就可以瞒过玉帝了。此外，通知城外百姓，十五晚上进城观灯，宫廷人杂在人群中消灾解难。"

武帝听后十分高兴，就传旨照东方朔的办法去做。

悠久历史

起源发展

元宵五彩花灯

元宵火龙灯

到了正月十五这一天，长安城里家家张灯结彩，游人熙来攘往，热闹非常。宫女元宵的父母和妹妹也进城观灯。

当他们看到写有"元宵"字样的大宫灯时，惊喜地高喊："元宵！元宵！"宫女元宵听到喊声，终于和家里的亲人团聚了。

如此热闹了一夜，长安城果然平安无事。汉武帝大喜，便下令以后每到正月十五都做汤圆供奉火神君，照样全城挂灯、放烟火。

因为宫女元宵做的汤圆最好，人们就把汤圆叫元宵，这天叫"元宵节"。

普天同欢的节庆习俗

阅读链接

按照中国古代的习俗，"元"指月亮正圆，一年之中有所谓"三元"，即正月十五称为"上元"，七月十五称为"中元"，十月十五称为"下元"。因此，元宵节也称为"上元节"。

据考证，元宵节的来历，有说与祭祀泰一神有关。泰一神也称太乙神，主宰人间的风雨、饥馑和瘟疫。

据说，汉武帝曾久病不愈，求助太乙神后竟奇迹般治愈，于是开始建太乙祠坛祭祀，每逢正月十五通宵达旦，以盛大的灯火祭祀。每到正月十五元宵夜，汉武帝就来到甘泉宫，主持祭祀泰一神的活动。这一活动被后人视作正月十五祭祀天神的先声。

由误射神鸟引起的张灯习俗

　　元宵节又称灯火节，在南北朝时，灯火十分盛行。正月十五闹花灯，因其一片光明的寓意和喜气洋洋的气氛，被人们称作良辰美景。每到这一天，无论男女老少，都会成群结队徜徉灯市，来领略"楼台上下火照火，车马往来人看人"的节日氛围。

元宵节花灯

元宵花灯

元宵节张灯是中国人民的传统习俗。关于张灯的由来还有一个传说。

相传在很久以前，凶禽猛兽很多，四处伤害人和牲畜，人们就组织起来去消灭它们。

据说当时有一只神鸟因为迷路而降落人间，却意外被不知情的猎人给射死了。玉帝知道后十分震怒，立即传旨，下令让天兵于正月十五到人间放火，把人间的人畜财产通通烧掉。

玉帝的女儿心地善良，不忍心看百姓无辜受难，于是就冒着生命危险，偷偷驾着祥云来到人间，把这个消息告诉了人们。

众人听说这个消息后，有如五雷轰顶，吓得不知如何是好。过了好久，才有位老人家想出了办法。这位老人说："在正月十四、十五、十六这三天，每户人家都在家里张灯结彩、点响爆竹、燃放烟火。这

玉帝 全称"昊天金阙无上至尊自然妙有弥罗至真玉皇上帝"，又称"昊天通明宫玉皇大帝""玄穹高上玉皇大帝"，居住在玉清宫。玉帝在道教神阶中修为境界不是最高，但是神权最大。玉帝除统领天、地、人三界神灵之外，还管理宇宙万物的兴隆衰败、吉凶祸福。

样一来，天帝就会以为人们都被烧死了。"

大家听了都点头称是，便分头准备去了。到正月十五这天晚上，玉帝往下一看，发觉人间一片红光，响声震天，以为是大火燃烧的火焰，于是心中大悦。就这样，人们才保住了自己的生命及财产。

从此，每年到了正月十五，家家户户都悬挂灯笼，燃放烟火，来表达对善良之人的感激之情。

此外，还有一些民俗专家认为，元宵张灯的习俗起源于佛家与道家的斗法。说是东汉明帝的时候，摄摩腾和竺法兰来到中国传教，遇到道家的责难。于是，摄摩腾和竺法兰决定在宫廷与道士比试法力。

摄摩腾和竺法兰用火烧经像，而经像丝毫无损，熠熠生辉。明帝看见后，感到佛法无量，于是敕令正月十五佛祖神变之日燃灯，以表佛法大明。就此，佛家神灯火种在中国大地上燃起，并逐渐流传到各地。

后来，佛教大兴，佛僧积极劝导人们正月十五张灯，认为张灯之举功德无量。如此一来，佛家灯火逐渐遍布于民间，便形成了正月十五张灯的习俗。

自从元宵节张灯之俗形成以后，中国历朝历代都把正月十五张灯、观灯视为一大盛事。梁简文帝曾写过一篇《列

■ 古人庆祝元宵节蜡像

■ 元宵蘑菇花灯

灯赋》，描绘了当时宫廷在元宵节张灯的盛况。其中写道：

南油俱满，西漆争燃。

苏征安息，蜡出龙川。

斜晖交映，倒影澄鲜。

到了隋炀帝时期，朝廷每年正月十五都要举行盛大的晚会以招待万国来宾和使节。

据《隋书·音乐志》记载：元宵庆典甚为隆重，处处张灯结彩，日夜歌舞奏乐。参加表演的达3万多人，奏乐的人近2万人，戏台有4千米长，游玩观灯的百姓更是不计其数。数万人通宵达旦，尽情欢乐，热闹非常。

到了唐代，元宵庆典发展成为盛况空前的灯市；

隋炀帝 杨广（569—618），华阴人，生于隋京师长安，隋朝第二代皇帝。604年继位。他在位期间修建大运河，营建东都迁都洛阳城，开创科举制度，亲征吐谷浑，三征高丽，因为滥用民力，造成天下大乱，直接导致了隋朝的灭亡。618年，他在江都被部下缢杀。

在中唐以后，已发展成为全民性的狂欢节。唐玄宗时的开元盛世，长安的灯市规模很大，燃灯5万盏，花灯种类繁多。皇帝命人做巨型灯楼达20多座，高约50米，金光璀璨，极为壮观。

唐代是实行宵禁的，每当夜晚禁鼓一响就禁止人们出行，犯夜就要受到处罚。唯独在元宵节，皇帝特许开禁3天，称为"放夜"。

据《大唐新语》记载，每逢元宵节之夜，长安城里都要大放花灯3天。到了宋代，张灯由3夜延长到5夜，除灯彩以外还要燃放焰火，表演各种杂耍，情景更加热闹。据《东京梦华录》中记载：

> 每逢灯节，开封御街上，万盏彩灯垒成灯山，花灯焰火，金碧相射，锦绣交辉。京都少女载歌载舞，万众围观。游人集御街两廊下，奇术异能，歌舞百戏，鳞鳞相切，乐音喧杂十余里。

唐玄宗（685—762），李隆基，也称唐明皇。712年李旦禅位于李隆基，李隆基取得国家的最高统治权。他统治前期注意拨乱反正，任用贤相，励精图治。其开元盛世是唐朝的极盛之世。统治后期，他怠慢朝政，宠信奸臣，为唐朝中衰埋下了伏笔。

089

悠久历史

起源发展

■ 元宵植物花灯

元宵彩龙灯

这时的大街小巷、茶坊酒肆灯烛齐燃，锣鼓声声，鞭炮齐鸣，百里灯火长明不绝。

到了明代，朱元璋在金陵即位后，又规定正月初八上灯，十七落灯，连张10夜，家家户户都要悬挂五色灯彩。彩灯上人物舞姿翩翩，鸟飞花放，龙腾鱼跃，花灯焰火照耀通宵，鼓乐游乐，通宵达旦，这是当时中国最长的灯节。到了清代，花灯种类更多，其中，有古朴典雅的宫灯，五彩缤纷的龙灯，结构精巧、借风旋转的走马灯，绫绸扎制、栩栩如生的人物灯，等等。

宫灯，是中国驰名世界的手工艺品。宫灯因多为皇宫和历朝历代的张灯、观灯盛事，充分表达了人们祈求五谷丰登、祝福人间太平的美好愿望。

阅读链接

宫灯的制作十分复杂，主要用雕木、雕竹、镂铜做骨架，然后镶上纱绢、玻璃或牛角片，上面彩绘山水、花鸟、鱼虫、人物等各种吉祥喜庆的题材。上品宫灯还嵌有翠玉或白玉。

宫灯的造型十分丰富，有四方、六方、八角、圆珠、花篮、方胜、双鱼、葫芦、盘长、艾叶、眼镜、套环等许多品种，尤以六方宫灯为代表。

1915年，北京宫灯首次被送到巴拿马万国博览会展出，荣获金奖，受到国际好评。其后，宫灯逐渐向实用方向发展，出现各种吊灯、壁灯、台灯和戳灯等。中国的宫灯制作以北京最为著名，宫灯是观赏性花灯主要品种之一。

猜灯谜又叫打灯谜，是元宵节后人们饶有兴趣又喜闻乐见的一项活动。

灯谜最早出现在宋朝。到南宋时，每逢元宵节首都临安制谜、猜谜的人就有很多。他们把谜语写在纸条上面并贴在彩灯上让人们猜。灯谜大多轻快活泼、诙谐风趣，深受社会各阶层的欢迎。

灯谜的产生与发展，极大地丰富了灯会的文化内涵，提升了灯会的魅力。

博大精深

灯谜文化

由夏朝歌谣演变而来的灯谜

灯谜是中国劳动人民智慧的结晶，是中华民族一门传统的综合性艺术。早在夏朝就出现了一种用暗示来描述某种事物的歌谣。

随着人类社会的进步和科学文化的发展，到了春秋战国时期，这种歌谣发展、演变成廋辞，也称隐语。

当时列国纷争，人们在进谏时，往往都用隐语道出自己的意见，使君王从中得到启发。

灯谜彩灯

"廋辞"两字最早见于左丘明《国语·晋语》："有秦客廋辞于朝，大夫莫之能对也。"可见那时的这些廋辞和隐语，就是中国灯谜的雏形。

这里讲的是发生于公元前542年的事，虽然没有记录

■ 象征丰收的彩灯

下秦客廋辞的具体内容，但由此可见，春秋时期，廋辞已作为外交斗争的一种形式而登上了大雅之堂，在统治集团高级官员中运用了。

隐语比廋辞出现晚，如同廋辞一样，也是以形象生动的评议来隐示事物，因而十分流行，上到诸侯将相，下至平民百姓，几乎人人都喜欢隐语。

在当时，有些统治者喜隐言而不好逆耳之言，臣民若要讽谏朝政，就必须投其所好，利用隐语转弯抹角地劝谏。在国家之间的政治斗争中，为了达到不可告人的目的，也往往用隐语掩人耳目，暗中通情。

韩非子《韩非子·喻老》和左丘明《左传·宣公十二年》，分别记载了楚庄王和申无畏以及还无社和申叔展用谜语作答的故事。

开始的谜，流行于口头说猜，三国时期有人把谜写在纸上贴出来令人猜对。直至南朝宋时文学家鲍照

《国语》中国最早的一部国别体著作。它记录了周王室和鲁国、齐国、晋国、郑国、楚国、吴国、越国等诸侯国的历史。上起公元前990年，下至公元前453年，包括各国贵族间朝聘、宴飨、讽谏、辩说、应对之词以及部分历史事件与传说。

古代牛车彩灯

作"井""龟""土"3个字谜，并以《字谜三首》收入他的诗集后，才有了"谜"字一称。

在南宋，有一些文人学士为了显示才学，常在元宵花灯之夜，将谜条贴在纱灯上，吸引过往行人，因之又有了"灯谜"一称。

谜语在春秋时叫言隐、隐语、廋辞，在汉代叫射覆、离合、字谜，在唐代叫反语、歇后，在五代叫覆射，在宋代叫地谜、诗谜、戾谜、社谜、藏头、市语，在元代叫独脚虎、谜韵，在明代叫反切、商谜、猜灯、弹壁、弹壁灯、灯谜、春灯谜，在清代叫谜子、谜谜子、切口、缩脚韵、文虎、灯虎、春谜、灯谜等。叫法花样百出，但都寓含了深刻的意思。

中国著名古典文艺理论家刘勰在《文心雕龙·谐隐》中说：

自魏代以来，颇非俳优，而君之嘲隐，化为谜语。谜也者，回互其辞，使昏迷也。或体目文字，或图像物品，纤巧以弄思，浅察以炫辞。义欲婉而正，辞欲隐而显。

刘勰对谜语从理论上做了高度的概括，对谜语发展的历史，谜语的定义及其特征都做了深刻的分析和精辟的阐述。

民间谜语与灯谜不同，灯谜属于文义谜，而民间谜语除了少量字谜外，都是以事物的特征来隐射的，因此，民间谜语属于事物谜。

民间谜语主要着眼于事物的形体、性能、动作等特征，运用拟人、夸张、比喻等手法来描绘谜底，从而达到隐射的目的。

民间谜语的谜底范围比较窄，除了少量字谜以外，大多数都是事物，如动物、植物、用物、人体器官、自然现象、人类行为等。它的谜面往往是山歌体的民谣，以四句形式出现较多，讲究押韵而有节奏，读之可以朗朗上口，而且形象生动，便于口头传诵。

由于民间谜语通俗易懂，故大多数都适宜少年儿童猜射。因此，有时也把民间谜语称作儿童谜语。

《红楼梦》第二十二回说，在节日晚上，贾元春送来的灯谜及宝玉等孩子所作的灯谜都粘在屏上，让

■ 动物彩灯

绚丽的佛像彩灯

贾政猜出了不少。连贾母也都说了一个谜。可见，灯谜在当时是一项比较普遍的娱乐活动。

清中叶以后，谜风大盛，还涌现出了许多谜师。

世界各地的华人华侨都有灯谜活动及灯谜学术交流会，不断促进灯谜的发展。

阅读链接

在生产力还十分低下的西周以前，出现了谜语的语言现象，即富有隐喻和暗示性质的歌谣，如流行于商代的一首牧歌："女承筐，无实。士刲羊，无血。"

它运用了民间谜语的诡词法，牧场上的一对男女青年，女的拿筐，男的一剪一剪地剪着羊毛。"无实"和"无血"恰到好处，整首牧歌给人的印象是深刻的，既饱含情景交融，热情隽永和诗意，又不失矛盾诡辩、妙趣横生的谜味。

结合汉字结构的灯谜猜法

灯谜的猜法多种多样，主要有拆字法、离合法、增补法、减损法、半面法、方位法、参差法、移位法、残缺法、通假法、盈亏法、会意法等。

拆字法也称字形分析法，或增损离合法。它和会意法一样，是灯谜猜制两大法门之一。它利用汉字可以分析拆拼的特点，对谜面或谜底的文字形状、笔画、部首、偏旁进行增损变化或离合归纳，使原来的字形发生变化。这类谜往往虚实结合，须仔细推敲斟酌才能求出谜底。

神像彩灯

离合法是灯谜最常用的猜制手法之一。汉字字形结构复杂，

■ 猜灯谜

孟浩然（689—740），中国唐代著名诗人，孟子的第三十三代孙。本名不详，字浩然，世称"孟襄阳"。浩然，少好节义，喜济人患难，工于诗义。年四十游京师，后隐居鹿门山，作诗200余首。孟浩然与另一位山水田园诗人王维合称为"王孟"。

字中有字，可分可合，变化多端。离合法正是利用汉字这种可以分解又能重新组合并能产生新意的特点来制作灯谜的。如"绿树村边合"，要求打一字，谜底当然是"林"。

谜面摘自唐代孟浩然《过故人庄》，今运用别解法，如"树、村"二字偏旁都是"木字旁"，为离；再将这两个边旁合起来成为"林"，为合。

又如"如今分别在断桥"，要求打一个《红楼梦》中人物，谜底是"娇杏"。先将"如"字分离成"女"和"口"，再分别放置在"断开的桥"即"木"和"乔"二字上，然后重新组合起来便成"娇杏"二字。

从汉字的特点出发，用离、合的方法作字谜，是从汉代发展起来的。这与汉代盛行图谶有关。刘勰说："离合之发，则明于图谶。"谶语就是借助于字的离合，用谜语的形式做政治预言。

汉末童谣："千里草，何青青，十日卜，不得生！"这是一则暗隐"董卓当死"的谶语。其中"千里草"隐董，"十日卜"隐卓，用的就是拆字离合法。

增补法是根据谜面或谜底带有增加意义的字眼所做的提示，用增补字或者部首、偏旁、笔画的办法求得面底相互扣合。

谜面运用增补法的，如"为中国多做一点贡献"，要求打一字，谜底是"蝈"。这是将谜面别解成"中国"二字多加"一"字和"、"，结合起来就得出谜底"蝈"字。本谜中表示增加意义的字眼是"为、多做、贡献"。

增补法用于谜底的，如"反"，要求打四字常言，谜底是"吃现成饭"。这是将谜底别解为，如果在"反"字的偏旁出现一个"食"字，谜面就变成"饭"字。而"食"同义转换扣合"吃"。本谜中表示增加意义的字眼是"现"。

减损法是根据谜面或谜底带有减损意义的字眼的提示，从谜面或谜底中减去有关的字或偏旁、部首、笔画，然后使面底相互扣合。

灯谜

猜灯谜

普天同欢的节庆习俗

　　谜面运用减损法的，如"明月当空人尽仰"一段中的"明"字，因"月当空"而损去"月"剩下"日"；后段"人尽仰"的"仰"字因"人尽"而损去"人"剩下"卬"等。答案是"昂"。

　　半面法也称"一半儿"谜。采用将谜面汉字各撷取一半的手法，而后拼成谜底，谜面大多数带有"半"字。

　　制作半面法谜应注意择面要自然浑成，不可硬凑。同时应注意合乎逻辑，不能模棱两可。例如，以"半推半就"为谜面，它既可对"掠"，又可射"扰"，犯了一谜多底的毛病，就不足取了。

　　方位法是按谜面文字笔画所指之东南西北、上下左右、内外边角等方位，将有关的字、偏旁、部首或笔画做相应处置，缀为底。这种谜贵在谜面典雅，技巧自然，废弃和撷取部分无斧凿痕迹。

　　参差法是利用汉字的笔画位置变更，无须增损，达到你中有我，我中有你，相互参差之目的。

　　移位法是依照谜面文字的修饰关系，再移动汉字笔画成谜底。

　　残缺法是通过谜面文字残缺组合成谜底。残缺的部位随谜意而定，残缺笔画有多有少，或一笔，或半截，或残边，或残角，灵活运用。如"残花片片入画中"，谜底是"毕"字，这是残去花字的大部分取两个"匕"，画中扣"十"，结合成"毕"字。

通假法是把谜面中的某个字，变今义作古义解释。也称"古通"。这通假带别解成分，有些字还有异读成分。

盈亏法是取文字的笔画，或此多一笔，彼少一笔；谜底作巧妙的调整，谜面含义以顺理成章为妥。如"多少心血得一言"，谜底是"谧"字，以心字多一撇，血字少一撇，然后与言字偏旁组合。

会意法也称字义分析法，它和拆字法一样是灯谜猜制两大法门之一。它从谜面上的文字可能具有的含义去领会、联想、推敲、探索谜底，使谜面谜底经过别解按某种特定的含义相吻合。

除了上述介绍的12种方法以外，还有诸如一谜多底、旧谜新猜、字字双谜、与虎谋皮、拟面征底、拆

会意 六书之一。用两个或几个部件合成一个字，把这些部件的意义合成新字的意义，这种造字法叫会意，如"信"字。"人言为信"，"信"字由"人"字和"言"字合成，表示人说的话有信用。用会意法造出来的字就是会意字，它体现了中国文字的博大精深。

灯谜文化

■ 灯笼上的灯谜

底就面、谜面别解、谜面太泛、一字反义法、谜底别解、有典化无典和底面相克等。

一谜多底是指同一个谜面和谜目，却有多个不同的谜底的现象。如"兴会无前"，要求打一个字。这个谜，如果采用减损法来猜射，谜底是"公"字。这是将谜面别解成"兴会"二字没有（无）前面部分，剩下"八"和"厶"合成"公"字。

但如果采用方位法来猜射，谜底却是"佥"字。这是将谜面别解成，如果把"兴会无"三字的前面部分（即 八、一）组合起来，便拼成一个"佥"字。

旧谜新猜是指借民间谜语为面，去猜射灯猜之底的一种新颖别致的灯谜猜射方法，是将民间谜语与灯谜两种不同的猜射方法有机地结合而形成的综合体。

旧谜新猜与灯谜重门格有点类似，它是先根据民间谜语的谜面揭示出原来的谜底，再以这个谜底作为中介谜意，运用灯谜别解手法去猜射符合谜目要求的谜底。

字字双谜中的"字字双"原是曲词牌，古今许多谜人用它做谜面或谜底，从而形成一种灯谜表现形式。如果用字字双做谜面，谜底要求每字笔画组成皆成双数。字字双谜虽然由来已久，但谜味不够浓，扣合较浮泛，这是显而易见的。

灯谜界将灯谜命题创作称之为"与虎谋皮"，即按照选定的谜底和谜目配制谜面。因为灯诵又称"灯虎""文虎"，统称"虎"，谜面自然就是"虎皮"了。

谜面别解是灯谜别解手法之一，指谜底文义取本义解，而谜面文义却取歧义解。

谜面太泛是说在制谜过程中，一底多面的情况是相当多的，但必须取材不同、刻画各异。同一扣法的面句，不能随便更改词汇；反之，同一取材，如既可用这句，又可用那句，谜面的内容怎样改变，都同样扣得住谜底。这种情况称为"谜面太泛"。

字字双 曲牌名，又名宛转曲。平韵格，单调，二十八字，四句，四平韵。始见于杨慎《词品》卷二，署名王丽真，因每句有叠字，故名。如唐朝王建的《字字双·宛宛转转胜上纱》："宛宛转转胜上纱，红红绿绿苑中花。纷纷泊泊夜飞鸦，寂寂寞寞离人家。"

■ 猜灯谜

普天同欢的节庆习俗

一字反义法是指谜面是一个字，谜底也是一个字，但谜底的单字能拆开以反面的意思烘托谜面。如"武"字打"斐"字（非文），"男"打"嬎"（莫女），"鬼"打"俳"（非人），"黑"打"皈"（反白），"乐"打"褒"（休哀），等等。

谜底别解也称别解在谜底，是传统正宗的制谜法门，至今仍是人们最为常用的别解手法。它的主要特点是谜面文义取本义解，但谜底文字却取歧义解。

有典化无典是指谜面似乎是借用典故，实际上却布下谜阵，瞒天过海，用其文而避其义，通过对谜面进行别解，从而把谜底推出。如"细君"，要求打3个字口语，谜底为"小皇帝"。

"细君"的典故是：汉武帝赐肉给众位大臣，东方朔抢先拔剑割了一块肉，想带回家。武帝问他为什么，他说带回去给细君。细君是东方朔妻子的名字，后人遂以"细君"泛指妻子。

今撇开原典，将"细君"别解成"小君主"，

■鹦鹉花灯

以"细"扣"小","君"扣"皇帝"，遂得出谜底"小皇帝"。

猜灯谜

灯谜不仅是一项饶有趣味的文字游戏，有其知识性、趣味性、艺术性，而且也具有一定的宣传教育作用，有其思想性。

总之，对正面人物不能用贬义的谜面，对反面人物不能用褒义的谜面，这条界线还是要区分清楚的。

灯谜谜面与猜谜方法的多样化，足以体现汉语言文字的博大精深。由于汉语言文字博大精深，灯谜的猜法远不止于此。随着时代的进步，制谜更是达到了思想性与艺术性的统一，使得灯谜真正具有了社会价值。

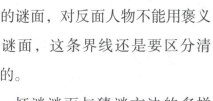

阅读链接

灯谜设计谜面在讲究技巧和趣味的同时，还要考虑到底面之间的褒贬关系及其社会宣传效果，应赋予它健康、向上、积极的思想内容。

如果底面含义相矛盾，内容悖谬，褒贬失度因而与政治常识与思想常识相违背，就叫底面相克。

如以"千里姻缘"为谜面打法律名词"重婚"，谜面本是褒义，谜底却扣出了"重婚"之罪。又如以"出口产品"打三字口语"不中用"，谜底别解作"不为中国所使用"，但面底一联系起来，似乎是说中国的"出口产品"是"不中用"的东西，这就不好了。对于人物的褒贬更应注意。

精巧玲珑的各地元宵彩灯

中国花灯是多种技法、多种工艺、多种装饰技巧、多种材料制作的综合艺术。

在众多精巧玲珑的花灯中，

红鲤花灯

可分为两大类：一是千姿百态的动态表演性花灯，如狮子灯、龙灯、走马灯、鲤鱼灯、蚌壳灯等；二是琳琅满目的静态观赏性花灯，如苏灯、太谷灯、扬州瓜灯、佛山柚皮灯、宫灯等。巧夺天工，美不胜收。

花灯通常分为吊灯、座灯、壁灯、提灯等，它是用竹木、绫绢、明球、玉佩、丝穗、羽毛、贝壳等材料，经彩扎、裱糊、编结、刺绣、雕刻，再配以剪纸、书画、诗词等装饰制作而成的综合工艺品，也是中国传

蚂蚁花灯

统的民间手工艺品。

　　扎彩灯的手艺一般是代代相传的，彩灯艺人们用祖传的手艺活，继承了元宵佳节的传统风俗。

　　彩灯只在春节至元宵节这半个月卖，但是准备工作和扎灯却是一整年都没停。通常，彩灯艺人是在元宵节后休息半个月，然后开始着手准备下一年彩灯的材料，七八月份便开始扎彩灯了。

　　扎彩灯看似简单，却有20多道工序。首先，将买好的纸张压出皱纹，染上各种颜色；等染渍干的时候，就可以让人送来竹子，再根据一定的尺寸破竹、做竹篾、扎骨架；然后开始剪纸、折纸，做成各种需要的形状；最后，再挂上红色的挂穗，一盏简单却漂亮的彩灯就做成了。

　　中国最著名的彩灯是东至县彩灯。东至县位于安徽省南部深山之中，这里的彩灯已入选第二批国家级非物质文化遗产名录。

　　在东至县，民间艺人自古以来就有利用本地所产的竹、木、藤、金属等材料制作各色彩灯的传统。闹彩灯也就成了这里民间最常见的

动物花灯

娱乐活动。

　　东至县彩灯的历史可上溯到1000多年前的唐代后期，它由磨盘灯、六兽灯、八仙过海灯、五猖太平灯、龙灯、狮子灯、蚌壳灯等10多种形式各异的彩灯组成。

　　彩灯的主要种类以本乡本土为主，也有从外地流传到东至的，表演形式丰富多样，内容涉及民间舞蹈、音乐、手工技艺和宗教信仰等诸多领域。

　　在东至县，制作和表演彩灯主要以官港、张溪、石城、高山、木塔等乡镇的20多个家族为主。他们以家族为演出单位，以请神祭祖、驱邪纳福、祈求太平为目的。

　　历史上的东至县，每年春节期间都要举办灯会，一般从正月初二开始至正月十五元宵节结束。

　　张溪镇东湖村是磨盘灯的传承地。磨盘灯的主体结构是两个带装饰的大小木盘。玩灯时，由两个人在大盘中推动。灯顶端有四角凉亭，舞动时，灯盘上伫立6个少年，手提花篮，在管弦锣鼓伴奏中随盘转动，口唱戏文，自由起舞。灯架上另外还扎有五色花鸟、走兽等装饰物。

这种磨盘灯是200多年前从江西引进的，每年都用来庆祝丰收年景。所以，每年新年的正月初二就开始耍灯。磨盘灯寓意人团圆，灯团圆，花好月圆。预祝新的一年里，人团圆，丰收年。

流传在东至县石城乡境内的彩灯是六兽灯。东至县靠近佛教圣地九华山，民间习俗受佛教文化影响很深。九华山以及当地寺庙中常见到独角兽、青狮、白象、麒麟、鹿、獐六兽的塑像。当地居民把这六兽视为吉祥物，依照这六兽的形体扎制彩灯，高悬在门头之上，六兽灯因此而得名。此外，数字六还是取"六六大顺"的吉祥之意。

宗教 人类社会发展到一定历史阶段出现的一种文化现象，属于社会意识形态。主要特点为，相信现实世界之外存在着超自然的神秘力量或实体，该神秘力量或实体统摄万物而拥有绝对权威、主宰自然进化、决定人世命运，从而使人对其产生敬畏及崇拜，并从而引申出信仰认知及仪式活动。

■ 童子花灯

普天同欢的节庆习俗

巨兔花灯

元宵节一过，这里的村民们会将六兽灯集中在村口焚毁，用当地人的话来说就是"行火升天"，这被称作"圆灯"，来年再玩再扎。

此外，在高山乡金塔村流行的五猖太平灯，模仿人神共舞的场面来烘托热闹喜庆的气氛。为了增加喜庆气氛，先人们还将舞狮子与之结合，这使得五猖太平灯成为一种有灯有戏、有舞有唱、有狮子有神鬼的古朴民间文化艺术形式。

近几年，随着科学技术的发展和人们自娱自乐意识的增强，元宵彩灯已经推陈出新，增添了钢筋铁骨灯架，微型马达、新式电声光源入灯的现代化彩灯新品种。如能摇头摆尾招手致意并用几国语言向观众问候的恐龙灯和能够展示火箭发射、飞天、回收整个过程的火箭灯，赋予元宵彩灯强烈的时代特色。

如今的元宵彩灯不仅是民间彩灯艺人彩扎、糊

唐僖宗（862—888），李儇，唐朝第十八位皇帝。唐懿宗第五子，初名俨，在位13年。懿宗病重弥留之际，他在宦官的支持下被立为皇太子，改名李儇，并于懿宗灵柩前即位。

裱、剪纸、刺绣诸工艺与智慧的集中展现，它还是现代科技之光在彩灯上的折射。

此外，中国福建泉州的花灯更是冠绝天下。据花灯专家介绍，泉州的灯节始于唐朝。在唐僖宗时，左仆射傅实奉旨南下驻于泉州丰州，将闹花灯习俗也带到了泉州。此后，每年正月十五，家家张灯结彩，街道宛如灯河，男女老少争相出来观灯，歌舞升平，通宵达旦。

在宋代，泉州的灯节发展到了顶峰，花灯之盛冠绝天下，形成上品花灯，有"春光结胜百花芳，元夕分华盛泉唐"之说。

特别是南宋，在泉州设南外宗正司，管理3000多名来泉州定居的皇室宗亲。他们仿照临安大放花灯，上元节的活动热闹壮观。甚至连京城、杭州点灯都委托泉州府尹、南安知县雇工精制。

清末《温陵岁时记》记载：

上元灯——市人制灯出沽，或以五色纸，或以料丝，或扎稻草，作花草人物虫鱼，燃以宝炬，惟妙惟肖，俗名古灯。恒于府治西畔双门前作灯市……

飞天彩灯

■ 月老花灯

普天同欢的节庆习俗

寿山石 一种以迪开石、叶蜡石、伊利石等矿物为主，并达到图章石雕琢工艺要求的岩石。因主要产于福建寿山而得名。分布在福州市北郊晋安区与连江县、罗源县交界处的"金三角"地带。若以矿脉走向，又可分为高山、旗山和月洋三系。经过1500年的采掘，寿山石的品种达100多种。

福州花灯有着悠久的历史，早在唐代，福州就成为全国盛行花灯活动的十大城市之一。

每当元宵之际，民间制灯、买灯、赏灯、送灯尤为活跃。南宋时，在杭州举行的全国灯赛中，福州、苏州花灯被评为上品，蜚声海内。

周密在《武林旧事》一书中记载，福州进贡京城的花灯，"纯用白玉，晃耀夺目，如清冰玉壶，爽彻心目"。据分析，当时制灯用的"白玉"，实际上是由寿山石切薄后磨制而成。

每年的正月十五，闽北各地的龙灯、花灯都会聚在一起，举行赛灯和踩街。闽北山乡元宵灯，不仅蕴含乡村俚俗所富有的深刻的文化内涵，而且古俗相沿，遗风尚存，充满了神话般的传奇与精彩。

烛桥灯集剪纸、贴花、裱糊、制作技艺为一体，由每个农户出"板"一块，板约长2米，板上固定两三盏花团锦簇、精巧别致的纸灯，每灯一烛，板板相串，连接成"桥"，有的几百米，甚至上千米。

它在山乡田野间行走，逶迤蜿蜒，远看像一座灯的桥，所以称它为"烛桥"，有称"板凳龙"，也有称"游蛇灯"。由于连接的木插销是活动的，虽然庞大无比，但是操作起来十分灵便。

由100多人各抬一板组成，几百米的烛桥灯，亦动亦静，气势磅礴又柔美优雅，极具观赏性。因为筠竹村坐落在海拔千米的茫荡山上，元宵节当日，烛桥灯从高山上下来，真如神灯天降，几百名壮汉裸胸上阵，在"咚咚咚"的鼓声中气势非凡。

建阳黄坑烛桥灯恰似一条御风穿云的蛟龙，队伍行进时，鼓乐开道，礼炮齐鸣，气势宏伟壮观。一只直径近一米的牛皮大鼓，由两名鼓手舞动鼓槌，忽而急如流星，忽而行如流水。

操持烛桥的"桥手"，年长者达六旬，年少者十五六岁，个个精神抖擞，组成了有序的长蛇。倘若在大操场上表演，数条长龙穿梭表演"万""寿"等字样，更使人们眼花缭乱，目不暇接。

■ 龙形彩灯

进入春节，武夷山枫坡村以"拔烛桥、舞花灯"的方式闹元宵，展现出深厚的文明内涵。

闽北各地的花灯犹如一件件艺术珍品，灯的里里外外都被雕琢、修饰。每盏灯的外罩全是透明玻璃纸，四面贴有剪纸作品，有"梁山好汉""红楼倩影""杨门女将"等。还有动物、花草和反映农村生活题材的"骏马飞跃""五谷丰登"等。此外还有诗词、楹联、谜语。

这些剪纸作品栩栩如生，色彩鲜艳，清新美观，寓意深刻，为闽北山乡的节日增添一道美丽的风景，呈现出纷繁的异彩。

普天同欢的节庆习俗

阅读链接

关于武夷山枫坡村以"拔烛桥、舞花灯"的方式闹元宵，其中还有一段传说故事呢！

据传，这种独特的传统习俗和禁赌有关。相传清咸丰年间，京官邱美金的爹爹见家乡赌博成风，土地荒芜，心中十分焦急。

于是他心生一计，假托京城传话给家乡称：由于赌博的瘴气遮住了家乡，麒麟看不到家乡的田，保不住丰收与平安，村民务必在正月里赶制百盏花灯，百个可插蜡烛的木架，在正月十四至十六三天绕村游行，然后把花灯堆放燃烧，将赌具——投入火中焚毁，清除瘴气，以求麒麟保佑。

乡民们便照此办法焚烧赌具，安心生产，果然风调雨顺、人畜兴旺。此后，此习俗代代相传，逐渐演变成"拔烛桥、舞龙灯"活动。

团团圆圆

元宵历史

在中国，元宵节人们都要吃元宵。元宵，即汤圆，以白糖、芝麻、豆沙、黄桂、核桃仁、果仁、枣泥等为馅，用糯米粉包成圆形，可荤可素，风味各异。

元宵有团圆美满之意。陕西的汤圆就不是包的，而是在糯米粉中"滚"成的，可煮食，可油炸，寓意元宵节人们红红火火、团团圆圆。

关于元宵的来历不仅有美丽的传说，更有其悠久的历史。团团圆圆的元宵，寄托了人们对未来生活的美好期望。

起源于春秋时期的元宵美食

元宵作为食品，在中国由来已久。民间相传，元宵起源于春秋时期的楚昭王。

一年的正月十五，楚昭王经过长江，见江面上有漂浮物，为一种外白内红的甜美食物。为此，楚昭王请教孔子，孔子说："此浮萍果也，得之主复兴之兆。"

在元宵节吃元宵的同时，人们还要吃些应节食物，如在南北朝时期是浇上肉汁的米粥或豆粥。但这些食品主要用来祭祀，还谈不上是节日食品。

到了唐朝，郑望之在《膳夫录》中有这样的记载："汴中节食，上元油锤。"由此可见，唐宋时期就出现了元宵节的应节食品油锤。

宁波汤圆艺术木雕

宋代《岁时杂记》中说："上元节食焦锤最盛且久。"说明油锤为宋代的汴中，即今河南开封元宵节的节日食品。

油锤是一种什么样的食品呢？据宋代《太平广记》记载：油热后从银盒中取出锤子馅。用物在和好的软面中团之。将团得的锤子放到锅中煮熟。用银策捞出，放到新打的井水中浸透。再将油锤子投入油锅中，炸三五沸取出。吃起来"其味脆美，不可言状"。

■ 汤圆制作

唐宋时的油锤，就是后世所言的炸元宵。油锤经过1000多年的发展，其制法与品种已颇具地方特色，仅广东一省，便有番属的"通心煎堆"、东莞的"碌堆"、九江的"煎堆"等，可谓唐宋食风犹存。

唐朝的元宵节食品的是面蚕。吕原明的《岁时杂记》就说道：

京人以绿豆粉为科斗羹，煮糯为丸，糖为臛，谓之圆子盐豉。捻头杂肉煮汤，谓之盐豉汤，又如人日造蚕，皆上元节食也。

到了宋代，民间就流行一种元宵节吃的新奇食品。这种食品，最早叫"浮元子"，后称"元宵"，生意人还美其名曰"元宝"。

楚昭王 熊壬，芈姓，熊氏，又名轸，楚平王的儿子。公元前516年，楚平王死，不满10岁的太子壬继位，改名熊轸，他就是昭王，是楚国的一位中兴之主。

到了明朝，人们就以"元宵"来称呼这种糯米团子。其制法是用糯米细面，内用核桃仁、白糖、玫瑰为馅，洒水滚成，如核桃大，这就是江南各地所称的汤圆。

清朝康熙年间，御膳房特制的八宝元宵是名闻朝野的美味，早在康熙年间即为朝野所传闻。名剧《桃花扇》的作者孔尚任，对八宝元宵曾有这样的诗句："紫云茶社斟甘露，八宝元宵效内做。"

马思远是当时北京城内制元宵的高手，他制作的滴粉元宵远近驰名。符曾的《上元竹枝词》中写道：

桂花香馅裹胡桃，江米如珠井水淘。
见说马家滴粉好，试灯风里卖元宵。

诗中所咏的就是鼎鼎大名的马家元宵。

康熙（1654—1722），清圣祖仁皇帝爱新觉罗·玄烨，清朝第四位皇帝，清定都北京后的第二位皇帝。年号康熙，取万民康宁、天下熙盛的意思。他8周岁登基，14岁亲政。在位61年，是中国历史上在位时间最长的皇帝。奠定了清朝兴盛的根基，开创出康乾盛世的局面。

阅读链接

北宋以前的元宵是实心的，无馅，下在烧开的水中，配以白糖、蜜枣、桂花、桂圆等物。

南宋出现的中间包糖的乳糖圆子，大概是较早的有馅元宵。南宋时期，仅临安的上元节食品，便有乳糖圆子、山药圆子、珍珠圆子、澄沙圆子、金橘水团、澄粉水团和汤圆等。

其后，元宵馅又有甜咸之分。甜馅一般用白糖、红糖、桂花、果仁、芝麻等制作；咸馅多为荤馅，单包肉或肉蔬合包。

传统元宵的制作方法和食用

　　中国人过元宵节有吃元宵的习俗。全国各地元宵的制作方法也不尽相同，叫法也不一样。但食用元宵的文化内涵却是一致的。

　　近千年来，元宵的制作日渐精致。光就面皮而言，就有江米面、黏高粱面、黄米面和苞谷面等多种面皮。馅料的内容更是甜咸荤素应有尽有。

　　甜馅有桂花白糖、山楂白糖、什锦、豆沙和花生等。咸馅的有猪油肉馅，可以做油炸元宵。素的有葱、芥、蒜、韭、姜组成的五辛元宵，有表示勤劳、长久、向上的意思。

　　元宵的制作方法南北各异。北方的元宵多是箩滚手摇，南方的汤圆则多用手心揉团。元宵有的大似核桃，

鸡肉汤圆

■ 赖汤圆

普天同欢的节庆习俗

有的小似黄豆。

元宵的吃法有多种。

一是煮元宵。煮元宵时要多放些水，水烧开后将火调小，见水面有轻微的滚动时，便可将元宵下到锅里，文火煮10分钟后，松软了即可起锅食用。

二是炸元宵。先把元宵煮熟，晾凉，然后再炸，这样不会炸崩了皮，同时也省油。如果炸生元宵，最好先放在鸡蛋清里滚一下，再放到油锅里炸，这样既安全，又能使炸出的元宵带有鸡蛋味。炸元宵时，需不断地翻动，以免炸得不均匀。

三是元宵改制汤圆。把买来的元宵掰开，取出馅，再将掰碎的元宵皮掺点水和成面，把取出的馅一个个地用面包上、揉圆。这样改制的元宵，容易煮，吃起来黏软可口，很像南方的汤圆。

上海人将元宵称作汤圆或圆子、团子。是用糯米粉搓成球状，再包上甜馅或肉馅。在上海所属的县、区农村中，还有一种荠菜圆子，别有风味。

上海松江元宵节做的糯米团子，有汤煮和蒸制两种，汤煮的大都是鲜肉馅或糖馅；蒸制的多为素馅。荠菜以外还有萝卜丝、百果、芝麻等馅料。

而无锡人在元宵节的早晨吃荠菜、糯米糕或汤圆，中午吃春卷，晚上全家在一起吃团圆饭。这天茶馆里泡茶，惯例要加进青橄榄，俗称"吃橄榄茶"，又称"吃元宝茶"。橄榄象征元宝，寓意发财得福。

元宵吃起来美味可口，其外形浑圆，象征着团团圆圆、幸福吉祥。

元宵节吃元宵汤圆是中国的传统习俗，全国各地有不少驰名的风味汤圆元宵。

在20世纪初，简阳人赖源鑫到成都挑担卖汤圆，因其汤圆质好、味美，人们称作"赖汤圆"。该汤圆选用上等的糯米粉加水揉匀，包上用芝麻、白糖、化猪油配制的馅心。该汤圆的特点是香甜滑润，肥而不腻，糯而不黏。

四川心肺汤圆是四川彭水的风味小吃，以糯米粉制皮，将豆腐干、冬菜切碎，用猪油炒后制馅，煮熟配上卤煮的猪心、猪肺及多种调味料。食用时，再调以葱花、蒜末、花椒粉、辣椒等，鲜香可口。

长沙姐妹汤圆是长沙一家餐馆的著名风味小吃，由于早年经营这款食品的是姜氏两姐妹，故此得名。长沙姐妹汤圆做法是以糯米、大米磨浆，取粉制皮，

元宝 由贵重的黄金或白银制成，一般白银居多，黄金少见。在中国货币史上，正式把金银称作"元宝"始于元代。不过，早在唐初开元通宝行世时，民间就有读为"开通元宝"的。而元代呼金银钱为"元宝"，则是元朝之宝的意思，黄金质地称金元宝，银锭则称银元宝。

■ 藕粉汤圆

用枣泥、白糖、桂花做馅。其色泽雪白，晶莹光亮，小巧玲珑，香甜味美。

上海擂沙汤圆是上海著名的小吃。其做法是以大红袍赤豆煮熟磨细，将带馅汤圆煮熟，外滚豆沙而成，形美色艳，豆香宜人。

宁波猪油汤圆是以精白水磨糯米粉为皮，用猪油、白糖、黑芝麻粉为馅，汤圆皮薄而滑，白如羊脂，油光发亮。

苏州五色汤圆是苏州吴门米粉店所做，以糯、粳米粉调配，包以由鲜肉、玫瑰猪油、豆沙、芝麻、桂花猪油5种料配制的馅心。该汤圆甜咸皆备，为脍炙人口的江南风味。

山东芝麻枣泥汤圆，做法是先将大红枣煮熟去核擦泥，猪板油去膜用刀拍碎，两者加白细砂糖搓成馅心，和水磨糯米粉做成小汤圆，芝麻炒熟和白细砂糖研成细末成炒面，将煮熟的小汤圆在炒面中滚一圈即可，吃时油润绵软。

广东四式汤圆，做法是先将绿豆、红豆、糖冬瓜、芋头分别煮或蒸熟，去皮，分别加入白糖、芝麻、熟猪油等调味品制成4种甜馅料，将汤圆皮分别包入四种不同的馅心，做上记号。将4种汤圆放入加糖的水中煮熟。每碗装不同馅料的汤圆各一个。特点是软滑细腻4种味道各异。

炸汤圆

此外，北京的奶油元宵、天津的蜜馅元宵、上海的酒酿汤圆和乔家栅鲜汤圆、重庆的山城小汤圆、泉州的八味汤圆、广西的龙眼汤圆、安庆的韦安港汤圆、台湾地区的菜肉汤圆等，也都是驰名南北的风味汤圆。

元宵节除了吃元宵外，在一些地区还有其他的应节食品。

面条为元宵灯节落灯这天晚餐的食品。古有"上灯元宵，落灯面，吃了以后望明年"的民谚。这一食俗多流行于长江以北地区。

猪油芝麻汤团

《仪徽岁时记》记载："正月十八落灯，人家啖面，俗谓'上灯圆子落灯面'，各家自为宴志庆。"落灯时吃面条，寓意喜庆绵绵不断之意。

黏糕又名年糕。元宵节除元宵、面条外，还有吃黏糕的。唐代名医孙思邈的《备急千金要方·食治》记载："白粱米，味甘、微寒、无毒、除热、益气。"元代也有元宵节食糕的记载。

团团圆圆
元宵历史

孙思邈（581—682），唐朝京兆华原人，著名的医师、道士。他是中国乃至世界史上著名的医学家和药物学家，被誉为"药王"，许多华人奉其为医神。

阅读链接

在浙江台州一带，每年正月十四，人们在看过花灯之后，就要食用糟羹。糟羹是一种用肉丝、冬笋丝、香菇、木耳、鲜蛏、豆干、油泡、川豆板、菠菜等炒熟，再加入少许米粉，煮成带咸味的糊状食品。

正月十五喝的糟羹是甜味的，用番薯粉或藕粉配上莲子、甜枣、桂圆等做成。

此外，在浙江浦江一带要吃馒头和麦饼。馒头是发面，麦饼呈圆形，取"发子发孙大团圆"的意思。

福建丰富多彩的闹元宵活动

在中国，元宵节是继春节之后最为热闹的传统节日，到处充满着喜庆与热烈的气氛。

元宵节是福建民间最重要的民俗节日之一，更是一年中各种民间

■ 福建元宵傩舞

■ 福建元宵傩舞

文艺活动最集中、最丰富多彩的一个节日。在元宵节前后的几天，整个福建各地几乎成为一片狂欢的海洋。

闹花灯是汉民族最传统的元宵民俗活动，但闽西除了常见的在街头房舍悬挂，或者在固定场所展示的花灯外，还有自己独特的闹花灯方式。

连城芷溪的"出案花灯"，一个大花灯由近百个各式小花灯组成，造型十分复杂精致。一人擎着，农历正月初一便由数户人组合出游，到正月十一"正日"全部花灯汇合出游，争奇斗艳，锣鼓声、鞭炮声不绝于耳。庞大的队伍从村头到村尾，长达数里，气势恢宏。

永定抚市正月十三至十七的"故事花灯"，也是热闹非凡。"故事"由青少年男女扮演，以轿子抬着，随队而行的是花篮灯、采茶灯、鲤鱼灯、狮象灯、蝙蝠灯、龙灯等，也是一路锣鼓、十番、响铳、

轿子 一种靠人或畜扛、载而行，供人乘坐的交通工具。中国的轿子曾流行于广大地区，并且历史悠久。因时代、地区、形制的不同而有不同的名称，如肩舆、檐子、兜子、眠轿、暖轿等。就其结构而言，轿子是安装在两根杠上可移动的床、座椅或睡椅，有篷或无篷。轿子最早是由车演化而来的。

鞭炮，直到深夜放焰火、烧架花后结束。

永定下洋的闹花灯结束后，还各自将灯迎放到祖宗坟墓前，尽显客家崇宗敬祖尽孝的精神。

连城坪上的水上花灯，则是把各式花灯抬到祖祠前池塘里的木排上，四周坐着十番乐队演奏，两个小伙撑着游池塘，灯光水影，乐声悠悠，引来岸上观者阵阵掌声，又具另一番风味。新罗区各地则有上百支各式采茶灯队伍的轻歌曼舞，引人注目。

迎古事是闽西民间闹元宵非常重要的节目。"古事"是以孩童化装成各种古代人物，固定在铁架上抬着巡游。

最著名的是连城罗坊"走古事"。它的特点是规模大，具有浓厚的竞技性，一棚古事需壮年男子多人轮流扛抬奔跑。

正月十五上午，在陆地抬着竞跑后，下午又到河水中逆水抬着竞跑。两岸人山人海，在锣鼓、鞭炮、响铳和呐喊声中，你追我赶，紧张热烈，撼人心魄，被喻为"客家山村狂欢节"。

在长汀、永定等县区的一些乡镇，也多有这种"迎古事"活动，但只是抬着巡游，没有赛跑竞技。还有一种是"龙载古事"，即头尾

普天同欢的节庆习俗

彩狮子花灯

市井花灯

是龙头、龙尾，中间节节龙身上坐着扮成各种古装人物的孩童，由数十人抬着巡游。连城城溪村还有骑在马上的"马上古事"。

在龙岩市永定区坎市、大溪、抚市、陈东等地，又出现了将古事铁架安在板车或汽车上的"车载古事"。

舞龙灯也称耍龙灯或龙舞，历史悠久。元宵节舞龙灯，给节日里的人们带来了无限的欢愉。

舞龙灯的起源可以追溯至上古时代。传说，早在黄帝时期，在一种叫《清角》的大型歌舞中，就出现过由人扮演的龙头鸟身的形象，其后又编排了6条蛟龙互相穿插的舞蹈场面。

见于文字记载的龙舞，是汉代张衡的《西京赋》，作者对龙舞做了生动的描绘。而据《隋书·音乐志》记载，隋炀帝时类似百戏中龙舞表演的《黄龙变》也非常精彩。龙舞流行于中国很多地方。

中华民族崇尚龙，把龙作为吉祥的象征。在古人的心目中，龙具有呼风唤雨、消灾除疫的神威，而中国自古以农业立国，风调雨顺对于生产、生活具有极为重要的意义。所以，古人极力希望得到龙的

铜鼎花灯

庇佑，由此形成了在祭祀时舞龙和在元宵节舞龙灯的习俗。

宋代吴自牧《梦粱录》记载：元宵节之夜，"以草缚成龙，用青幕遮草上，密置灯烛万盏，望之蜿蜒，如双龙飞走之状"。在长期的发展演变中，舞龙也形成了许多不同的样式，主要有龙灯、布龙等。龙灯也称"火龙"，这是流行最为广泛的一种龙舞。

这种龙由篾竹扎成龙首、龙身、龙尾，上面糊纸，再画上色彩。龙身有许多节，节数可多可少，但必须是单数。每节中点燃蜡烛，有的地方不点蜡烛，而是用棉纱或灯草做成油捻，浸以桐油点燃。

这种油捻燃烧力持久，龙灯舞动时五光十色，始终不会熄灭。下面装有供舞者手持的木柄，龙前还有一人手举红色绸珠指挥龙舞。

如鲤鱼化龙，灵活奇巧，善于变幻，舞龙手身着可开可合的鲤鱼皮。观众起先看到的是一条条戏水之鱼，可随着明快的乐曲突然一变，鱼变成龙，然后一条口中喷火的鲤鱼跃过龙身，象征"鲤鱼跳龙门"。

布龙也称彩龙，主要在白天表演，节中不燃蜡烛，所以表演时腾飞欢跃，好似江海波翻浪涌，气势非凡雄伟。舞龙时循势连贯表现巨龙盘旋欢腾，动作非常复杂。有的地方闹元宵，各路龙灯汇集竟达百余条，队伍长达一两千米。每条龙灯还伴有十番锣鼓，声闻数千米，甚为壮观。

福建闽西民间元宵期间，到处都有舞龙灯的庆祝活动。但闽西除平时所见的一般龙灯之外，还有自己浓郁的地方特色。

如著名的连城姑田游大龙，每节龙高达2米、长达4米多。正月十五晚上，鸣铳三响，各户抬出"驳桥"，把节节龙身连接成一条长龙。有的达170节，总长竟达700米，故有"天下第一龙"之称。它游走于田野和村落间，家家以香案、火堆、鞭炮迎接，一路锣鼓喧天、铳声撼地，十分奇雄壮观。直至正月十六上午，才在一庵庙前以固有的风俗仪式"烧龙"。

类似的元宵节游大龙，连城的林坊，永定的抚市、坎市、陈东等一些乡镇也有，但规模不如姑田。

另一种是上杭南阳、新罗苏邦、漳平双洋等地的"花灯龙"。即前后是龙头和龙尾，龙身却是由一块块长条木板上固定5～8盏各式花灯或插上花束构成。然后将木板首尾相连，扛着游行，在观赏龙灯气势的同时，还可观赏五花八门

龙门 一般所说的"鲤鱼跳龙门"的"龙门"指的是黄河从壶口咆哮而下的晋陕大峡谷的最窄处，也就是"禹凿龙门"的"龙门"。龙门也比喻声望卓著的人的府第；也指古代科举试场的正门，后喻指科举中试为"登龙门"。

129

团团圆圆

元宵历史

■ 热带植物彩灯

普天同欢的节庆习俗

关公 （160—219），本字长生，后改字云长，名关羽。东汉末年著名将领，自刘备于乡里聚众起兵开始追随刘备，是刘备最为信任的将领之一。关羽去世后，其形象逐渐被后人神化，一直是历来民间祭祀的对象，被人们尊称为"关公"。又经历代朝廷褒封，清代时被崇为"武圣"，并与"文圣"孔子齐名。

■ 新年花灯

的各色精致彩灯。

连城北团、四堡的"拔龙"和漳平双洋的"火龙"更具特色。当龙灯游至人家门前时，户主燃放鞭炮并往龙身上丢去，迫使舞龙者闪躲，致使龙腰互相推挤拉扯，整个龙身便扭成弯弯曲曲的，恍如真龙，十分有趣。

再一种是上杭庐丰、中都的秆龙，又称香灯。即以稻草扎制龙头、龙尾和节节龙身，上面插满香火，夜晚随着锣鼓点舞动时，如同点点流星汇成的银河，煞是好看。

在福建的个别地方，还有不少独有的元宵节民俗活动。如连城新泉和长汀涂坊等地，以数万响长鞭炮盘圈在地板上，组成各种图案燃放的"烧炮"；连城隔田以舞青狮黄狮开始，然后表演各式拳术和刀枪棍戟术。

此外，还有龙岩苏邦的法师在数十米高的刀梯上，表演各类高难动作后，往下撒谷子、筷子和硬币的元宵灯会。

永定坎市正月十五由长辈手执红布包裹，上书"早生贵子、白头偕老"的圆木棒，对着当年新婚后生的肩背碾打，这叫"打新婚"。

长汀童坊在正月十四，十余名青年抬着关公塑像，在烂泥田里旋转冲撞卷起泥浆，并互丢烂泥，称为"甩泥巴"。长汀四都鱼溪村以红绸扎紧的长竹打压石头，称为"打菩萨"，还有走马灯、踩高跷、打狮等。

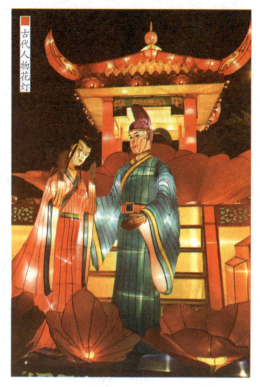
古代人物花灯

这些丰富多彩的元宵节庆民俗活动，是福建数百年来的一种文化积淀，在一定程度上体现了福建人的社会观、人生观和价值观。

阅读链接

打船灯是福建闽西特有的节庆活动形式。上杭、武平、永定多为双人船灯，长汀、连城及新罗区多为单人船灯。

表演双人船灯时，一人藏身船舱扛起船灯，船头船尾一艄公、一艄婆，持桨边划边行边说唱，接着表演各种船灯小戏。

单人船灯船体较小无船篷，由演员一人挂在肩上，边划边唱边舞蹈。另一种是"船板灯"，如同众人抬着一艘龙舟，舟中坐着化装的孩童，仅是抬着巡游，看起来很有趣味。

民间各地红红火火闹元宵

在湖南常德民间，家家户户都在正月十五张灯。入夜，不论贫富，家家张灯，街道、乡村一片光明。

灯的制作工艺极为精巧，有走马灯、八宝灯、莲花灯、虾灯和鱼

水龙宫灯

■ 巨型龙门花灯

灯等。灯上绘有山水人物、花鸟鱼虫。有的设置灯谜，猜中有奖。

石门县农村有放路灯的习俗，每户备明烛数十支，每十步或五步燃烛一支。居于溪边的人放河灯，任灯顺流而下。又有放天灯的活动，就是用大幅薄纸糊成袋，袋口朝下并附上烛盏，燃烛充气上升。

湖乡有赛灯的习惯，沟港两岸居民认为胜者可五谷丰登。因此，必胜之心极强，如若赛灯将败，便烧茅屋一栋或几栋，以图取胜。

在古代常德，青年妇女平时不能随便抛头露面，若是观灯，则可名正言顺出游，有了谈情说爱的机会。

这时，花鼓戏、龙灯、狮舞和采莲船等纷纷出动，穿街入巷，锣鼓阵阵，欢声一片，喜气洋洋。

正月十五这天晚上，江苏无锡民间所挂的花灯名目很多，有龙灯、凤灯、鱼灯、兔子灯、走马灯以及

花鼓戏 中国地方戏曲剧种，通常特指湖南花鼓戏。湖北、江西、安徽、河南、陕西等省也有同名的地方剧种。新中国成立后，湖南花鼓戏艺术有较大的发展，由湖南省花鼓戏剧院整理创作的《打铜锣》《补锅》《刘海砍樵》等，深受全国各地人民群众的喜爱。

各种神话灯、历代人物灯等。有的用灯扎成灯树、灯楼、鳌山、牌坊等，还有的进行踩高跷、扭秧歌、打太平鼓、玩花船、耍龙舞、耍狮子舞等活动。

花灯上还写有灯谜，吸引人们观灯和猜谜。在城里，最热闹的是崇安寺，明清时期这里的灯市极盛，整条街上悬灯结彩。

元宵节前后的几天晚上，锡山龙光塔的每只角和每一个窗口都要挂上彩灯，犹如火树。元宵节晚上，还有人携带酒和菜登锡山、惠山，一面观赏市内夜景，一面饮酒赏月。

南昌人将过元宵节叫"闹元宵"，闹了十五还要闹十六。闹元宵这天，无论是城市居民还是农村住户，都必须吃元宵，象征全家团圆、幸福。吃了元宵之后，便开始闹灯了。

南昌邻县农村元宵节的龙灯，各式各样，有龙灯、板凳灯、关公灯、采莲灯等。板凳灯最长由1000多条板凳组成，由1000多人连接起

福禄寿三星花灯

来。起舞时整齐统一，十分壮观。

浙江象山石浦元宵节有两种民间风俗：一是吃"糊粒"，二是舞鱼灯。

象山石浦元宵节晚餐，家家吃的不是元宵而是"糊粒"。与其他地方不同的是，石浦人把正月十四定为元宵节，而非正月十五。这一天，人们把家里每间房屋都点上灯，做到"十四夜，间间亮"。

所谓糊粒，也叫糊粒姜，是以海鲜牡蛎、虾仁和鱼肉等为主料，加上猪耳朵、芋艿、萝卜、鸡蛋、香肠和年糕等，混合在一起做成的杂烩羹。

巨型葫芦花灯

石浦地处东海之滨，是中国著名的渔港，东门岛、延昌、番头一带的渔民世代耕海牧鱼，故舞鱼灯的民间舞蹈是石浦最具地方特色的习俗。

对当地来说，风调雨顺，鱼蟹满舱，即是好年景，即是喜庆年岁。"鱼"与"年年有余""富足有余"的"余"字是谐音，因而，鱼便在人民心目中成了吉祥、幸福、美满的象征。

石浦是具有浓郁海洋文化的乡镇，"舞鱼灯"就是其中的一个重要的民间表演艺术。舞鱼灯托物寓意，也寄托着广大渔民对美好生活的向往和愿望。

山西一些地区的元宵节也有很多独具特色的习俗，如闹社火、放烟火、点灯等，很是热闹。

■ 荷塘锦鲤花灯

闹社火据说是因为古人为了驱赶野兽而形成的习俗。

山西乡村的秧歌、社火队伍，要集中在县城或重要集镇进行会演，带有竞赛性质。形式多为舞龙灯、耍狮子、踩高跷、抬阁、跑旱船、跑驴等。晚上则要沿街进行表演，讲究见旺火就舞。

各家一见秧歌队前来，就要大放鞭炮迎接。各使绝技、鼓乐喧天。围观者喝彩不断。

元宵节时唱完戏后还要点烟火。烟火分礼花与土烟火两种，土烟火形形色色。

晋中地区的"架火"，很有代表性。用30张大方桌，一张接一张，叠垒起来，高约16米，用8条大绳斜刺牵拴，层层方桌装饰成亭台楼阁。内布各种景观，多为戏文片断，大都采用泥塑和剪纸等形式，造型逼真，颜色鲜艳。每层外有36颗特制的大爆竹，共计400余颗。8条大绳，全部用花炮装饰。

整个造型，犹如一座五彩缤纷的十三级宝塔，称为主火。主火周围，另设许许多多配火，如孙悟空三打白骨精等，与主火用火药捻连通。整个架火点燃后，主火辉煌灿烂，情趣无限。四周配火飞炮轰鸣，流星划空。

在晋中地区的太谷县，元宵节张灯尤具特色。太

抬阁 旧时民间迎神赛会中的一种游艺项目。在木制的四方形小阁里，有两三个人扮饰戏曲故事中的人物，由别人抬着游行。抬阁已被列入国家级非物质文化遗产名录。

谷县城内东南西3条大街，家家挂灯，成双成对。10米左右，搭建一座彩楼。街心设特大神棚，五彩缤纷。制作彩灯用料有玻璃、纱、绸缎等，灯架皆为紫檀等硬木做成，因而有俗语说："太谷灯，爱煞人！"

山西人过灯节，喜欢转"九曲黄河阵"，也称"九曲黄河灯"。阵内埋有365根杆子，布成9个弯曲的小阵。杆与杆之间用绳子穿起，每根杆顶张灯一盏。游阵者必须不走重路，一根杆子也不剩，转完全阵，方为本事。如果误入阵中，则为失败，必须从头再游。

从外面观看，你中有我，我中有你，各领风骚，浑然一体。龙灯进阵，排在最后，转至老杆，焰火点燃。上下鞭炮齐鸣，银蛇狂舞，全场灯光闪烁，神龙翻滚，群情激昂，欢声雷动，活动达到高潮。

在晋南地区，农村过灯节习惯放河灯。将各色彩灯置放河中，顺水漂流，很是壮观。

人们手提灯笼走路，碰到行人，讲究抬起灯笼互相照一照，取意"吉星高照"。正月十五，妇女们习惯用面类制成灯盏，蒸熟后置放土地神、门神等处加油点燃。

盼望得子的新媳妇，讲

■ 玉兔花灯

金牛花灯

究正月十五偷灯。传说偷回燃着的灯，必定会生孩子。偷灯时，主人明知而不拦，待到偷灯到手起步返程时，主人却要喊几声："谁偷灯啦？"

偷灯者则要跑几步。跑动而面灯不灭，方为成功。也有的地方讲究小孩儿偷吃面灯，一年不得病，所以各家置灯也要供小孩儿来偷取。

山西人元宵节张灯，富有很强的文化内涵。

而山东济南的正月十五放河灯习俗也颇有趣味。明清两代的济南，灯节期间家家户户、大街小巷都要张挂花灯。济南泉水众多，放河灯的习俗也蔚然成风。

王象春在《齐音》中曾写了一首《元宵》的七言诗：

喜看稚子放河灯，狮石围栏士女凭。

阔髻高裙京样尽，此宵又着白松绫。

诗的开头第一句便是"喜看稚子放河灯"，可见，"正月十五放河灯"早在1616年王象春到济南定居之前就已约定俗成了。"正月十五放河灯"之俗，直到清代还持续不衰。

元宵灯节盛况不只在灯，还在于民间艺术表演，即社火。

在河北石家庄地区，社火的形式不胜枚举：井陉的拉花、抬皇杠；获鹿的抬花轿、牛斗虎、十八背；栾城的抬花杠、拉耧子；赵县的背灯挎鼓、拉碌碡；藁城、正定的"常山战鼓"都是远近有名，甚至驰名中外，有的被列入第一批国家级或省级文化遗产名录。

"打树花"是河北蔚县暖泉镇表演的春节民俗社火传统节目之一，因泼打在堡墙上的铁水迸溅开来，状如火树银花而得名。

相传，早在五六百年前，北关堡村就开始"打树花"，以祈求风调雨顺、国泰民安、五谷丰登，也有吉祥和喜庆之意。一般在正月十四、十五和十六的晚上表演。此风俗一直延续至今。

在"打树花"前，将所用的柳木勺在冷水中充分浸泡。傍晚，架起炼铁炉开始冶炼生铁，待生铁完全熔化后，由五六个技艺娴熟的艺人头戴浸湿的草帽，反穿羊皮袄，手持用水浸透的柳木勺，盛起熔化的铁水，轮番扬起泼溅在堡墙上，迸溅开来的铁水如颗颗璀璨的珍珠串成的帘子，犹如枝繁叶茂的树冠，又如火一样的瀑布，万花奔放。

在河北其他市县区，都有着自己独具特色的民间社火和民间文艺

金蛇花灯

形式，如保定的龙灯、狮子舞，承德的"二鬼摔跤"，邯郸的"捉黄鬼""炮火城"，衡水的"散灯盏"等，真是数不胜数。

山东威海人十分重视元宵节。元宵这天，渔村家家户户红灯高挂，鞭炮齐鸣，男女老少走出家门，演活报剧、唱大戏，其隆重程度一点也不亚于春节。

与南方的灯会不同，威海不举行灯会，但在这一天要捏面灯，据说这是胶东最有特色的地方民俗之一。过去的灯均用豆面捏成，又称为"豆面灯"。豆面灯有月灯、散灯和生肖灯三种。

面灯多流行于中国北方地区。面灯的形式多种多样，有的做灯盏12个，闰年做13个，盏内放食油点燃，或将面灯放锅中蒸，视灯盏灭后，盏内余油的多寡或蒸熟后盏中留水的多少，以卜来年12个月的水情。元宵节捏面灯仍然是中国北方经久不衰的习俗，反映了人们对未来生活的美好希望。

阅读链接

关于象山石浦人元宵节吃糊粒的习俗还有一段历史典故。据说，明朝嘉靖年间，倭寇屡犯中国海疆，戚继光奉命抗倭。

有一年的正月上旬，倭寇大举入侵。戚继光的军队和老百姓众志成城，英勇抗击，倭寇死伤无数。我军民于是杀鱼宰猪，欢庆抗倭大捷。

岂料，正当各种菜肴准备下锅烧煮时，另一支倭寇又来进犯。军情危急，已无时间烧煮菜肴，伙夫就匆忙把切好的各种小菜全倒入锅内，又加上米粥和薯粉，做成糊粒。即刻，将士们有滋有味地吃起来。结果将士们士气大振，出击倭寇又大获全胜。

此后，每逢正月十四，家家户户都要吃糊粒以示纪念。吃糊粒成为一种民间节俗，象征团结、胜利、欢庆和美满。

寄托哀思

清明祭祀与寒食习俗

寒食节也称"禁烟节""冷节""百五节"，源于远古时期人们对火的崇拜，而后才逐渐发展成为中国盛大的节日。

寒食节的具体日期是在农历冬至后105天，清明节前一二日。是日初为节时，禁烟火，只吃冷食。

寒食节在后世的发展中又逐渐增加了祭扫、踏青、荡秋千、蹴鞠、牵钩和斗鸡等风俗。寒食节绵延2000余年，曾被称为中国民间第一大祭日。

寒食节是中国汉族传统节日中唯一以饮食习俗来命名的节日，而祭祖、寒食和扫墓是节日期间最具特色的活动。

火的崇拜

远古遗风

大禹得河图后始见清明

    传说在远古时期，混沌初开，天地还未完全分离。中国的黄河流域洪水为患，人们因此失去了家园和土地，生活在洪水横流之中。

    人们深受洪灾之害，当时有一个名叫舜的部落首领，就命令禹来

大禹治水壁画

■ 大禹 姒姓，名文命，后世尊称为大禹，也称帝禹，为夏后氏首领，夏朝第一任君王，于公元前2029年至公元前1978年在位。他是黄帝的七世孙、颛顼的五世孙。他是传说时代与尧、舜齐名的贤圣帝王，最卓著的功绩是治理滔天洪水和划定中国国土为九州。

治理洪水。提起大禹治水的故事，还要从一个美丽的传说说起。

那时候，在华阴潼乡有个叫冯夷的人，他不安心耕种劳作，一心想得道成仙。他听别人说，只要喝上100天水仙花的汁液，就可以化为仙体，于是他就到处寻找水仙花。

而在大禹治理黄河之前，黄河水已经涌流到了中原，因为没有固定的河道，河水到处漫流，泛滥成灾。冯夷东奔西跑找水仙花，需要经常渡黄河。

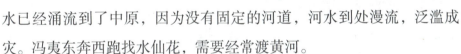

转眼过了99天，冯夷只要再找到一棵水仙花，吮吸一天汁液，就可以成仙了。冯夷想到这儿，心里很是得意，便又跨过黄河去一个小村庄找水仙花。

这里的水并不深，冯夷很容易就蹚水过了河。然而，奇怪的是，他刚到河中间，河水就突然涨了起来。他一慌神，跌倒在黄河里，竟被水淹死了。

冯夷死后，一肚子的冤屈怨气，他恨透了黄河，就来到玉帝面前告黄河的状。

玉帝听说黄河没人治理，到处横流撒野，危害百姓，很是恼火。他知道冯夷已吮吸了99天水仙花的汁液，便任命冯夷当黄河水神，治理黄河。

冯夷想，这样既可了却自己成仙的心愿，又可报被淹死之仇，真是两全其美之策。从此，冯夷就当了黄河水神，人称"河伯"。

他从来没有治理过洪水，突然担当起治理黄河的大任，一时间束手无策。这可怎么办呢？自己道行浅，又无法宝仙术，冯夷只好又到玉帝那儿讨教办法。

玉帝告诉冯夷，要想治理黄河，先要摸清黄河的水情，画幅河图，以黄河的水情河图为依据，就可以治理黄河了。

河伯按照玉帝的指点，一心要画幅河图。他找到村里的后老汉，讲了他治理黄河的大志。后老汉见他如今成了仙，要给百姓办点好事，就答应一定帮忙。

从此，河伯和后老汉风里来雨里去，跋山涉水，察看黄河水情。经多年劳累，后老汉病倒了，只得回家去，分手时，后老汉再三嘱咐河伯，不要中途而废，画好图就着手治理黄河。

河伯继续沿黄河察看水情。察看水情并画河图是个苦差事。河伯把河图画好后已经年老体弱。河伯看着河图，叹息自己没有气力去治理黄河，很是伤心。

河伯想，总有一天会有能人来治理黄河的，到那时，再把河图授

河伯出行砖画

给能治理黄河之人，自己也就了却心愿了。

河伯从此就在黄河底下安度晚年，再没有露面。然而，黄河连连涨水，屡屡泛滥。百姓知道玉帝派河伯来治水，却终日不见他的面，都怨声载道，埋怨河伯不尽职责。

后老汉听说此事后，对治理黄河的事不放心，便要去找河伯。后老汉有个儿子叫后羿，射箭百发百中，他劝父亲别去找河伯。

后老汉不听劝阻，结果遇上黄河决口，被冲得无影无踪。后羿心恨河伯，便决心射死他。

有一天，河伯听说大禹带着开山斧、避水剑来到黄河边，就带着河图从水底出来寻找大禹。河伯走了半天，看见河对岸有个年轻人。

这个年轻人英武雄伟，河伯心想此人或许正是大禹，就问道："喂，你是谁？"

对岸的年轻人不是大禹，而是后羿。他抬头一看，河对岸一个仙风道骨的老人在喊，就问道："你是谁？"

■ 后羿 是中国上古时期的传说人物。他善于射箭，曾助尧帝射九日。传说有一天，十日齐出，祸害苍生。天帝帝俊就派擅长射箭的羿下凡解除灾祸。羿射九日，只留一日，给大地带来复苏的生机。

■ 大禹治水壁画

禹王庙 是纪念大禹的祠宇，专为纪念大禹治水而建的。大禹在远古历史中，至少在水事活动中，具有保护神的地位，禹王庙和关帝庙一样，在中国民众心中占据着重要位置。中国各地的许多地方都建有禹王庙，如石泉禹庙、重庆涂山禹庙、成都禹庙、忠县禹庙、奉节禹庙、南充禹王宫等。

河伯高声说："我是河伯。你是大禹吗？"

后羿一听是河伯，顿时怒冲心头，冷笑一声，说："我就是大禹。"说着张弓搭箭，"嗖"的一箭，射中了河伯的左眼。

河伯拔箭捂眼，疼得直流虚汗。心里骂道："混账大禹，好不讲道理！"他越想越气，就去撕那幅水情图。

这时，猛地传来一声大喊："不要撕图。"

河伯忍痛一看，对岸一个头戴斗笠的人拦住了后羿。这个人就是大禹，他知道河伯画了一幅黄河河图，正要找河伯求教呢！

后羿推开大禹，又要张弓射箭。大禹赶紧拦住他，把河伯画图的艰辛讲给他听，后羿听后对自己莽撞行事后悔不迭。

后羿向河伯承认了过错，河伯得知后羿是后老汉的儿子，也没多怪罪。

大禹对河伯说："我是大禹，特地来找您求教治理黄河的办法。"

河伯说："我的心血和治河办法都在这张图上，现在授给你吧！"

大禹展开图一看，图上圈圈点点，把黄河的水情画得一清二楚。大禹得了黄河水情图，日夜不停地工作，三过家门而不入。

黄河的水患解除了，瞬间天清地明，百姓欢呼雀跃，齐声叫好："清明啦，清明啦！"

后羿射河伯

为了纪念这一有着重大意义的日子，人们把水患除去的那一天定为清明节。此后，人们就用"清明"之语来庆贺水患已除，天下太平。

后人为了纪念大禹的功绩，建造了禹王宫、禹王庙、大禹陵等以示纪念。每年农历的三月二十八，周边数万人都会赶到山顶，向禹王朝拜。

阅读链接

关于河图的来历，中国民间还有一种说法。传说，伏羲是通过龙马身上的图案，结合自己的观察，画出的"八卦"，而龙马身上的图案就叫作"河图"。

八卦源于阴阳概念一分为二，文王八卦源于天文历法，但它的"根"是《河图》。《河图》过去被人认为很神秘，实际上它只是数学中一个分支，通常叫它为幻方或魔方。

《河图》问世以后被古人加以神化，后又在历史过程中，被《易》学家们加入了五行、阴阳、四时和方位之说，更进一步说明节气、阴阳与万物生、壮、荣、衰的相互关系。

源于五千年前的墓祭

　　清明节是一个祭祀祖先的节日，主要是扫墓，是慎终追远、敦亲睦族及行孝的具体表现。扫墓源于5000年前的墓祭，就是在坟墓前祭祀祖先。

　　据传，清明节始于古代帝王将相的墓祭之礼。后来民间也争相仿

古代祭祖

效，于此日祭祖扫墓，历代沿袭，从而成为中华民族一种固定的风俗。

中国古代墓祭的礼制可追溯到5000年前，而且当时的墓祭已是祖先偶像与祖先亡灵相结合的祭祀形式。

在古文献中曾提到一个为人所耻笑的齐国人。这个齐国人经常到东郭的坟墓前乞食祭墓的祭品，可见当时扫墓的风气已经盛行。

根据祭祀的场所，中国古代的祭祖可分为宗庙祭祀和墓祭两种。墓祭主要是指生者在死者墓前祭祀，以表达和寄托对死者的孝思之情，后世又称"祭墓"，俗称"拜扫"或"扫墓"。

根据考古发现，早在新石器时期中国就已经有了墓祭习俗，在殷商时期墓祭之风渐为风行。

本来，寒食节与清明节是两个不同的节日，"清明节"的得名源于农历二十四节气中的清明节气。每年冬至后的第一百零五天就是清明节气。

清明节气共有15天。作为节气的清明，时间在春分之后。这时冬天已去，春意盎然，天气清朗，四野明净，大自然处处显示出勃勃生机。用"清明"称呼这个时期，是再恰当不过的。

此时，春暖花开，万物复苏，天清地明，正是春

■ 古代清明扫墓

新石器时期 在考古学上是石器时代的最后一个阶段，以使用磨制石器为标志的人类物质文化发展阶段。这个时期在地质年代上已进入全新世，继旧石器时代之后，或经过中石器时代的过渡而发展起来，属于石器时代的后期，年代大约从1.8万年前开始，结束时间从距今5000多年至2000多年不等。

普天同欢的节庆习俗

■ 清明祭祖

霜降 二十四节气之一，天气渐冷，开始有霜，是秋季的最后一个节气，也意味着冬天的开始。霜降时节，养生保健尤为重要，民间有谚语"一年补透透，不如补霜降"。霜降一般是在每年10月23日。这时中国黄河流域一带出现初霜，大部分地区多忙于播种三麦等作物。

游踏青的好时节。踏青在历代承袭成为习惯。踏青除了欣赏大自然的湖光山色、春光美景之外，还开展各种文娱活动，增添生活情趣。

清明时节总是给人以些许悲凉和伤感，而与一般伤春悲秋不同的是，它不是关乎个体当下的特殊经验，而是一种更加深沉辽远的生命之感。

"事死如事生。"清明将至，细雨绵绵，草木萌生，踏青远足，南燕北归，那逝去亲人的坟茔墓地是否也会有狐兔穿穴打洞？是否也会因雨水浸满而塌陷崩落？或者，我们自己是否也会有因时序更替光阴流逝带来的某种情愫心思需要前去倾诉抒发？

正是这样一种随天地运行而来的情之发、意之动，才引发了人们清明墓地祭扫的情景。于是，清明也就由一种与农事活动相关的自然之"气"，转换递进为缅怀先人的文化之"节"，具有特殊的含义。

扫墓实际上就是墓祭。古代帝王曾将其确定为国家礼制。上古时期"墓而不坟",就是只打墓坑,不筑坟丘,因此这个日子主要与上巳和寒食联系在一起。后来,便"墓而且坟",祭扫之情便有了依托。

当时,人们即使离家千里也要在清明回乡扫墓。而扫墓的内在依据,结合中国民间传统的鬼节可以更清楚地理解。

从节气上看,霜降以后天气转凉,我们自己要添衣御寒,那么生活在彼岸世界的先人们是不是也有同样的需要呢?于是就有了给他们捎点衣物钱财以顺利过冬的"烧包"习俗。

事死如事生的情感逻辑以古老而朴素的灵魂观念和祖先崇拜为基础。鬼节最初的缘起如此,清明节最初的缘起也有此因。

清明节流行扫墓,扫墓其实就是清明节前一天寒

鬼节 是传说鬼过的节日。在中国有三大鬼节,分别是清明节、农历七月十五和农历十月初一。鬼节源于目连救母的故事。由此可见,鬼节是因传统美德的孝心而起的。

■ 清明祭扫

■ 远古人钻木取火

介之推（？—前636），春秋时期晋国贤臣，又名介子推，后人尊为介子，因"割股奉君"、隐居"不言禄"之壮举，深得世人怀念。死后葬于介休绵山。晋文公重耳深为愧疚，遂改绵山为介山，并立庙祭祀，由此产生了清明节前一天的"寒食节"，历代诗家文人留有大量吟咏缅怀诗篇。

食节的内容。因此，每逢清明节来到，扫墓就成为社会重要风俗。因寒食与清明相接，后来就逐渐传成清明扫墓了。直至后来，清明扫墓成为盛行的习俗，世代相沿。

古代寒食节也叫"禁烟节"，有禁烟风俗。每年到这一时节，要求国人家家禁止生火，皆吃冷食。禁烟是节日里最主要甚至是必需的措施。在禁火之时，人们就准备一些冷食以供食用，后来就慢慢成了固定的风俗。

寒食节距冬至105天，也就是距清明不过一天两天。这个节日的主要节俗就是禁火，不许生火煮食，只能吃备好的熟食和冷食，故而得名。

寒食节的源头，其实是远古时期人类对火的崇拜，源于古代的钻木求薪火之制。古人因季节的不同，选取不同的树木来钻火，有改季改火的风俗。而每当新的季节改火之后，就要换取薪火。薪火未至，就禁止人们生火。这是当时的一件大事。

古人的生活离不开火，但是火往往又给人类造成极大的灾害，于是古人便认为火有神灵，便要祀火。

在古代，家家户户所祀之火，每年又要止熄一次。然后再重新燃起薪火，此举被称为"改火"。每当改火时节，人们都要举行隆重的祭祖活动，将谷神稷的象征物焚烧，称为"人牺"。相沿成俗，便形成了后来的禁火节。

据《周礼·秋官·司烜氏》记载：

中春以木铎修火禁于国中。

可见当时是摇着木铎在街上走，下令禁火。司烜氏其实就是专管取火的小官。

这样慢慢就成了固定的风俗了。在此期间，人们

■ 扫墓雕塑

杏酪 是中国的传统食品，又称杏仁茶。做法是：取甜杏仁、糯米面、白糖各适量。甜杏仁磨细备用，锅中适量清水煮沸，下甜杏仁及糯米面调匀。再下白糖，煮至熟即可服食。适用于风寒咳嗽，常服有防癌、抗癌作用。

155

火的崇拜

远古遗风

还有吃杏酪的食俗。杏酪自古以来就被人们作为寒食节中的一种高档食品。在东晋孙楚祭祀介之推的食品中便有杏酪。

以后，寒食节才与介之推的传说联系起来，成了寒食节。而寒食节的日期也要长达一个月。长期吃冷食，毕竟不利于人的健康。以后，人们便缩短日期，从7天、3天逐渐改为1天。到了后来，人们便直接把寒食节融合在清明节中一起过了。

古人在寒食节扫墓，通常也不设香火。人们将纸钱挂在坟茔旁的树上。前去扫墓的乡里人，都登到高处遥望，以示祭祀。将裂帛抛往空中，称之为"掰钱"。而京师周围地区，人们在拜扫时便设置酒和饭食，带领全家老幼外出春游。

此后，清明节便由一个单纯的农业节气，上升为重要的大节日了，寒食节的影响也就消失了。但寒食的食俗却以若干变形的方式传承下来了，并保存于清明节中。

清明节期间，不仅春暖花开阳光和煦，适合人们出外春游拜扫亲人坟墓，还消除了"隆冬冷食，残损民命"的忧虑。把寒食节并为清明节既符合民意又符合时令，实属明智之举。

阅读链接

墓祭又称祭扫，中国过去一般每年都要举行春秋二祭，春祭在清明节，秋祭在重阳节。重阳祭扫祖坟活动在境内并不普遍，且久已无闻，唯有清明节的祭墓活动十分普遍。

每到清明日，家家户户都有人上山祭扫祖坟。祭扫时，要清除祖坟周围的杂草。祖墓如有损坏，也要整修。民间旧俗，祖墓之土平时不宜轻动，只有在清明祭扫之时可以进行此项工作。坟墓周围打扫清净之后，就把纸钱压在祖坟前后左右。

扫墓结束后，扫墓者必折一枝马尾松松枝，带回家插于门上，用以表示这户人家没有忘记祖先，已经扫过墓了。后来，这项风俗从形式到内容都发生了重大变化。

介之推割股奉重耳充饥

寒食节相传是源于春秋时期的晋国，是为了纪念介之推而专门设立的节日。

相传，在春秋战国时期，晋献公的妃子骊姬为了让自己的儿子奚齐继位，就设毒计谋害太子申生，申生被逼自杀。

当年重耳出逃时，先是父亲献公追杀，后是兄弟惠公追杀。重耳经常食不果腹、衣不蔽体。有一年重耳逃到卫国，一个叫作头须的随从偷光了重耳的资粮逃入深山。

晋文公画像

重耳无粮，饥饿难当向田夫乞讨，可不但没要来饭，反被农夫用土块当成贼戏谑了一番。

重耳在流亡期间受尽了屈

■ 晋文公雕塑

辱。在一处渺无人烟的地方，又累又饿晕了过去，再也无力站起来。跟着他一道出逃的臣子，大多各奔出路去了，只剩下少数几个忠心耿耿的人一直追随着他。

随臣找了半天也找不到一点吃的，正在大家万分焦急的时刻，有一人悄悄走到僻静处，此人就是介之推。

介之推走到僻静处后，忍着剧痛，用一把刀子从自己的大腿上割下了一块肉。随后，他为重耳煮了一碗肉汤。当重耳喝完肉汤后，渐渐恢复了精神，而当重耳发现肉是介之推从自己腿上割下的时候，流下了眼泪。

19年以后，重耳做了晋国的国君，就是历史上的晋文公。晋文公即位以后，重重赏了当初伴随他流亡的功臣，唯独介之推被遗忘。众人都为他鸣不平，他却不肯面见晋文公请赏。

《吕氏春秋》记载，当时介之推不肯受赏，曾赋诗一首：

> 有龙于飞，周遍天下。
> 五蛇从之，为之丞辅，
> 龙反其乡，得其处所，
> 四蛇从之，得其露雨，
> 一蛇羞之，桥死于中野。

《吕氏春秋》
战国末年由秦国丞相吕不韦组织属下门客集体编撰的一部古代类似百科全书的传世巨著，是一部杂家著作，又名"吕览"。此书共分为十二纪、八览、六论，共12卷、160篇、20余万字。吕不韦自己认为其中包括了天地万物古往今来的事理，所以号称"吕氏春秋"。

邻居解张为介之推鸣不平，夜里写了封书信挂到城门上。晋文公看到这首诗后，后悔自己忘恩负义，赶紧派人召介之推受封，才知道他已背着老母亲隐入绵山。

绵山山高路险，树木茂密，找寻两个人谈何容易！于是，有人献计，从三面火烧绵山，逼出介之推。晋文公便下令举火烧山，孰料大火烧了三天三夜，在大火熄灭后，始终不见介之推出来。

火熄以后，人们才发现身背老母亲的介之推已坐在一棵老柳树下被火烧死了。晋文公见状，恸哭不已。

人们在装殓介之推的尸体时，从树洞里发现一纸血书，上面写道：

火的崇拜

远古遗风

> 割肉奉君尽丹心，但愿主公常清明。
> 柳下做鬼终不见，强似伴君做谏臣。
> 倘若主公心有我，忆我之时常自省。
> 臣在九泉心无愧，勤政清明复清明。

介之推的忠君爱国之心让晋文公感动不已，他将血书藏入袖中，

■春秋战国《晋文公复国图》局部

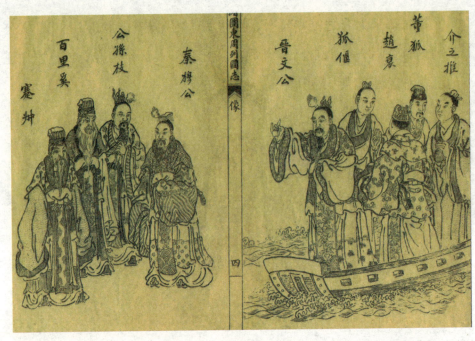

■ 《东周列国志》
中的晋文公与介之
推画像

然后把介之推和他的母亲分别安葬在那棵烧焦的大柳树下。

为了纪念介之推，晋文公下令把绵山改为"介山"，在山上建立祠堂，并把放火烧山的这一天定为寒食节，晓谕全国，每年这天禁忌烟火，只吃寒食。

临走时，晋文公还伐了一段烧焦的柳木，到宫中做了双木屐，每天望着它感叹："悲哉足下！""足下"是古代下级对上级或同辈之间表示尊敬的称呼，据说就是来源于此。

第二年，晋文公领着群臣素服徒步登山祭奠，表示哀悼。行至坟前，只见那棵老柳树死而复活，绿枝千条，随风飘舞。

晋文公望着复活的老柳树，像看见了介之推一样。他敬重地走到跟前，掐了一些柳枝，编了一个圈儿戴在头上。祭扫后，晋文公将复活的老柳树赐名为

祠堂 是族人祭祀祖先或先贤的场所。祠堂有多种用途，除了"崇宗祀祖"之用外，各房子孙平时有办理婚、丧、寿、喜等事，便利用这些宽广的祠堂以作为活动之用。另外，族亲们有时为了商议族内的重要事务，也利用祠堂作为会聚场所。

"清明柳"，又把这天定为清明节。

以后，晋文公常把血书带在身边，作为鞭策自己执政的座右铭。他勤政清明、励精图治，把国家治理得很好。此后，晋国的百姓得以安居乐业，对有功不居、不图富贵的介之推，人民非常怀念。

于是，每逢介之推死的那天，大家禁止烟火以表示纪念。同时，人们还用面粉和着枣泥，捏成燕子的模样，用杨柳条串起来，插在门上，召唤他的灵魂。

历史上，寒食节活动由以纪念介之推禁烟寒食为主，逐步演变为以拜扫祭祖为主。其中蕴含的忠孝廉洁的理念，完全符合中国古代国家需要忠诚、家庭需要孝道的传统道德核心，成为家庭和谐、社会稳定的重要载体。

古代先民对寒食节禁烟冷食的执着，表达了对千古先贤介之推忠贞不渝的怀念之情。

可以说，寒食节的意义远远大于清明，若比作母子，寒食为母，清明为子。清明犹在，而寒食早已不存。可以说，寒食伴随着吹面不寒的杨柳之风，在岁时节日的演变过程中静静地融入了清明。

阅读链接

后人为了纪念介之推，专门修建了一座介之推庙。介之推庙位于山西省晋中市灵石县境内的张嵩村，称英毅圣王庙。介庙所建处原有母子柏、母子碑。

传说母子柏所生之处是介之推母子相抱被焚死之地。介庙周围原来环境清幽，风景秀丽，气候温凉。也由于这个原因，这里也被人称为"神林"。

可惜后来山林庙宇均被火焚毁，现仅存寺庙的偏院一处，院内还存有原庙基的石墩和5通石碑。

春秋战国时期的清明习俗

大约在2400年前的春秋战国时期，清明节的活动开始丰富起来，包括牵钩、射柳、植树等。同时，人们逐渐形成了在清明节吃饧的饮食习俗。

牵钩是古称，其实就是拔河运动，始于楚国。楚国是春秋战国时期南方一个诸侯国，楚人是华夏族南迁的一支，最早兴起于汉江流域

■拔河比赛

的丹水和淅水交汇的淅川一带，其全盛时最大辖地大

致为现在的湖北、湖南全部、重庆、河南、安徽、江
苏、江西等地。

　　楚国地处大江南北，水道纵横，除陆军外，还有
一支强大的水军舟师，并曾发明一种被称为"钩拒"
的兵器，专门用于水上作战。当敌人败退时，军士以
钩拒将敌船钩住，使劲往后拉，使之逃脱不了。

　　后来钩拒从军中流传至民间，被水乡渔民仿效，
成为一项民间体育娱乐活动，演变为牵钩比赛。

　　据说春秋时期，楚国为了进攻吴国，以牵钩这种
运动来增强人民的体质。它主要是以一根麻绳，两头
分为许多小绳，比赛时，以一面大旗为界，一声令
下，双方各自用力拉绳，鼓乐齐鸣，双方助威呐喊，
热闹非常。

　　在古代拔河时，还要敲着大鼓以壮士气。唐玄宗
曾多次观看拔河比赛，拔河者多至千余人，呼声震

楚国　春秋战国
时期南方的一个
诸侯国，其国君
为熊氏。楚国先
人用自己的勤劳
与智慧，创造出
了令世人瞩目的
楚文化。楚文化
的主源是中原文
化。至楚国灭亡
后几百年间，楚
国这个称谓断断
续续被多个政权
与藩王沿袭保存
了下来。五代十
国时期的楚国史
称"南楚"或
"马楚"。

普天同欢的节庆习俗

天，观众无不震撼。

拔河所用的绳索，在唐代以前用的是篾缆，唐代的民间则用木麻。木麻通常长达150多米，两头分系小索数百条，挂于前，分二朋，两钩齐挽，立大旗为界，震鼓叫噪，使相牵引，以却者为输，名为"拔河"。

拔河的起源，本来是由于双方交战，后来军中的兵士们也多以此为戏。不仅是兵士这么做，宰相和将军们也喜欢此类运动，甚至宫女们也常组队拔河。拔河游戏发展成为在上至皇亲贵族下至平民百姓中都备受青睐、盛况空前的活动。

射柳是古时一种练习射箭技巧的游戏，这也是一项时尚高雅的活动。在细长摇曳的柳枝上，拴上一缕红绸，即是被射的目标。大多是青年男子，骑马挽弓，在百步以外，用特制的前头分杈的箭，射断那枝柳条，待柳条落地之前，飞马前往，将柳条接住。是考验骑射真功夫的一项运动。

还有一些文人墨客和学子，常在柳树上挂个有鹁鸠鸟的葫芦，百步之外用弓箭或弹弓射之，善射者矢中葫芦，鹁鸠受惊飞出，以鹁鸠飞出的高低决定胜负。

　　清明前后，春阳照临，春雨飞洒，种植树苗成活率很高，成长快。因此，自古以来，中国就有清明植树的习惯。有人还把清明节叫作"植树节"，植树风俗便一直流传下来。

　　寒食清明，这个中国传统的节日，除了有慎终追远的感伤，还融合了欢乐与赏春的气氛。除了特殊的节日活动，在中国还有清明节吃饧的食俗。

　　"饧"就是人们通常所说的饴糖，它是古代寒食节必备的食品。自古以来，许多文人墨客曾经借助诗词生动地记述了我们的祖先过寒食节时的盛景，如"海外无寒食，春来不见饧""市远无饧供寒食""箫声吹暖卖饧天""粥香饧白杏花天"等。

　　从众多提到"饧"的寒食诗作中我们不难看出，古代先人过寒食节必须有饧这种食物。如果在寒食节里没有饧，人们就认为这个节日是不完整的。

　　关于饧这种食品，古代还有一则典故。据说后人在《六经》中找

寒食节植树

■ 贯馅糖

《楚辞》原是古代流行于楚地的一种诗歌形式，汉代时，刘向把屈原的作品及宋玉等人"承袭屈赋"的作品编辑成集，名为"楚辞"，成为继《诗经》以后，对中国文学具有深远影响的一部诗歌总集，并且是中国汉族文学史上的第一部浪漫主义诗歌总集。

不到"饧"字，便对"春来不见饧"的诗句提出了质疑。有人就对这个问题进行了研究。

经过查找，人们发现在战国时期的《楚辞》中曾经提到一种叫作"饦馄"的食品，而"饦馄"就是人们所称的"饧"。

据古文献记载，寒食为冷食，《楚辞·招魂》中名"粔籹"，又名"餲""环饼"等，其用糯米粉和面油煎制成，可贮存，寒食禁火时用以代餐。

其实，古人所说的"饧"就是专指用麦芽和谷芽等熬成的糖。中国传统食品贯馅糖，就是用大麦芽和小米经过糖化以后熬制而成的。

贯馅糖是古人在冬令时节的保健食品，是在春节至寒食节期间作为馈送亲友和祭灶供神的主要食品。追根溯源，贯馅糖事实上就是古代寒食节的家用食品。

直到后来，晋北地区一直沿袭着用饧的习惯，饧就是山西名品——麻糖的初级品。麻糖入口后很甜很黏，故中国民间素有"二十三，吃饧板"的民谣。

中国传统中医学还认为，饴糖有补中益气、健脾和胃、润肺止咳的功效，可谓是药食兼备。据传，古人曾经使用寒食饧，治愈眼目中的飞矢恶疾等病例，这也说明了饧在古代也曾作为药用。

饴糖主要含麦芽糖，并含维生素B和铁等。有软硬之分，软者为黄褐色黏稠液体，硬者系软饴糖经搅拌，混入空气后凝固而成，为多孔之黄白色糖块。药用以软饴糖为好。味甘，性温。能补中缓急，润肺止咳，解毒。溶化饮，入汤药，噙咽，或入糖果等。但脾胃湿热、食欲不振、消化不良者不宜食用。

清明节期间，百姓不生火，只吃冷食，许多城市中的饴糖摊点生意都非常兴隆。

中国民间也有吃饧大麦粥的习俗。据古文记载，寒食"禁火三日，造饧大麦粥"。其制法是先将大麦熬成麦浆，煮熟，有时还可以加入捣碎的杏仁，冷凝后切成块状，食时浇上饴糖。

此外，还有一种耐贮存、适宜冷食，又酥香脆美

■ 寒具

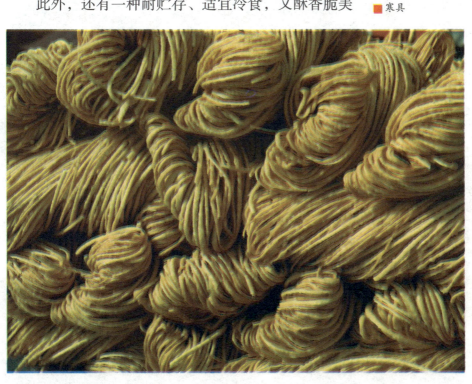

的食品"寒具"，堪称寒食节的美食。

北魏农学家贾思勰在《齐民要术·饼法》中说：

环饼一名"寒具"，以蜜调水溲面；若无蜜，煮枣取汁。牛羊脂膏亦得，用牛羊乳亦好，令饼美脆。

这段文字该是对色香味俱全的寒具最有力的表述。

阅读链接

清明节期间，中国各地都有不同的节日习俗。东北地区清明节这天，老百姓习惯做饽饽、煮鸡蛋吃。华北地区，人们习惯食豌豆黄，好游者则至乡村踏青。山西省翼城县则家家预煮黑面凉粉，于清明日切薄块灌汤而食之。

福建地区，清明期间，人们则有佩柳祀祖先，扫墓添土，冢上挂依陌。折柳枝插门左右，名辟邪。"上巳"取南烛木茎叶捣碎，渍米为饭成绀色以食，且相馈遗。河南许昌地区，人们在清明日祭先茔，携酒肴郊饮，谓之"踏青"。

秦汉时期，清明节的活动更加丰富多彩。主要包括源于先秦时期的插柳、踏青、放风筝以及祭祀习俗。在古代，柳在人们心目中具有辟邪的功用，便有了极具象征意义的插柳习俗。

到了汉代，流行一种味道鲜美的杂烩菜名为"五侯鲭"。而这一时期，清明墓祭已成为不可或缺的礼俗活动。

到了南北朝时期，中国民间逐渐形成了一些具有代表性的清明节娱乐习俗和食俗。娱乐习俗主要有荡秋千等，食俗主要有馈宴、吃馓子以及寒食节吃粥等。

不断发扬

相沿成俗

自古以来的清明各项活动

寒食节是春秋战国时期晋文公为纪念介之推而设的节日，历经各朝各代沿袭至今。虽经多次禁断，却屡禁屡兴，寒食习俗蔓延全国，深入民心。

北魏孝文帝元宏画像

关于寒食节禁烟，更为翔实的禁烟说，见于西汉末年无神论者桓谭撰著的《新论》。

在《新论》文中有描述：

太原郡，隆冬之时五日不生火食冷食，虽有病但不敢触犯法规，统治者应该改变此规定。

东汉时期，朝廷尚书周举

■ 孝文帝（467—499），元宏，鲜卑人。是献文帝拓跋弘的长子，北魏王朝的第六位皇帝。杰出的政治家、改革家。即位时5岁，490年亲政。亲政后，进一步推行改革。孝文帝的改革，对各族人民的融合和各民族的发展起到了积极作用。

初在并州任刺史，当时并州的百姓视介之推为乡神，士民每年冬季怕神灵不乐见火，于是每年冬天都要吃一个月的寒食，不敢生火。

老小之人不堪寒冷，每年在这一时期都会死很多人。于是寒食节禁烟令一度被废止。

据史料记载，332年一次史无前例的大冰雹起自西河介山，冰雹大如鸡蛋，平地三尺，行人、禽兽死者万数。冰雹所到之处，太原、乐平、武乡、赵郡、广平、钜鹿等地1000多千米，树木摧折，庄稼无存。

当时，后赵帝王石勒，在东堂询问中书令徐光下冰雹的原因。

徐光说："去年，皇帝禁寒食。帝乡之神介之推，历代为世人所尊，介山左右的田地成为晋文公祭介之推田，这一带百姓奉祀介之推，士民们愿寒食禁火可任其随便。皇帝纵不能让天下人心都同介山之人。"

于是，石勒下诏书禁寒食。

此外，在474年、492年和502年，北魏孝文帝连续三次禁断寒食。他在第三次令文中说：除介山之邑听任为之，寒食自此禁断。

诏书 皇帝布告天下臣民的文书。在周代，君臣上下都可以用诏字。秦王政统一六国，建立君主制的国家后，号称皇帝，并改命为制、令为诏，从此诏书便成为皇帝布告臣民的专用文书。汉代承秦制，唐宋时期废止不用，元代又恢复使用。

普天同欢的节庆习俗

■清明戴柳

观世音 是佛教四大菩萨之一。他具有无量的智慧和神通，大慈大悲，普救人间疾苦。在佛教中，他是西方极乐世界教主阿弥陀佛座下的上首菩萨，同大势至菩萨一起，是阿弥陀佛身边的胁侍菩萨，并称"西方三圣"。

寒食节历经几朝当政者的屡屡禁断，但仍能相沿持续，除了国人追悯先贤，不忍介之推英灵泯没之外，一个很重要的原因，就是后来的寒食节最终选定在冬至后的第105天，即清明节期间。

清明时节自古就有插柳的习俗。北魏农学家贾思勰《齐民要术》里记载：

取柳枝著户上，百鬼不入家。

说的就是这一习俗。

柳为落叶乔木，阳春始发，枝条柔韧，叶似春风裁剪，枝干纵横倒顺，插之皆可成活。寒食清明习俗的标志之一，就是家家要插柳。

杨柳有强大的生命力，寒食插柳习俗历史悠久。每到寒食节这天，江淮人家折柳插门。据说，插柳的风俗也是为了纪念"教民稼穑"的农事祖师神农氏的。有的地方人们把柳枝插在屋檐下，以预报天气。古谚有这样的说法：

柳条青，雨蒙蒙；
柳条干，晴了天。

俗话说："有心栽花花不发，无心插柳柳成荫。"柳条插土就活，插到哪里活到哪里，年年插柳，处处成荫。

柳在人们的心目中具有辟邪的功用。清明插柳戴柳还有一种说法：中国人以清明、七月半和十月朔为三大鬼节，是百鬼出没讨索之时。人们为防止鬼的侵扰和迫害而插柳戴柳。

此外，因受佛教的影响，人们认为柳可以祛鬼，而称之为"鬼怖木"，观世音以柳枝蘸水济度众生。清明既是鬼节，值此柳条发芽时节，人们自然纷纷插柳戴柳以辟邪了。

汉代人有灞桥"折柳赠别"的风俗，每当有人送客至此桥时，便折柳赠别。古代长安灞桥两岸，堤长十里，一步一柳，由长安东去的人多到此地惜别，折柳枝赠别亲人，因"柳"与"留"谐音，以表示挽留之意。

杨柳是春天的标志，在春天中摇曳的杨柳，总是给人以欣欣向荣之感。"折柳赠别"就蕴含着"春常在"的祝愿。

古人送行折柳相送，是一种对友人的美好祝愿。也寓意亲人离别去他乡正如离枝的柳条，希望他到新的地方能很快生根发芽，好像柳枝之随处可活。

古人的诗词中也大量地提及折柳赠别之事。如"新知折柳赠""别路恐无青柳

■ 清明折柳

■ 清明折柳

普天同欢的节庆习俗

枝""年年长自送行人，折尽边城路旁柳"等。

人们不但见了杨柳会引起别愁，连听到《折杨柳》曲也会触动离绪。这就自然引起古代文人墨客寄情笔端的感怀。其实，柳树可以有多方面的象征意义，古人又赋予柳树种种感情，于是借柳寄情便是情理中之事了。

除了插柳，中国清明节也有戴柳的习俗，有将柳枝编成圆圈戴在头上的，也有将嫩柳枝结成花朵插于发髻的，还有直接将柳枝插于发髻的。

清明节的清晨，街市叫卖杨柳，家家折一枝绿柳蘸上清水，插上门楣，妇女则结杨柳球，戴在鬓边。

民间谚语有：

清明不戴柳，死后变黄狗。
清明不戴柳，来世变猪狗。

这说明，在古人眼里戴柳也有辟邪的作用，清明戴柳之俗在各地都很常见。

柳是寒食节的象征之物，但有一些地方有纪年华之意，有所谓的清明插柳"纪年华"，"清明不戴柳，红颜成皓首"之说。

■ 古代清明扫墓

发展到后来，人们就干脆把男女成年行冠礼的时间统一定在寒食节，而不论生时年月，凡官民不论大小家，子女未冠的人，于此日戴柳，即为成年标志。

据此，后世便有"纪年华"的遗俗，并演化成妇女戴柳球于鬓边以祈红颜永驻的习俗。在此，青青春柳又有了象征青春的意义。时值春季妇女戴柳，则表现出对青春年华的珍惜与留恋。

清明节又叫"踏青节"，踏青又叫"春游"，古时还叫踏春、探春、寻春等。每至清明时节，人们在花草返青的春季，结伴到郊外原野远足踏青，并进行各种游戏以及荡秋千、放风筝等活动。

中国的踏青习俗由来已久，传说远在先秦时期就已形成。每年春天，人们都要结伴到郊外游春赏景，风俗日益兴盛。

"江上冰消岸草青，三三五五去踏青。"清明时节同时也是个生机勃发之时，人们告别蛰伏的户居生活，迎着春天的明媚阳光，呼吸着青青绿草的气息，脚踩着松软的土地，徜徉在姹紫嫣红、莺歌燕舞的原

《论语》 儒家的经典著作之一，由孔子的弟子及其再传弟子编撰而成。它以语录体和对话文体为主，记录了孔子及其弟子的言行，集中体现了孔子的政治主张、伦理思想、道德观念及教育原则等。与《大学》《中庸》《孟子》《诗经》《尚书》《礼记》《周易》《春秋》并称为"四书五经"。

野上，那时的心情该是多么轻快愉悦！

说起踏青游乐，可以一直上溯到孔子那里。《论语》记载，孔子有一次与他的弟子们在一起讨论人生志向，其他弟子慷慨陈述其治国安邦的宏伟蓝图时，孔子并未搭腔。

轮到曾皙说："暮春时节，穿着刚刚做好的春服，与五六个朋友、六七个小孩儿，到沂水去沐浴，并随风起舞，洗完后哼着民间小调，踏上归途。"

孔子听后大加赞赏，喟然道："你和我想的一样！"

孔子与曾皙的对话表明，远在春秋时期，人们便有了在暮春时节野浴并踏青的活动。

清明踏青为古代人比较普及的休闲活动形式，其组织方式、内容和规格，也随着时间的推移，因地因人而异。有人会觉得，清明节吃着寒食祭奠先人，真是好凄凉啊！

其实不然，有词为证：

问西楼禁烟何处好？绿野晴天道。马穿杨柳嘶，人倚秋千笑，探莺花总教春醉倒。

清明的另一番风情是多么令人向往的场景！

清明节时无论是大自然中的植被，还是与自然共处的人体，都退去了冬天的污浊，迎来春天的气息，实现了由阴到阳的转化。

所以说清明节的实质是通过缅怀先人来迎接更美好的生活。从这个角度来说，清明节实在是一个快乐和积极的节日。

人们在禁烟踏青中，不仅要举行斗草、秋千等活动，还要画新妆、嬉闹，直至饮酒、狂饮，可见中国古代踏青活动之兴盛，甚至一些人热衷于踏青，淡化了祭扫。

当时，有些人家"置亲于荒墟"，清明节拜扫只草草了事，而后便与其兄弟、妻子、亲戚、契交放情地游览，尽欢而归。

踏青虽在一年之春，但具体时日常有出入。古人关于踏青时节说法不一，有说是指农历正月初八、二月初二、三月初三。

后来，由于清明扫墓正值春光明媚、草木返青，田野一片灿烂芬芳。扫墓者扫墓完毕，往往选择一处芳草地，坐于树下，尽兴地喝酒娱乐。

至此可见，清明扫墓已经由单纯的祭祀活动演化为同时游春访胜的踏青活动。

阅读链接

由于各地习俗不一，寒食清明节插柳的地点和人身部位也千差万别。

福建《兴化府志》说，门上插柳，也插于头部。广西《南宁府志》记载，柳枝戴在头上，或系在衣带上。

而广东地区一些县里流传一种说法是，折柳悬于门，并插在两鬓上等。此外，安徽、江苏等地，寒食节还盛行以戴荠花、佩麦叶来代替柳枝与柳叶。

踏青时节巧借东风放纸鸢

　　放风筝和荡秋千，是中国人民在清明节时最喜爱的活动之一，具有几千年的历史了。风筝也称"风琴""纸鹞""鹞子""纸鸢"等，闽南语称"风吹"。风筝是一种比空气重，能够借助风力在空中飘浮的

婴戏图

制品。

■ 儿童放风筝

风筝起源于中国，据说古代将军曾利用风筝测量风速，有人背着风筝从高处跳下保住了性命，更有人曾利用风筝传信求救兵，取得了成功。

据民间传说，第一个风筝是由古代著名工匠鲁班用竹子做的。丝绸出现后，又出现了绸制的风筝。自从纸发明以后，才有了纸质风筝，名为"纸鸢"。于是，便有了后人"儿童散学归来早，忙趁东风放纸鸢"的佳句。

在古代，风筝作为一种儿童玩具日渐风行，有人在纸鸢上加以竹笛，纸鸢飞上天以后被风一吹，发出"呜呜"的声响，像筝的弹奏声，于是人们把"纸鸢"改称"风筝"。也有人说"风筝"这名字起源于五代，从李邺用纸糊风筝，并在它上面装有竹笛开始。

古人认为，放风筝不但是一种游艺活动，而且是一种巫术行为，他们认为放风筝可以放走自己的秽

鲁班（前507—前444），姓公输名般，又称公输子、公输盘、班输、鲁般。故里在山东滕州。春秋末期到战国初期鲁国土木工匠。鲁班是中国古代一位出色的发明家，2000多年以来，他的名字和有关他的故事，一直在广大人民群众中流传。中国的土木工匠们都尊称他为"祖师"。

巫术 是企图借助超自然的神秘力量对某些人、事物施加影响或给予控制的方术。"降神仪式"和"咒语"构成巫术的主要内容。巫术分为黑巫术和白巫术，黑巫术是指嫁祸于别人时施用的巫术，白巫术则是祝吉祈福时施用的巫术，故又叫吉巫术。

普天同欢的节庆习俗

气。所以很多人在清明节放风筝时，将自己知道的所有灾病都写在纸鸢上，等风筝放高时，就剪断风筝线，让纸鸢随风飘逝，象征着自己的疾病、秽气都让风筝带走了。

《红楼梦》中，李纨劝林黛玉放风筝时说："放风筝图的就是这一乐，所以叫放晦气，你该多放些，把病根儿带去就好了。"后来当紫鹃要去捡别人的风筝时，林黛玉就笑着劝阻说："知道是谁放晦气的，快丢出去吧。把咱们的拿出来，咱们也放晦气。"

所以，别人放走的风筝是不能捡拾的，否则就会沾上晦气。这种习俗，在中国民间又叫"放断鹞"。后来，风筝也逐渐发展成广为流行的郊游娱乐活动。

每逢清明节，人们不仅在白天放风筝，夜间也要放风筝。夜里，在风筝下或在风筝的拉线上挂上一串

■ 年画：大雪丰年放风筝

串彩色的小灯笼，风筝飞在空中就像闪烁的明星，被
称为"神灯"。

■ 年画清明放风筝

清明放风筝是普遍流行的习俗。清人潘荣陛所著
《帝京岁时纪胜》记载：

> 清明扫墓，倾城男女，纷出四郊，提酌
> 挈盒，轮毂相望。各携纸鸢线轴，祭扫毕，
> 即于坟前施放较胜。

古人还认为清明的风很适合放风筝。《清嘉录》
中说："春之风自下而上，纸鸢因之而起，故有'清
明放断鹞'之谚。"

古时放风筝活动从元宵节后一直持续到清明节，
所以古时也把清明节称为"风筝节"。

放风筝成为中国汉族及部分少数民族传统的娱乐
风俗。中国传统的风筝品种繁多，一般分为硬翅、软

灯笼 中国的灯笼
又统称为灯彩，
起源于西汉时
期。每逢佳节，
人们都挂起象征
团圆的红灯笼，
来营造一种喜庆
的氛围。后来灯
笼就成了中国人
喜庆的象征。经
过历代灯彩艺人
的继承和发展，
形成了丰富多彩
的品种和高超的
工艺水平。中国
的灯笼以宫灯和
纱灯最为著名。

■ 古代秋千仕女图

翅、板子、串子、立体筒形等几类，其题材也比较广泛，形式多样。

在中国民间，人们还创造了风筝上的附加物，如能发出声音的"鹤琴""锣鼓"，有灯光装置的"灯笼"，有散落携带物的"送饭儿的"等，各具特色。

在清明节，各地还有荡秋千的习俗。中国民间荡秋千的历史非常悠久，秋千的起源可追溯到上古时代。

那时，我们的祖先为了谋生，不得不上树采摘野果或猎取野兽。在攀缘和奔跑中，他们往往抓住粗壮的蔓生植物，依靠藤条的摇荡摆动，上树或跨越沟涧，这就是秋千最原始的雏形。

秋千最早称为"千秋"，传说为春秋时期北方的山戎民族所创。开始仅是一根绳子，双手抓绳而荡。后来，齐桓公北征山戎族，把"千秋"带入中原。从此后，荡秋千便成为寒食、清明节等节日的民间游戏。

那么"千秋"又何以改为"秋千"这一称呼呢？据说古时，宫中以"千秋"为祝寿之词，取"千秋万寿"之意，人们为了避讳，便将"千秋"两字倒转为"秋千"。秋千这一称谓从此就沿用下来。

最初，荡秋千只限于女子和小孩儿的游戏，后来

山戎 春秋时期北方的一支较强大的少数民族。是匈奴的一支。活动地区在今河北省北部，后来成为北方少数民族的泛称。据史书记载，山戎部族以射猎禽兽为生，随畜牧而转移。公元前664年齐桓公兴兵救燕伐山戎，灭掉令支、孤竹山戎部族，约战国晚期，山戎逐渐销声匿迹。

逐渐成为男女皆宜的游戏。

古人荡秋千最初只是在清明、寒食节前后才有所见，而且仅仅局限于豪门贵族家的儿女游戏之用，直到南北朝时期，荡秋千才流行并盛行于大江南北，荡秋千发展为清明节习俗的重要内容。所以，古代清明节也称"秋千节"。

《荆楚岁时记》记载：

春时悬长绳于高木，士女衣彩服坐于其上而推引之，名曰打秋千。

古时的秋千多用树枝丫为架，再拴上彩带做成。后来逐步发展为用两根绳索加上踏板的秋千。

民俗相传，荡秋千可以祛除百病，而且荡得越高，象征生活过得越美好。

在汉字中，"秋千"两字的古字均有"革"字旁，"千"字还带"走"字，意思是揪着皮绳而迁移。

随着发展，人们对传统秋千活动更是花样翻新。荡秋千的形式也由原来的单架式发展为"车链式""八挂式"等多种。

车链秋千的制作是先竖

鹤 寓意延年益寿。在古代是一鸟之下，万鸟之上，仅次于凤凰。明清一品文官的官服编织的图案就是"仙鹤"。同时鹤因为仙风道骨，为羽族之长，自古就被称为"一品鸟"，寓意第一。鹤代表长寿、富贵，据传说它享有几千年的寿命。

■ 陈枚《月曼清游图》之九

普天同欢的节庆习俗

■ 荡秋千活动

亭 中国传统建筑，多建于路旁，供行人休息、乘凉或观景用。亭一般为开敞性结构，没有围墙，顶部可分为六角、八角、圆形等多种形状。亭子在中国园林的意境中起到很重要的作用。亭的历史十分悠久，但古代最早的亭并不是供观赏用的建筑，而是用于防御的堡垒。

一根木桩，将下端固定，再在上端设轴装一大车轮，轮上缚置4条木棍，各伸出一截于轮外，悬吊四挂秋千。而后在先竖的木桩下部横装推杆，推动推杆，秋千便旋荡起来。

八挂秋千是一种装饰华丽的亭式秋千，因悬挂八架秋千而得名。其主体骨架是一根可以转动的木柱，称"老杆"。老杆下端是转轴。

推杆与老杆绑结为一体，推动推杆使老杆转动。同时，以老杆为中心搭设圆形木台，中间设置枢纽，顶端搭成八角亭式伞形，装饰各色彩绸与玻璃镜等。

8个檐角高高挑起，每角悬挂一架秋千。人力推动推杆，八挂秋千便同时飘荡起来。绵山有"秋千岭"，也是历代荡秋千的场所。

荡秋千可以使人心旷神怡，锻炼身体和意志。无疑，这是一种有益的民间体育游艺活动。一些地方的群众认为，荡秋千能祛除疾病。这也许就是荡秋千能世代相传、经久不衰的原因。

荡秋千可分单人荡、双人荡、立荡、坐荡等。每个村镇都有自己的秋千高手，有时还要举行表演比赛。荡得最高最美的人很受乡邻的赞扬。荡秋千的这些日子里，也常常是青年男女相遇、接触的好机会。

此外还有两种特殊的秋千，"胡悠"和"过梁悠"。

"胡悠"也叫"木驴"。其做法是：主杆上端有个铁轴，轴头顶在横梁的正中间。横梁两头各吊一个小铁千。人或站或坐在两头的秋千上，边悠荡边转圈。

"过梁悠"是一种比较复杂的秋千。在牢固的木架上架一个方形大木轮，轮子四角各吊一副小秋千，四个人坐在踏板上，由其他人摇动摇盘，使大木轮转起来。秋千上的人随着大木轮子的转动，或高或低，自在悠荡，煞是惬意。

阅读链接

中国民间还有一种特殊的秋千"板不煞"。板不煞就是"摔不死"。

是在秋千架的横梁上穿一个辘轳头，上面绕一条粗绳两头垂下，其中，一个绳头上固定一根脚踏棍。开始耍时，两只脚踏在踏脚棍上。两腿夹绳，两手紧拽另一个绳头，使绳子这头往下转，那头带着人往上升。

在秋千横梁上头的半圆形荆条吊着花生、糖果、香烟、酒等赏品。谁能升到上头，牢稳地固定在辘轳头上，再伸手向上去摸赏品，谁就是好样的。摸着哪一种奖品，就奖给这个人。

一般人往往上不去就摔下来，或者上去了没把紧辘轳头，又滑溜下来或摔下来，故名"板不煞"。由于秋千架下垫着松软的沙土或柴草，不会出危险，又称"摔不死"。

隆重的清明节宫廷馈宴

古代寒食清明节，是上至朝臣、下至百姓普遍看重的传统节日。节日期间有着丰富的活动内容。

然而，朝臣们所企盼的活动与百姓相比显然有着天壤之别。就是说，百姓们寒食节期间的活动内容无非是禁火、扫墓、插柳、踏青及从事一些事关节令的农事杂务。而皇家朝臣们则要在这一天追求诸如

■ 古代寒食节画像砖

■ 古代寒食节泛舟

品茶、集宴、蹴鞠、泛舟、斗鸡、拔河、春赛一类高档次的活动。

在南北朝时期，帝王要在寒食节这一天馈宴群臣。

据史料记载：492年2月，因太华殿被毁，太极殿刚刚始建，这一年的寒食飨宴才只得作罢。

另据《时镜新书》记载，北齐的尚书右仆射监修国史官魏收，在寒食节馈赠给王元景粥食。

王元景回书说道：

始知令节，须御麦粥。加之以糖，弥觉香冷。

此后，至唐代，寒食清明节馈宴群臣已成为惯例，集宴的名目也趋于繁多。到宋代，王室对宰臣寒食节日的赏赐更加客观。

在馈宴之时，皇上还要带领群臣观看杂技表演、

尚书右仆射 尚书仆射为尚书令之副职。尚书后来称为省，尚书令阙，仆射便是尚书台的长官。成帝时期，罢宦官专用士人，置尚书五人，以一人为仆射，掌授廪、假、钱、谷。仆射初置一人，至199年置左右仆射，左仆射又有纠弹百官之权，权力大于右仆射。魏晋以后，仆射已处于副相地位，号称"端副"。

射人 古代官名。《周礼》中记载，夏官司马所属有射人，以下有府、史、胥、徒等人员。掌管公、孤、卿、大夫朝见王的位置，在旁赞相礼依然在射礼仪时，辅导周王发射，并助大司马演习射仪。其职多关礼仪，而以射仪为主，故为夏官司马之属。

娱乐。随着时代的发展，王室对宰臣寒食节日的赏赐更加可观了。

古代有法制规定，仆射、御史大夫、中丞、节度留后、观察、内客省使权知、开封府王等，来到寒食赉签赐羊酒和米面。立春时赐以春盘，寒食节赐以神馂和饧粥等。

又规定，在冬至、二社、重阳、寒食，枢密近臣、禁军大校，或赐宴其第。

古代帝王馈宴的礼仪程序很是复杂。膳宰要在路寝东边准备群臣的饮食。乐人为宴饮挂上新的钟磬。在东阶的东南方对着东边屋檐滴水处放置洗和篚。

罍和水在东边。篚在洗的西边，靠南陈设。盛饭食的篚在它的北边，朝西。司宫在东楹柱的西边置两个方壶。两个方壶的左边放玄酒。

国君专用的酒器两个，遮盖的巾用粗葛布和细麻

■ 酿酒工艺图

布，在方壶的南边，以南边为上位。在寝门的西侧为已入官而未受正禄之士设两个圆壶。司宫在户西为宾设席，以东边为上位，没有增加的席。

届时，主持宴礼的人报告国君："准备完毕。"

小臣在东阶上为国君设席，席头朝西，设置加席。国君登堂在席位上就座，面向西。

接着，小臣再引卿大夫，卿大夫皆从门的右边进入，面朝北，以东为上位。士站立在西边，面朝东，以北边为上位。祝史站立在门的东边，面朝北，以东边为上位。小臣之长一人在东堂下，面朝南。已入官而未受正禄之士站立在门的西边，以东边为上位。

国君下堂站立在东阶的东南，面朝南，向卿揖礼，卿进前面朝西以北为上位；向大夫揖礼，大夫皆稍前进。射人再向国君请命主宾。

国君说："命某大夫为主宾。"

射人把国君的命令转告主宾。主宾稍进前，推辞"自己不敏"。射人又把主宾的言辞报告给国君。国君再次命令，往复两次主宾再拜稽首，答应。

■ 朝堂赐宴雕塑

不断发扬
相沿成俗

罍 是商朝晚期至东周时期大型的盛酒和酿酒器皿，有方形和圆形两种形状，其中方形见于商代晚期，圆形见于商朝和周朝初年。从商到周，罍的形式逐渐由瘦高转为矮粗，繁缛的图案渐少，变得素雅。

堂 正房，高大的房子，可以用来表示同祖父的亲属关系。旧时官吏审案办事的地方也被称作堂，还可以用作量词。中国一些老字号的中医药店，多以"堂"相称，如济生堂、同仁堂、长春堂等。

卿大夫 西周、春秋时国王及诸侯分封的臣属。规定要服从君命，担任重要官职，辅助国君进行统治，并对国君有纳贡赋予服役的义务。但在其分封管辖区域内，为一辖之主，世代掌握所属都邑的军政大权。通常，卿的地位较大夫为高，卿的田邑较大夫为多，并掌握国政和统兵之权。

射人再次向国君报告。主宾走出站立于门外，面朝东。国君向卿大夫拱手行礼，然后登堂就席。小臣自东阶下，面朝北，请拿瓦大盖巾和进献食物的人。命令拿巾的人，从西阶登堂，站立在方壶南边，面朝北，以东边为上位。

然后，膳宰向诸公卿进献美味的食物。射人引主宾进。主宾进入，到堂前，国君走下一级台阶，向主宾拱手行礼，国君登堂就席。

主宾从西阶登堂，宰夫代国君主持宴饮者也从西阶登堂。主宾在右面，面朝北，宰夫为主宾到来行再拜礼。主宾再拜答礼。

待洗手完毕，宰夫在筵席前进献主宾。主宾在西阶上拜谢，在筵席前接受酒爵，回到原位。宰夫在主宾右边为送上酒爵行拜礼。

膳宰进献干肉、肉酱，主宾登上筵席。膳宰摆上

■ 宋代帝王馈宴图（局部）

盛牲体骨的俎。主宾坐下，左手拿酒爵，右手祭干肉、肉酱，把酒爵放在祭物的右边，宴饮才算正式开始。

古代宴饮图

寒食清明节是重大的节日，一些朝代为了使这一天的皇帝馈宴兴致不受干扰，还特定了许多特别的律令。其中，就有规定各诸陵守官，寒食清明节期间不得强拉百姓办杂差等。

到后来有的律令规定：京师隶、将作、女子隶和少府缝作，均给假一天；腊八和寒食均给假两天；禁大寒食以鸡卵相馈送；等等。

据《册府元龟》载，五代后晋出帝下诏：四京诸道、州府，处决罪犯，遇大祭祀，正冬、寒食、立春、夏雨未晴，以上并不得行极刑。如有已断案，可取次日及雨雪后施行。

由此看来，清明寒食已成为当时法定的节假日，人们在这一天欢饮娱乐及所进行的活动，已明显带有政令的色彩。

阅读链接

后来，帝王在寒食清明节馈宴中减少了蹴鞠、拔河等竞技类活动项目，增加了观花、赋诗等高雅内容。

每当宴饮完毕，直至酒酣之际，百官各赋奉诏赏花诗，帝也作诗分赐之。或赐五言诗，或赐七言诗，有时还特赐群官入观皇上御书。

保健功效的寒食节美食

在古代，清明这一天有吃"饧大麦粥"的习惯。据《荆楚岁时记》记载，寒食"禁火三日，饧大麦粥"。此粥的做法是，先将大麦磨成麦浆，煮熟，再将捣碎的杏仁拌入，冷却后切成块状，吃时在上面浇上饧粮即可。这是有记载的最早的清明节食品。

北魏贾思勰在《齐民要术》中，也介绍了一种清明节冷食，叫作

古代画像砖

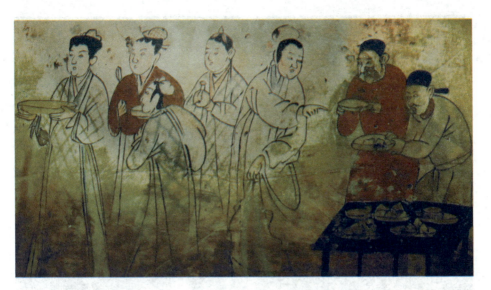

■ 古代清明节冷食

"寒具"，其实，这是一种甜面饼。"以蜜调水溲面，若无蜜，取枣煮汁。牛羊膏脂亦得。用牛羊乳亦好，令饼脆美。"这也是一种冷食，吃起来香甜酥脆。

按曹操《明罚令》，晋阳一带士民冬至后很长时间皆绝火寒食，李岳的运大麦车清明节方到，自然耽误了时机。这则故事还说明，晋阳人寒食节有用大麦煮麦粥、食麦粥的习俗。

东晋陆翙在《邺中记》记载并州之俗，说道：

> 冬至后百五日为介之推断火，冷食三日作乾粥，中国以为寒食。

南朝梁宗懔撰写的《荆楚岁时记》，记录古代楚地岁时节令风物故事的笔记体文集中也记载：

> 孙楚祭介之推云："饧一盘，醴酪两盂。今寒食有杏酪，麦粥，即其类也。"

孙楚（218—293），西晋诗人。史称其"才藻卓绝，爽迈不群"，多所陵傲，故缺乡曲之誉。魏末，孙楚已40多岁，才入仕为镇东将军石苞的参军，后为晋扶风王司马骏征西参军，晋惠帝初为冯翊太守。刘义庆的《世说新语》载其逸事。

■ 古代清明节饮食
场景

雕刻 对雕、
刻、塑三种创制
方法的总称。指
用各种可塑、可
雕、可刻的硬质
材料创造出具有
一定空间的具有
可视、可触的艺
术形象，借以反
映社会生活、表
达艺术家的审美
感受、审美情感
和审美理想的艺
术。其历史悠
久、技艺精湛的
各种雕塑工艺，
是中国工艺美术
中一项珍贵的艺
术遗产。

按南北朝时期农业科学家贾思勰的《齐民要术》
中讲，煮醴酪即为麦粥。

另据唐玄宗时期学者丘悦编写的史书《三国典
略》记载，邺城人李岳为门客说服，用本钱广收大
麦，用车运往晋阳，以求寒食节在晋阳一带卖高价。

由于路途耽误，结果车到晋阳已是清明节令，无
奈又载回邺城。

到了五代，除了一般的冷食粥饼以外，还加上了
制作"艺术"鸡蛋的习俗。清明节"艺术"蛋大致分
为两种，一种是"画蛋"，就是在蛋壳上染上颜色，
只不过颜色不同而已。

另一种则是"雕蛋"，在蛋壳上雕刻成画，这需
要高超的技术，这种蛋仅供赏玩。

明代陈继儒的《珍珠船》也记载在南朝时：

梁武帝寒食赐麦粥。

粥也称糜，是一种把稻米、小米或玉米等粮食煮成的稠糊的食物。依照元代医家学罗天益在《宝鉴》一书中记载：粳米、粟米做成的粥，气味淡薄，阳中带阴，所以清淡舒畅，能利小便。

古人都极力称赞粥的养生保健功效，在长寿之乡，许多老人就是通过坚持早晚喝粥，治好了胃痛、失眠和便秘的毛病。

这就是五谷都能治病的原理。吃粥既节省时间，味道又美，喝完粥后睡一觉，妙不可言，人们都称粥有很大的益处。

寒食粥品类繁多，洛阳人家亦有食桃花粥和梅花粥的习俗。具体做法是：收取落花瓣，洗净后用水煮粥，候粥熟，再将花瓣下锅，一滚即起食。

此外，还有一种冬凌粥，其为寒食节的高档食品，普通人家很难享用。旧时有商家，每逢节日专

五谷 古代所指的五种谷物。"五谷"在古代有多种不同的说法，最主要的有两种：一种指稻、黍、稷、麦、菽；另一种指麻、黍、稷、麦、菽。两者的区别是：前者有稻无麻，后者有麻无稻。古代经济文化中心在黄河流域，稻的主要产地在南方，而北方种稻有限，所以五谷中最初无稻。

不断发扬

相沿成俗

■ 古代清明节食俗

■ 清明节传统食品
馓子

卖这一名食，寒食节专卖食品，必少不了冬凌粥。当时，朝有掌饮膳酒礼的食官，律法规定：凡是元旦、寒食和冬至，都要专门供送食品给六品以上的朝官。

粥作为食品，很适合肠胃不适的人食用。粥能增强食欲，缓解体力生病时的食欲不振。与清粥搭配一些色泽鲜艳又开胃的食物，例如梅干、甜姜、小菜等，既能促进食欲，又为虚弱的病人补充体力。此外，人们在寒食节期间不仅要吃凉粥，还要吃煮鸡蛋、盐醋拌生菜等。

中国南北各地清明节都有吃馓子的食俗。馓子古时叫"寒具"，是一种用糯粉和面扭成环的油炸面食品，味道香脆精美，口感极佳。

北魏著名农学家贾思勰在《齐民要术》中就详细记载了三国两晋南北朝时期寒具的制作方法。

馓子历代又有"粔籹""细环饼""捻头"等名称。是用水和面搓成细条，扭结为环钏形状油炸而成。因其酥脆香甜，逐渐成为中国人民的日常点心。

在安徽，每逢节日，则以馓子祭祖并互相馈赠。回族、东乡族也做馓子，配料、方法和汉族不尽相同。馓子，用面粉制成，细如面条，呈环形栅状。后来，流行于汉族地区的馓子有南北方的差异：北方馓子大而实在，以麦面为主料；南方馓子精巧细致，多以米面为主料。

在少数民族地区，馓子品种繁多，风味各异，尤以维吾尔族、东乡族和纳西族以及宁夏回族的馓子最为有名。

对于寒具，通常的解释是，古人过寒食，一天早晚不动烟火，只能吃冷食，而吃冷食对人的肠胃又没

■ 清明节传统食品馓子

不断发扬
相沿成俗

好处，远不如油炸食品容易储藏，且不伤肠胃，于是，人们便提前炸好一些环状面食，作为寒食期间的快餐。

既是寒食节所具，就被叫作"寒具"了。这类解释未必可靠，但是暂时还没有更可靠的解释。贾思勰在《齐民要术》里讲到寒具，说明寒具在两晋就已是一种流行食品。

中国民间比较著名的馓子包括衡水馓子、济宁馓子、徐州馓子、淮安茶馓、回乡馓子、麻衣馓子等。

衡水的油炸馓子以其香脆、咸淡适中、馓条纤细、入口即碎的特点，赢得人们的喜爱。董仲舒在衡水任职期间就非常喜食这种馓子。

衡水民间常用馓子泡汤，配以延胡索、苦楝子治疗小儿小便不通；用地榆、羊血炙热后配馓子汤送下，治疗红痢不止。尤其是产后妇女，在月子里喝红糖茶泡馓子，以利于散腹中之瘀。不过衡水民间最喜爱的食法是直接吃馓子，有时配以稀粥，吃起来惬意舒坦。

济宁馓子中要数王家馓子最为出名。创始人王宪章老先生根据馓子的传统工艺，通过多年的探究，研制出独具特色的细条馓子，香酥

清明节饮食

可口，色味俱佳，很快受到了消费者青睐。

王老先生之子王立平继承王家馓子传统工艺，改良技术，继续弘扬济宁饮食文化，使王家馓子在济宁成为家喻户晓的地方名吃。

徐州人爱吃的主要是蝴蝶馓子、烙馍卷馓子。徐州的蝴蝶馓子以其香脆、咸淡适中、馓条纤细、入口即碎的特点，深受人们的喜爱。徐州的蝴蝶馓子外形美观，口感颇佳。

八仙过海面食

淮安茶馓是江苏省知名传统点心，可谓历史悠久、驰名中外，是中华名小吃之一。其色泽嫩黄，造型美观，松酥香脆，独具风味。

茶馓是用红糖、蜂蜜、花椒、红葱皮等原料熬成的水和适量的鸡蛋、清油和面，然后反复揉压，搓成粗条，捻成面团，搓成或捭成由粗细匀称、盘连有序的圆条构成环状物放入油锅炸至棕黄色即成。

在西北地区的人们都有吃馓子的习惯，叫"回乡馓子"。一般情况下，这里汉族选在腊月底制作回乡馓子，过年时招待客人，在正餐前食用。而回族、撒拉族等一些少数民族的群众，在每年欢度传统的古尔邦节、尔德节、圣纪节，以及婚丧大事中，都把馓子作为待客的主要面食食品。

麻衣馓子色泽黄亮，香脆味甘。过春节，有的汉族人家也请少数民族邻里巧手帮做油馓子，用以招待兄弟民族客人，可见油馓子亦成为各族人民共同喜爱的名点美食了。

馓子也是信仰伊斯兰教少数民族的风味名点之一，由于地区不同，也别称"膏环""捻头"等。

在古尔邦节和肉孜节，家家户户的餐桌上，都有一盘黄澄澄的多层的圆柱形的油馓子。

在宁夏各地，每逢节日喜庆，回族妇女便各显身手，做出图形各异的多种馓子，点缀节日气氛。

当客人来到时，宾主互致节日问候。客人入座后，主人首先掰下一束油馓子递到客人面前，然后斟上香喷喷的奶茶或茯茶，殷勤地给客人泡上主人喜欢食用的新疆石河子产的方块糖。客人吃着油馓子喝着茶，主人高兴地连声说"谢谢"，感谢客人的光临。

馓子最常见的吃法，是用烙馍卷之。烙馍既不同于北方的单饼，也不同于很多地方都有的煎饼。烙馍作为一种徐州特有的面食，已有2000多年的历史了。

相传楚汉相争时，刘邦率兵与项羽作战，因刘邦的军队纪律严明而深受徐州老百姓的拥戴。为了能让行军途中刘邦的军队吃上一顿饱饭，徐州的老百姓急中生智，发明了这种既简捷快速又方便实惠的面食，这便是流传至今的著名小吃——馓子。

阅读链接

关于寒具还有个典故。

东晋时有个大将叫桓玄，此人附庸风雅，收藏了大量名贵书画，又爱显摆，每有朋友登门，就拿出来让人一同观赏。

一日，桓玄广邀宾客，大摆宴席，酒足饭饱之后，又取出一幅珍品请人品评。

那天的饭食当中有寒具，桓玄的客人吃寒具就像我们今天吃麻花那样，用手抓着往嘴里塞，一顿饭下来，手上都沾满了油，当大家在桓玄那幅画作上指指点点之时，油印子就转移到了画上，好好一幅画就这样被糟蹋了。

桓玄心疼得要命，从此吸取教训，再请人吃饭一律不上寒具了。

各地不尽相同的清明食俗

关于清明食俗，一定要提到闽东畲族的乌稔饭。每年的三月初三，畲族人民家家户户都要煮食乌稔饭，并以此馈赠给汉族的亲戚朋友们。

久而久之，当地的汉族人民也有了清明时吃乌稔饭的习俗。特别是柘荣县民间，每年都要用乌稔饭来祭祀，可见中国自古以来就是一个民族和睦相处的大家庭。

据畲族民间传说，唐代的畲族英雄雷万兴被围困山中时，正赶上严冬粮断。畲军只得采摘乌稔果充饥。雷万兴遂于农历三月初三率众

畲族人物塑像

畲族人物画

下山，冲出重围。

从此以后，每到三月初三，雷万兴总要召集兵将设宴庆贺那次突围胜利，并命畲军士兵采回乌稔叶，让军厨制成乌稔饭，让全军上下饱食一顿，以示纪念。

乌稔饭的制作方法并不繁杂，将采摘下来的乌稔树叶洗净，放入清水中煮沸，捞去树叶，然后，将糯米浸泡在乌稔汤中，浸泡9小时后捞出，放在蒸煮笼里蒸煮，熟时即可食用。

制好的乌稔饭，单从外表来看不甚美观，颜色乌黑，然而米香扑鼻，与一般糯米饭相比别有一番风味。而畲族人民为了纪念英雄，此后每年的三月初三都要蒸乌稔饭吃，日久相沿就成为畲家风俗。

又因闽东一带畲汉杂居，人民历代友好相处，遂使食乌稔饭也成了闽东各地各民族共同拥有的清明食俗。

畲族乌稔饭自唐代以来就是畲族同胞过节的传统食品，它来自大自然乌稔树的绿色树叶泡制而成的色香味和开胃健脾、祛湿膳疗作用，是男女老幼四季皆宜的绿色食品。

乌稔饭可冷冻保鲜60天以上，用时经解冻后再蒸，热透后即可配料制作各种佳肴。此外，闽东各地无论城乡大多吃"芥菜饭"，据说吃了这种饭就可以终年不长疥疮。

而且在这段时间里，在闽东许多城乡中还可以吃到一种富有闽东特色的食品，那就是将春菊和金樱子花拌到磨好的米浆里，烙熟为时令小吃，这种小吃颇富乡野风味。

在中国的一些地方，清明节有吃鸡蛋的食俗。民间习俗认为，清明节吃个鸡蛋，一整年都有好身体。清明吃鸡蛋习俗，在中国已经有几千年的历史了。

煮鸡蛋用的是冬天麦田里的荠菜，整株带根洗净，将鸡蛋稍稍敲破一点，使之更加入味。煮好的鸡蛋有浓浓的荠菜清香味，据说这种蛋还有治疗头昏的功效呢。

在农村的一些地区，还有儿童之间"撞鸡蛋"的习俗。小孩儿们还喜欢相互碰熟鸡蛋，如果哪个孩子的鸡蛋皮结实，把其他孩子的鸡蛋皮都碰破了，那么这个孩子就是最骄傲的。

清明节前一天为寒食节。后因寒食和清明相连，逐渐合为一个节日，但节前蒸"子推馍"的习俗，在陕北的榆林和延安两地一直流传至今。

子推馍又称"老馍馍"，类似古代武将的头盔，重0.25～0.5千克。里面包鸡蛋或红枣，上面有顶子。

畲族 中国少数民族之一，原分布在闽、粤、赣三省接合部，是闽南、潮汕的主要原住民之一。元、明、清时期，从原住地陆续迁徙到闽东、浙南、赣东、皖东南等地山区半山区。畲族自称"山哈"，是与他们的居住环境、迁徙历史有关。"山哈"是指"山里客人"的意思。

不断发扬

相沿成俗

■山西子推馍

普天同欢的节庆习俗

炕 又称火炕，或称大炕，是北方居室中常见的一种取暖设备。古时满族人也把它引入了皇宫内。盛京皇宫内多设火炕，而且一室内设几铺，这样既解决了坐卧起居问题，又可以通过如此多的炕面散发热量，保持室内较高的温度。东北人住火炕的历史，至少有千年以上。

■ 晋南大馍

顶子四周贴面花。面花是面塑的小馍，形状有燕、虫、蛇、兔或文房四宝。

圆形的子推馍是专给男人们享用的。已婚妇女吃条形的"梭子馍"，未婚姑娘则吃"抓髻馍"。孩子们有燕、蛇、兔、虎等面花。"大老虎"专给男孩子吃，也最受他们喜欢。

父母用杜梨树枝或细麻线将各种小面花穿起来，吊在窑洞顶上或挂到窗框旁边，让孩子们慢慢享用。风干的面花，能保存到第二年的清明节。

晋南地区民间习惯吃凉粉、凉面、凉糕等，同时民间还要蒸大馍，中夹核桃、红枣、豆子之类，称为"子福"，取意子孙多福，全凭祖宗保佑。

家家还要做黑豆凉粉，切薄块灌汤而食。铲葳蕤草，在炕席上搓拉，名为"驱蝎"。

■ 山西清明节面食

在陕西宜川地区，民间有：

做馒头相馈，上缀多样虫鸟，名为子
推，谓晋文公焚山，禽鸟争救子推也。

上海旧时，用柳条将祭祀用过的蒸糕饼团穿起来
晾干，到立夏那天再将其油煎给小孩儿吃，据说吃了
以后不得疰夏病。

上海还有吃青团的习俗。将雀麦草汁和糯米一起
捣合，然后包上豆沙、枣泥等馅料，用芦叶垫底，放
到蒸笼内。煮熟出笼的青团色泽鲜绿，香气扑鼻。
《清嘉录》云：

祭品 即祭祀时用的物品。根据不同种族和不同地域，祭品的形式十分丰富，有动物如猪、牛、羊、鸡，也有植物，还可以是衣物等物品。在远古时代和愚昧时代，甚至拿活生生的人作为祭品；暴政时期也曾出现过用活人陪葬与祭祀的情况，十分残忍。

祠 是为了纪念伟人、名士而修建的供舍,这点与庙有些相似,因此也常常把同族子孙祭祀祖先的处所叫"祠堂"。东汉末年,社会上兴起建祠抬高家族门第之风,甚至活人也为自己修建"生祠"。由此,祠堂日渐增多,形成了独特的民风。

市上卖青团、熟藕,为居人清明祀先之品……今俗用青团红藕,皆可冷食,犹循禁火遗风。

清人《锦城竹枝词》有诗云:

欢喜庵前欢喜团,春郊买时百忧宽。
村醪戏比金生丽,偏有多人醉脚盆。

在浙江湖州,清明节家家裹粽子,不仅可作上坟用的祭品,也可作踏青带的干粮。

俗话说:"清明粽子稳牢牢。"

另外,这里清明前后,螺蛳肥壮。俗话说:"清明螺,赛只鹅。"因此,这里有清明吃螺蛳的习惯,这天用针挑出螺蛳肉烹食,叫"挑青"。吃后将螺蛳壳扔到房顶上,据说屋瓦上发出的滚动声能吓跑老鼠,有利于清明后的养蚕。

■ 浙江湖州炒螺蛳

清明节这天，这里还要办社酒。同一宗祠的人家在一起聚餐。没有宗祠的人家，一般同一高祖下各房子孙们在一起聚餐。社酒的菜肴，荤以鱼肉为主，素以豆腐青菜为主，酒以家酿甜白酒为主。

每到清明时节，泉州人有吃"润饼菜"的食俗。据说，这是古时寒食节食俗之遗风。

■ 山西清明节面食

润饼菜的正名是"春饼"。清明吃润饼菜，不仅是泉州独有的，厦门人也喜好。相传开这种吃法之先河的，是明朝总督云贵湖广军务的同安人蔡复一。当时同安属泉州府辖，因此这种吃法便流传开来，在闽南成了家常名品。不过，闽南各地的春饼形式相同，内容却有很大不同。

泉州的润饼菜是以面粉为原料擦制烘成薄皮，俗称"润饼"或"擦饼"，吃的时候铺开饼皮，再卷入胡萝卜丝、肉丝、蚵煎、芫荽等菜肴，吃起来甜润可口。

晋江的润饼菜却复杂得多，光主料就有豌豆、豆芽、豆干、鱼丸片、虾仁、肉丁、海蛎煎、萝卜菜。还有一些配料：油酥海苔、油煎蛋丝、花生敷、芫荽、蒜丝。吃的时候必须要两张润饼皮才能保证卷上

蔡复一 字敬夫，号元履，福建同安人，1577年生人。他自幼聪明过人，12岁时便写出万余言的《范蠡传》。蔡复一为官，奉守"报国以忠心，担国事以实心，持国论以平心"之旨，以"正己不求"律己，为许多正直官员所称许。蔡复一博学多才，工诗能文，一生著作颇丰。

所有的菜。这种脆嫩甘美、醇香可口的美味，一般人两卷足矣。

南方一般以糯米粉制作清明节食物。在浙江临安，人们常用嫩莲拌糯粉，做成狗的形状，蒸熟叫作"清明狗"。家里有几口人就要做几只，每人吃一只。民谚曰："吃了清明狗，一年健到头。"也是图一个吉利。

山西南部还有一种叫"子福"的面食，是在一只大馒头中插一个鸡蛋，或者核桃，再用面捏出蛇、蝎、蜈蚣等形状，绕在鸡蛋旁边，造好型后，上笼蒸熟。在清明节那一天人们将子福用作上坟的供品祭祀祖先。祭祀之后，大家分食。据说，吃了子福能给后代带来幸福。

在山西霍县和山东胶东一带，有一种面塑食品叫"蛇盘盘"，将面捏成单头蛇或双头蛇，蒸熟后放凉，祭祖时拿到祖先墓前作为供品。祭祀时，人们拿着蛇盘盘先绕坟头转一圈，祭祀后就可以吃了。吃时要先咬掉蛇头，意思是"灭毒头，免灾祸"。

普天同欢的节庆习俗

寄托无限哀思的重大节日

据《岁时百问》记载："万物生长此时，皆清洁而明亮。故谓之清明。"

到了清明这天，天气回暖，正是春耕春种好时节，同时也是惜春正命、纪念亡人的绝佳时机。

唐代统治者允许百姓将寒食节扫墓祭祖的习俗延续至清明这天，以此来强化慎终追远、敦亲睦族的孝亲传统，从此清明初具节日的性质。

清嘉庆二十二年《长沙

古代墓祭

■ 古代家族祭拜

县志》记载：

> 清明日，设酒肴荐先墓，标纸钱于上，去墓草而加土，谓之扫墓。

清嘉庆二十三年《善化县志》记载：

> "清明"上冢，用本色纸剪缠竹枝，谓之"春条"，插冢上祭拜。

清明祭扫坟茔，是和丧葬礼俗有关的节俗。据载，古代"墓而不坟"，就是说只打墓坑，不筑坟丘，所以祭扫就不见于载籍。后来墓而且坟，祭扫之俗便有了依托。

秦汉时代，墓祭已成为不可或缺的礼俗活动。据《汉书·严延年传》记载，严氏即使离京上千里，也要在清明"还归东海扫墓地"。

中国古人祭祀的形式大致有三种：

一是较为普遍的方式，即在祖宗葬地举行，俗称"上坟"。时间主要是忌日和重大传统节日，如除夕、清明、中元节、十月初一等。

第二种方式是家祭。即不用到坟上去，或与上坟同时进行，把写有直系宗祖的牌位或谱系图供在正堂或"家庙"，全家或全族人一齐祭祀，在家祭的称"请家堂"，仪式十分庄重。

第三种方式是清明节扫墓，扫墓也被称为"寒食展墓"。其过程大致是：寒食节这一天，一家人或一族人一同来到先祖坟地，然后致祭、添土、挂纸钱。因这项活动与千家万户的生老死葬休戚相关，因而在民间尤为看重，被视为"野祭"。

尤其是，古代帝王在组织官方编修五礼时，为了给世人这种追贤思孝的野祭正名，特敕令将寒食节上

不断发扬
相沿成俗

■ 唐代清明节祭祖扫墓人物砖

■ 唐代长安街景

墓编入五礼之中的第一项吉礼中，使其永为恒式。

此后，寒食节展墓，名正言顺地成为官方倡导的拜扫礼节。皇亲贵族也跻身于寒食祭陵展墓行列。

既要展墓就要提到纸钱。纸钱是古人祭祀时用以礼鬼神和葬礼及扫墓时用以供死者享用的"冥币"，因之又称"冥钱"。一般是将白纸剪成铜钱的形状，或抛撒于野外墓地，或焚化给死者，民间将此称为"撒纸"或"烧纸"。

在《史记·酷吏列传》中就有关于纸钱的记载："会人有盗发孝文园瘗钱。"

由此可知，纸钱之俗早在汉代就有了。魏晋以后，南朝齐之时，人们普遍改为以纸寓钱祭灵。此俗一直沿袭下来。世间事，过眼烟云，朝更夕改，唯有寒食展墓之俗如阳露春草，岁岁年年。

到了隋唐时期，寒食节主要活动项目已逐渐演变

《史记》是中国的第一部纪传体通史，由汉代的司马迁花了13年时间所写成。《史记》与《汉书》《后汉书》《三国志》合称"前四史"。《史记》全书共有本纪12篇、表10篇、书8篇、世家30篇、列传70篇，全书共130卷，记载了中国从传说中的黄帝到汉武帝后期长达3000多年的历史。

为关系千家万户的祭祖扫墓，而为纪念介之推举行的禁烟吃冷食已退居其次。

寒食展墓之俗因其魂系祖脉，根连骨肉，至后来已演变为四海同祭，九原焚帛，生者展孝，鬼神享食的天下第一祭日。

人死万事灰，展墓人复来。唐代诗人张籍名作寒食节《北邙行》记载：

洛阳北门北邙道，丧车辚辚入秋草。

车前齐唱薤露歌，高坟新起白峨峨。

朝朝暮暮人送葬，洛阳城中人更多。

寒食家家送纸钱，乌鸢做巢衔上树。

人居朝市未解愁，请君暂向北邙游。

自古至今，上坟祭扫都是中国上至朝廷，下至百姓的重要活动。其主要包括两项内容：一是挂纸烧钱，一是修整坟墓。

唐代以前，中国已有烧纸钱祭亡灵的习俗，但因寒食期间禁火，墓祭也不能烧纸钱，人们便将纸钱插、挂在墓地或墓地旁边的树上，

古代祭祀

■皇家祭陵场景

王建（约767—约830），唐代诗人。家贫，"从军走马十三年"，40岁以后，才当上小吏，沉沦于下僚，任县丞、司马之类，世称王司马。他写了大量的乐府，同情百姓疾苦，与张籍齐名。又写过宫词百首，在传统的宫怨之外，还广泛地描绘宫中风物，是研究唐代宫廷生活的重要材料。

有的是用小石头压在坟地上，表示后辈给先人送来了费用。

这就出现了一个疑问，古人认为，给先人使用的物品如果不焚烧，是无法过到另外空间去的，当然食品除外。

在中国，从古至今，不管是宗教还是民间，都有烧香或烧纸钱的习俗。这个纸钱如果不焚烧，阴间的先人就不好用。

因此，唐朝的大诗人王建在《寒食行》一诗中，就对寒食节不能烧纸钱的事情提出了质疑：

寒食家家出古城，老人看屋少年行。

丘垄年年无旧道，车徒散行入衰草。

牧儿驱牛下冢头，畏有家人来洒扫。

远人无坟水头祭，还引妇姑望乡拜。

三日无火烧纸钱，纸钱那得到黄泉。

但看垄上无新土，此中白骨应无主。

清明节是中国祭祀先人的节日，清明祭祀的参与者是全体国民，上至君王大臣，下至平头百姓，都要在这一节日祭拜先人亡魂。

从唐朝开始，朝廷就给官员放假以便归乡扫墓。参加扫墓的人也不限男女和人数，往往倾家出动。这样清明前后的扫墓活动，常常成为社会全体亲身参与的事，数日内郊野间人群往来不绝，规模极盛。

清明节的祭祀活动，首推涉及千家万户的上墓祭扫。但除了上坟扫墓外，历史上这一天还有一系列其他祭奠活动。

首先，是皇家祭陵，这一活动历朝奠仪也不尽一致。如639年唐太宗拜献陵，规定帝谒陵，距陵5000米处设有座位和斋室，还规定皇祖以上至太祖陵寒食日都要设祭。

除了皇家祭陵外，寒食清明较为隆重的祭仪为祭祀孔林。据《山东通志》与《曲阜县志》记载，曲阜

不断发扬
相沿成俗

■ 唐代长安清明节场景

孔林是孔子先师之墓，此地受天至精，纯粹睿哲。

历代规定这里祀期为一年两祀，即春用寒食节、冬用农历十月朔日。奠仪由孔子后裔衍圣公主祭。

除孔林外，曲阜城东10多千米处有启圣林庙，是孔子父亲的葬地。这里规定一年两祭时间为春用清明节，冬用农历十月初三，也由衍圣公主祭。由此可见，清明节从古至今就是华夏子孙的祭祀重要节日。

作为鬼节，清明之祭主要是祭祀祖先和去世的亲人，表达祭祀者的孝道和对死者的思念之情。清明节属于鬼节而通常不被冠以鬼节之名，就在于它所祭祀的主要是善鬼、家鬼，或亲近者的亡魂，重在表达孝思亲情。

而另外农历七月十五和十月初一两个鬼节则连恶鬼、野鬼也一并祭祀，重在安抚鬼魂，不让它们作祟。有些地方也有清明节祭祀其他鬼神的做法。

清明祭祀的时间选在清明前后，各地有所差异。旧时，北京人祭扫坟墓不在清明当天，而在临近清明的"单日"进行。只有僧人才在清明当天祭扫坟墓。

浙江丽水一带则在清明节的前三天和后四天的范围内扫墓，称为"前三后四"。

在山东旧时，多数地区在清明当天扫墓，少数地区如诸城，在寒食这天扫墓，有些地方在清明前四天内扫

■ 祭祀孔林

墓。

清明祭祀按祭祀场所的不同可分为墓祭、祠堂祭。
以墓祭最为普遍。清明祭祀的特色就是墓祭。在墓地祭
祀，祭祀者离祭祀对象最近，容易引起亲近的感觉，使
生者对死者的孝思亲情得到更好的表达和寄托。

清明祭祀被称为扫墓，主要是由于采取墓祭方
式。另一种形式是祠堂祭，又称"庙祭"，是一个宗
族的人聚集在祠堂共祭祖先，祭完后要开会聚餐等，
这种祭祀是团聚族人的一种方式。还有一种情况是家
在外地工作的人不能赶回家乡扫墓，就在山上或高处
面对家乡的方向遥祭。

清明祭祀的方式或项目各地有所不同，常见的做
法有由两部分内容组成：一是整修坟墓，二是挂烧纸
钱、供奉祭品。

扫墓时首先整修坟墓。其做法主要是清除杂草，
培添新土。这种行为一方面可以表达祭祀者对亡人的
孝敬和关怀，另一方面在古人的信仰里，祖先的坟墓

不断发扬

相沿成俗

■ 清明节上坟

华夏 是古代汉族
的自称，即华夏
族。原指中国中原
地区，后包举中国
全部领土而言，
遂又为中国的古
称。"华夏"一词
由周王朝创造。最
初指代周王朝。
华夏文明亦称中
华文明，是世界
上最古老的文明
之一，也是世界
上持续时间最长
的文明之一。

和子孙后代的兴衰福祸有莫大的关系，所以培墓是不可轻视的一项祭奠内容。

过去由于寒食禁火的影响，纸钱不焚烧，而是挂在墓地的小树上、竹竿上，或用石块、土坷垃压在坟墓边。这样，凡是祭扫过的坟墓就有纸幡飘飘，构成清明前后的特有景观。没有纸钱者，一般就是缺少后嗣的孤坟了。

后来，人们在清明一般不再讲究禁火，就把纸钱烧掉。旧时北京清明祭祖的主要形式是"烧包袱"。所谓"包袱"，被祭祀者当作从阳世寄往"阴间"的邮包。过去有卖所谓的"包袱皮"，即用白纸糊的一个大口袋。

这种口袋有两种样式：一种是有图案的，用木刻版印上梵文音译的《往生咒》，中间印莲座牌位，写上亡人的名讳，如"已故张府君讳云山老大人"字样。另一种是素包袱皮，不印任何图案，中间只贴一张蓝签，写上亡人名讳。包袱里装有各种冥钱。所供奉的祭品主要是食品，品种各地不同，都是当地人认为的并且按祭祀者的经济能力能拿得出来的美味佳肴，或合于时令的特色食品。

阅读链接

过去，山西晋南人将扫墓的时间分为两次。一次在清明前几天，是各家分头去扫墓。第二次是在清明当天，一个村里同姓的各家派出代表，同去墓地祭祀共同的祖先。

上海人扫墓时间，新坟旧坟有别。凡是新近过世的，过了七七四十九天而没做过超度法事的，要在清明节这天请僧道诵经做法事或道场。

如果是老坟已做过法事或道场，扫墓不一定在清明当天，可以前后放宽些，但不能超出前七天后八天的范围，俗谓："前七后八，阴司放假。"意思是过早或过迟都会失灵。

粽情端午

端午节与赛龙舟习俗

端午起源

农历五月初五端午节，是中国最古老隆重的传统节日之一。每到这个节日，举国同庆，民俗盛行，蕴含了深厚的民俗文化。

端午节还称为五月节、夏节、浴兰节、女儿节、天中节、诗人节等，是中国几千年来的传统习俗。由于地域广大，民族众多，起源传说很多，充满神秘色彩。

屈原的爱国精神和感人诗篇，已广泛深入人心，故人们"惜而哀之，世论其辞，以相传焉"，因此，纪念爱国诗人屈原之说，影响最广最深，占主流地位。

源于百越族的图腾祭祀

相传早在四五千年前，水乡泽国有一个以龙为图腾的民族，他们每年在农历五月初五举行龙图腾祭祀。在祭祀仪式中，有个半宗教半民俗的神人共娱节目，就是举行龙舟竞渡。他们还往水里投粽子，这是献给图腾神的祭品。

石刻龙图腾

在祭祀过程中，乡民们断发文身，以显示自己是龙子的身份。原来这里也有在五月初五用"五彩丝系臂"的民间风俗，这也成了"像龙子"文身习俗的遗迹。

后来，人们在长江中下游的广大地区，发现了一些新石器时代的一种几何印纹陶为特征的文化遗存。这些遗存的族属，是一个崇拜龙图腾的部族，史称"百越族"。

百越族的生产工具，大量的是石器，也有铲、凿等小件的青铜器。在作为生活用品的坛坛罐罐中，烧煮食物的印纹陶鼎，是他们所特有的族群标志之一。那么，百越族为什么在五月初五进行龙图腾的祭祀呢？

在古时候，夏历每月初五皆可称端五。北宋李昉、李穆、徐铉等学者奉敕编纂的著名百科全书类丛书《太平御览》的《风土记》中记述：

也就是说，"端"的意思和"初"相同，初五就称"端五"。端五的"五"与"午"相通，亦称"端午"。按地支顺序推算，五月正是"午"月，又因午时为"阳辰"，"端五"也叫"端阳"。五月初五，月、日都是"五"，故称"重五"，也称"重午"。

作为民间的节日，五月初五这个"重五"的数字有着特殊的意义。古代许多先人认为，在以"十"为足数的系统中，"五"是半数。在天干地支中，"午""戊"也都居中。金木水火土五行，成为人们最基本的自然概念。

在春秋时期，纵横家鼻祖鬼谷子著述的中国最早的军事理论策略《鬼谷子·阴符篇》有"盛德法五龙"的说法。南朝梁时著名的医药家、炼丹家、文学

■ "龙啸九天"雕塑

天干地支 在中国古代的历法中，甲、乙、丙、丁、戊、己、庚、辛、壬、癸被称为"十天干"，子、丑、寅、卯、辰、巳、午、未、申、酉、戌、亥叫作"十二地支"。十天干和十二地支依次相配，组成60个基本单位，两者按固定的顺序互相配合，组成了干支纪法，在古代主要用于纪日，用来纪月、纪年、纪时等。

家，人称"山中宰相"的陶弘景注曰：

五龙，五行之龙。

古老神话传说的五龙中，四条子龙各治东南西北一方，即金木水火四行，父龙居中央而为共主，"五"也就被赋予了帝王神圣尊荣的含义。这样，初五就成了敬畏龙的日子，而"重五"日就是祭龙的盛大节日，也称为"龙节"。

■ 青龙雕塑

百越人创立祭祖的龙节，后来人们就称为"端午节"。

在久远的历史发展中，大部分百越人融合到汉族中，其余部分演变为南方少数民族，端午节就成了全中华民族的节日了。

那么，龙图腾到底是怎么回事呢？它的文化内涵是什么呢？在神话传说中，龙是一种神异的动物。它的长相相当奇特，很像各种动物的集合。

它的身体像蛇一样有鳞片且修长，但它的角像鹿一样，耳朵像牛，嘴上有两条像虾一样的须，也有又大又凸的圆眼睛，还拥有长得像老鹰的爪子，老虎一般的脚掌，背上有鱼鳍，嘴里含着一颗珠子。

因此，龙在人们心中非常厉害，它能在天空中飞行，能在地上爬走，也可以悠游海中，它住在深海

《山海经》是先秦时的重要古籍，是一部富于神话传说的最古老的奇书，传世版本共计18卷，包括《山经》5卷、《海经》13卷。其内容包罗万象，主要记述古代神话、地理、动物、植物、矿产、巫术、宗教等，也包括古史、医药、民俗、民族等方面的内容，其中的矿物记录，是世界最早的有关文献。

里，难得一见。

先秦重要古籍，富于神话传说的最古老的地理书《山海经》记载：

夏后启、蓐收、句芒等都"乘雨龙"。另有书记"颛顼乘龙至四海""帝喾春夏乘龙"。前人分龙为四种：有鳞者称蛟龙，有翼者称应龙，有角者称虬龙，无角者称螭龙。

有人认为，龙是远古炎黄统一中原各部落后，融合各氏族的图腾而形成的统一形象。传说龙能隐能显，春风时登天，秋风时潜渊，又能兴云致雨。后来，龙成为皇权的象征，历代帝王都自命为龙，使用器物也以龙为装饰。龙被中华民族先民作为祖神敬奉，普遍尊尚"龙"，中国汉族人民也经常将自己称作是"龙的传人"。

中华民族普遍认为，龙代表着吉祥和神圣尊贵。在中国历史上的各个朝代，帝王们都称自己为"真龙天子"，这样就使龙也具有了权

端午的龙舟

力的象征。

古代的帝王们和龙是脱离不了关系的，普遍认为皇帝是真龙转世，说他们的长相叫"龙颜"，身体是"龙体"，衣服叫"龙袍"等。凡是皇帝用的东西，都要冠上一个"龙"字。其实，皇帝之所以会跟龙扯上关系，还要从远古说起。

传说尧是赤龙族的后代，他的母亲在怀孕时，常有赤龙伏在身上，由此人们推断，赤龙族是龙的子孙，与龙有血缘关系。大禹的父亲死后三年变成黄龙，背着大禹治水患，都与龙有关系。

■ 龙形浮雕

到了汉代，汉高祖刘邦虽然打败了西楚霸王项羽，但因为他的家庭背景不太好，于是他编了一个故事，说是他的母亲是因蛟龙缠身才生下了他，所以他是由龙转世的真命天子。以后的皇帝也照葫芦画瓢地学刘邦这一招，所以龙的地位又上升了不少。

不过龙只有皇帝能用，那对百姓就太不公平了，所以五爪的龙给皇帝用，四爪的龙给大臣或贵族用，三爪的龙百姓就能用了。

在中国传统的十二生肖中，龙排列第五。龙与凤凰、麒麟、龟一起并称"四瑞兽"。青龙与白虎、朱雀、玄武是中国天文的"四象"。

项羽（前232—前202），名籍，字羽，秦下相人，故都彭城，他是中国军事思想"勇战派"代表人物，秦亡后称"西楚霸王"，后与刘邦争夺天下，楚汉战争兵败，于乌江边自刎。古人对其有"羽之神勇，千古无二"的评价。

佛教中的龙是天人中8个部落中的一支，即天龙八部，八部中第二是龙部。佛教中的天龙，是佛教护法神，龙部众生都是以护卫佛法金刚为己任，保证佛法在三界中不被祸乱。有人真正修行佛教时，也有龙部众生被派遣来保护修佛人的说法，这就是护法。

天龙，就是指天上的龙或升天的龙。龙能够腾翔于云天，是由其取材对象和他的神性决定的。龙的神性可以用喜水、好飞、通天、善变、显灵、征瑞、兆祸、示威来概括。其中的"好飞"和"通天"，是"天龙"形成的决定性因素。

龙的集合对象中的雷电、云雾、虹霓等，本来就是飞腾在空中的"天象"。而鱼、鳄、蛇等在水中潜游之快，马、牛、鹿等在陆地上奔跑之速，都类似于"飞"。

远古的人们由于思维的模糊性，往往将潜游于水中的鱼、鳄、蛇，或奔跑于陆地上的马、牛、鹿，还

百变源流

端午起源

■龙形石雕

麒麟 中国古籍中记载的一种动物，外形像鹿，头上独角，全身有鳞甲，尾像牛尾。麟凤龟龙共称为"四灵"。麒麟性仁慈，四灵兽中地位最高，是神的坐骑。古人把麒麟当作仁兽、瑞兽。雄性称麒，雌性称麟，常用来比喻杰出的人物。成为民间祥瑞的独特代表。

■ 玉雕龙

有飞升腾跃在空中的雷电、云雾、虹霓，看成一个神物的不同表现，从而认为龙能在水中游、地上跑，也就能在天上飞。

"好飞"就可以"通天"。龙"飞"的方向和域界，自然是神秘、辽阔、至高无上的天。从远古以来，人们总是让神龙常常出现在浩渺无垠的云雾中。

浙江余姚河姆渡发现的黑陶双耳盆上，有将"鱼藻纹"和"鸟纹"刻画在一起的图案，陕西宝鸡北首岭发现的"鸟鱼纹"，也将天上飞的鸟同水中游的鱼的集合对象联系起来。这就透示出，早在新石器时代早期，龙的模糊集合之初，龙就开始有了"通天"的意味。

我们的祖先们，生活在异常艰辛的环境里，自然界灾害频发，氏族间你争我斗，自身面临生老病死诸多苦痛。进入阶级社会后，又增加了来自专制皇权

三纲五常 是中国儒家伦理文化中的架构。"三纲"即"君臣义""父子亲""夫妇顺"。"五常"是指"仁、义、礼、智、信"。是用以调整、规范君臣、父子、兄弟、夫妇、朋友等人伦关系的行为准则。

的压力，这种压力又同道德伦理相结合，以"三纲五常"等形式灌进人们的血脉中，不容分说、无可拒绝地捆绑住人们的手脚。

人们有追求自由的天性，可是天性自由却无时不在羁绊之中，于是，人们期冀着、希求着、幻想着挣开绳索，超脱尘世，过一种能使天性充分展开的无拘无束的生活。龙为满足人们这样的心理提供了可能。

远古时期的百越族崇拜龙，认为他们是图腾龙的后代，就将龙尊奉为本氏族的标志、象征和保护神。图腾作为人类最古老的文化一直都在流传着。

有关龙图腾起源的传说也特别多，比较流行的说法是，以蛇为原型的综合图腾。

在《伏羲考》和《端午考》等有关神话学研究的重要论著中认为：

龙是一种图腾，并且是只存在于图腾

百变源流

端午起源

伏羲 是三皇之首，百王之先。他和女娲同是中华民族的人文始祖，受到了中华儿女的称赞和共同敬仰。他根据天地万物的变化，发明创造了八卦，这是中国最早的计数文字，是中国古文字的发端，从此结束了"结绳记事"的历史。伏羲后来被中国神话描绘为"人首龙身"，被奉为中华文明的人文始祖。

■龙形雕刻

祭祀 是华夏礼典的一部分，更是儒教礼仪中最重要的部分，礼有五经，莫重于祭，是以事神致福。祭祀对象分为三类：天神、地祇、人鬼。天神称祀，地祇称祭，宗庙称享。祭祀的法则详细记载于儒教圣经《周礼》《礼记》中，并有《礼记正义》《大学衍义补》等书进行解释。

■建筑上的龙雕

中，而不存在于生物界中的一种虚拟的生物，因为它是由许多不同的图腾糅合成的一种综合体。

龙图腾，不拘它局部的像马也好，或像鱼、像鸟、像鹿都好，它的主干部分和基本形态却是蛇。这表明在当初众图腾单体林立的时代，内中以蛇图腾最为强大，众图腾的合并与融合，便是蛇图腾兼并与同化了许多弱小单体的结果。

在古老的神话传说中，龙图腾还有很多说法，有的认为龙源于马，有的认为龙源于恐龙，还有的认为龙源于蜥蜴、鳄鱼等。但是，这些都不可信。

那么，龙图腾到底是由何而生的呢？还得从最早的祭祀说起。

根据相关记载，祭祀的最初形成是，原始社会的人们认为，人的灵魂可以离开躯体而存在，便把这种灵魂观念的派生物，用竹木或泥土塑造成神灵偶像，或画出日月星辰野兽等神灵形象，作为崇拜对象的附体。然后在偶像面前陈列献给神灵的食物和其他礼物，并由主持者祈祷，祭祀者对着神灵唱歌、跳舞。

中国的祭祀文化起源较早，至少已经有8000多年了，甚至更加久远。由于中国独特的地理环境和黄种人种特有的思维模式，中国在祭祀文化的起源和形式上，与其他民族存在着一定程度上的差异性。就好比龙图腾的另类一样，不可避免地会留下民族的特征和烙印。

龙形雕刻

人们都知道，我们中华文明起源于黄河中下游。原始人面对着肆虐的黄河，产生了无比的敬畏，认为黄河是由神来主宰，于是祭河神开始渐渐兴起，成为中国重要的祭祀活动之一。

传说人们祭河神都要献上很多祭品，一开始是用牲畜作为祭品，诸如蛇、鹿、牛、马、虎、熊等。祭祀的过程中，人们惊异地发现，如果把这些作为祭品的动物组合起来，正好是一条完整的中国龙形象！

就这样，形成了龙的最初形象，也可以说，龙的形象起源于祭祀，祭祀文化的兴起略早于龙图腾的崇拜。在人类漫长的历史发展中，中国龙的形象不断演化，这是由于祭祀文化多元发展造成的。

祭祀初始是祭河神，后来又逐步发展到祭天、祭海等。人们用来做祭品的动物种类越来越多，被不断地添加到龙的形象中去，龙也不断地被神话为上天入海无所不能的吉祥物，逐渐形成了对龙图腾的崇拜。

龙的形象虽然有很多种变化，但是蛇身却作为龙的主体形象一直存在，也是中国龙形象构成的基础。

龙的传说历史悠久，商代甲骨文中已有结构完备的"龙"字，龙的图案和传说更可追溯到遥远的史前文化。人们推测，以龙为图腾的部落不断战胜、融合其他部落，逐渐形成了华夏大民族。

在中国传统的习俗中，龙是吉祥的象征。在辽阔的神州大地上，以龙为名的山川城池不计其数，以龙为号的亭台楼阁举不胜举，与龙有关的民俗比比皆是。

古老的中华民族先人，尊奉龙是神灵、权威的象征。龙的崇拜由来已久，已成为中华民族先民心中神圣的图腾。人们普遍认为，在远古时代，人们崇拜龙，每年的五月初五都要祭祀龙图腾，久而久之就形成了民俗风情，这便是端午节的起源。

阅读链接

在远古图腾时代最早的传说，尧生在伊祁山，尧母庆都出生时，常有黄云覆在她的身上 ，成年常有龙跟着她。既而阴风四合，怀有身孕，14个月生尧于丹陵 。

端午节祭祀龙图腾，希望每个人都能成为一条中华龙。"龙能大能小，能升能隐；大则兴云吐雾，小则隐介藏形；升则飞腾于宇宙之间，隐则潜伏于波涛之内。

龙乘时变化，犹人得志而纵横四海。龙之为物，可比世之英雄。夫英雄者，胸怀大志，腹有良谋，有包藏宇宙之机，吞吐天地之志者也。"

以龙为图腾，称为中华民族是"龙的子民，炎黄子孙，龙的传人"，其鲜活的文化内涵无与伦比，对中华民族的复兴发展意义深远重大。

爱国诗人屈原悲愤投江

在春秋时期，楚国有一个大臣叫屈原。他于公元前340年出生在秭归，他自幼勤奋好学，胸怀大志。

早年受楚怀王信任，任左徒、三闾大夫，常与怀王商议国事，参与法律的制定，主张章明法度，举贤任能，改革政治，联齐抗秦，提倡"美政"。

在屈原的努力下，楚国的国力有所增强。但是，他的性格十分耿直，在修订法规的时候不愿听从上官大夫的话，再加上楚怀王的令尹也阻止怀王接受屈原的意见，怀王便对屈原产生了罅隙，疏远了屈原。

屈原虽遭谗被疏，但他始终以国家的兴亡、人民的疾苦为念，希望

屈原塑像

■ 屈原塑像

楚王幡然悔悟，奋发图强，做个中兴之主。他明知忠贞耿直会招致祸患，但却始终"忍而不能舍也"。

他明知自己面临着许多危险，他完全可以去别国寻求出路，但他却始终不肯离开楚国半步。表现了他对国家的无限忠诚，和他"可与日月争光"的高尚人格与意志。

公元前305年，屈原反对楚怀王与秦国订立黄棘之盟，但是楚国还是彻底投入了秦国的怀抱。屈原也被楚怀王逐出了郢都，开始了被流放的生涯。

屈原被流放到了沅江和湘江流域。在流放中，他写下了忧国忧民的《离骚》《天问》《九歌》等不朽的诗篇。他在诗中抒发了炽热的爱国思想感情，表达了他对楚国的热爱，体现了他对理想的不懈追求和为此九死不悔的精神。

他的主要作品经后世编集成《楚辞》，与《诗经》并称"风、骚"二体，对后世诗歌创作产生了积极影响。

《离骚》是屈原以自己的理想、遭遇、痛苦、热情以至整个生命所熔铸而成的宏伟诗篇，其中，闪耀着鲜明的个性光辉，是屈原全部创作的重点。

《天问》是屈原根据神话、传说材料创作的诗篇，着重表现作者的学术造诣及其历史观和自然观。

《九歌》是楚国祀神乐曲，经屈原加工、润色而

黄棘之盟 公元前310年，秦惠文王去世，太子荡继位，有人建议武王杀张仪。张仪闻讯，邀他的老乡魏章一道逃回魏国。公元前305年，秦楚两国互为婚姻，秦迎妇于楚，楚迎妇于秦，结为昆弟之国。次年，怀王与昭襄王在楚国黄棘会晤，并签订了"黄棘之盟"。

成，在人物感情的抒发和环境气氛的描述上，充满浓厚的生活气息。然而是代人或代神表述，并非作者自我抒情，它更多地显示了南楚文学传统的痕迹。

《离骚》一组，《九歌》一组，构成了屈原作品的基本风格。这些作品是他坚持"美政"理想，与腐朽的楚国贵族集团进行斗争的实录。

他的"美政"理想表现在作品中，就是"举贤而授能兮，循绳墨而不颇"。

所谓"举贤授能"是不分贵贱，把真正有才能的人选拔上来治理国家，反对世卿世禄，限制旧贵族对权位的垄断。他还以奴隶傅说、屠夫吕望、商贩宁戚的历史事迹为例，说明了不拘身份选拔人才的合理性。

所谓"循绳墨而不颇"，就是修明法度，即法不阿贵，限制旧贵族的种种特权。

屈原的作品充满了积极的浪漫主义精神。其主要表现是他将对理

百变源流
端午起源

屈原《天问》雕像

汨罗江 洞庭湖滨湖区主要河流之一，因上古时芈姓罗国位于此处而得名。战国末年，楚国诗人屈原因反对楚怀王和楚顷襄王的对外政策，被流放至汨罗江畔的玉笥山，在这里他写出了传世巨作《离骚》《天问》等。

《天问》 屈原的代表作，收录于西汉刘向编辑的《楚辞》中，全诗373句、1560字，多为四言，起伏跌宕，错落有致。该作品自始至终，都以问句构成，一口气对天、对地、对自然、对社会、对历史、对人生提出173个问题，被誉为"千古万古至奇之作"。

想的热烈追求，融入了艺术的想象和神奇的意境之中。

如《离骚》写他向重华陈辞之后御风而行，他先叩天宫，帝阍闭门不纳。他又下求佚女，佚女恰巧不在那里。他去向宓妃求爱，宓妃却对他无礼。他欲求简狄和二姚，又苦于没有好的媒人去通消息。

这种上天入地的幻想与追求，反映了屈原在现实中对理想的苦苦探求。

此外，《九歌》和《天问》等还采用了大量神话和历史传说素材，其想象之大胆、丰富，十分罕有。除此之外，屈原作品还以一系列比兴手法来表情达意。

他以鲜花、香草来比喻品行高洁的君子。以臭物、萧艾比喻奸佞或变节的小人。以佩戴香草来象征诗人的品德修养。

这种"香草美人"的比兴手法，使现实中的忠奸、美丑、善恶形成了鲜明对照，产生了言简意赅、言有尽而意无穷的艺术效果。

在屈原多年流亡的同时，楚国的形势愈益危急。

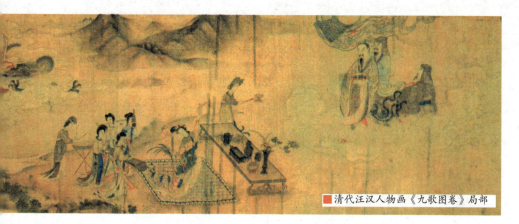

公元前278年，秦军攻破楚国京都，预示着楚国前途的危机。第二年秦军又进一步深入。

屈原眼看一度兴旺的国家已经无望，眼看自己的国家被侵略，他心如刀割，但是，他始终不忍舍弃自己的国家。

他也曾经考虑过要出走他国，但他最终还是爱恋故土，在悲愤交加之中，他于农历五月初五，在写下绝笔作《怀沙》之后，抱石投汨罗江而死，殉了自己的理想。

屈原以自己的生命，谱写了一曲壮丽的爱国乐章。他是中国文学史上第一位伟大的爱国诗人，也是浪漫主义诗人的杰出代表。

作为一位杰出的政治家和爱国志士，屈原爱祖国、爱人民、坚持真理、宁死不屈的精神和他的人格，千百年来感召和哺育着我们无数中华儿女，尤其是当国家民族处于危难之际，这种精神的感召作用就更加明显。

作为一个伟大诗人，屈原的出现不仅标志着中国诗歌进入了一个由集体歌唱到个人独创的新时代，而且他所开创的新诗体楚辞，突破了《诗经》的表现形式，极大地丰富了诗歌的表现力，为中国古代诗歌创作开辟了一片新天地。

后人因此将《楚辞》与《诗经》并称为"风、骚"。"风、骚"是中国诗歌史上现实主义和浪漫主义两大优良传统的源头。同时，以屈原为代表的楚辞还影响到后来汉赋的形成。

传说屈原投江后，楚国百姓哀痛异常，人们纷纷涌到汨罗江边去凭吊屈原。渔夫们划起船只，在江上来回地寻找打捞他的真身。

有位渔夫拿出为屈原准备的饭团和鸡蛋等食物，"扑通扑通"地全部都投进江里，说是让鱼龙虾蟹吃饱了，就不会去咬屈大夫的身体了。人们见后便纷纷仿效。

正是由于纪念屈原的缘故，端午节也因此被称为诗人节。后来唐末江南僧人文秀写过一首《端阳》诗：

节分端午自谁言，万古传闻为屈原。
堪笑楚江空渺渺，不能洗得直臣冤。

此诗表达了人民对屈原的同情与崇敬，抒发了作者对昏君和奸臣的痛恨。

普天同欢的节庆习俗

阅读链接

传说有天晚上，一位老人在梦里梦到屈原，就问他："我们给您投去那么多食物，您吃到没有？"

屈原说："你们送给我的饭，都让那些鱼虾鳖蟹吃了。"

老人问"怎样才不会被他们吃掉呢？"

屈原说："你们用竹叶把饭包起来，做成菱角形的尖角粽子，它们以为是菱角就不敢抢着吃了。"

可是到了第二年的端午节，尖角的粽子还是被鱼虾鳖蟹给吃掉了。于是屈原再一次给老人托梦，说："送粽子的船要打扮成龙的样子，因为鱼虾鳖蟹属龙管辖，它们不敢吃龙王的东西。"

从那以后，年年端午节那天，人们划着龙船到汨罗江送粽子。这也是端午节吃粽子划龙舟的一种来历。

粽子是端午节的主要节日食品之一。粽子，古称"角黍"，传说是为祭投江的屈原而开始流传的。端午节这一天，民间便互相送粽子作为纪念。粽子是中国历史上文化积淀最深厚的传统食品。

端午节除了吃粽子，还有吃"五黄"、煨蛋等传统。中国的许多习俗，都包含着长期积累的生活经验。从五月份的气象、物候，可知端午的五黄和五毒是有一定道理的。

过去人们不知道疾病发生的原因，把生病看成是鬼怪作祟。他们就以挂钟馗像、在孩子额上用雄黄写"王"字，给孩子穿虎头鞋等方法来求安宁。而雄黄酒、艾叶、菖蒲等也确有杀菌解毒的作用。

一脉相承

习俗流布

粽子相关食材的历代变迁

■ 屈原雕塑

屈原是战国时期的楚国大臣，他积极主张楚国联合齐国，抗击秦国，他的意见没有被楚王采纳，反而被罢了官，发配到边远的地方。

当楚国快要灭亡时，在农历五月初五这天，屈原投汨罗江自杀了。屈原投江后，楚国人民为了不让江里的鱼虾鳖蟹吃屈原的尸体，就往江里投好吃的食物。

这样年复一年，人民为了纪念这位爱国诗人，每逢端午节那天，便把食物投到江里祭祀屈原。

到了汉代建武年间，有一个长沙人在晚间梦见了一个人，自称是

一脉相承 习俗流布

■端午节蜡像

三闾大夫。三闾大夫就是屈原。

梦中的屈原对他说："你们祭祀的东西，都被江中的蛟龙偷去了，以后可用艾叶包住，用五色丝线捆好，蛟龙最怕这两样东西，这样就不用担心再被蛟龙破坏了！"

人们知道这个梦后，便以"菰叶裹黍"，做成角黍，并世代相传。

真正有文字记载的粽子，见于晋周处的《风土记》。而流传有序，历史最悠久的粽子则是西安的蜂蜜凉粽子，记载于雍州人韦巨源的《食谱》中。其中写到粽子的特点是：

只用糯米，无馅，煮熟后晾凉。吃时用丝线勒成薄片，浇以蜂蜜与黄桂酱。

益智仁 又名益智、益智子。是姜科植物益智的干燥成熟果实。夏秋间果实由绿变红时采收，晒干或低温干燥。功效是温补固摄、暖脾止泻、固哯摄唾、温肾固精缩尿、主治脾肾虚寒、腹痛腹泻，或肾气虚寒小便频数、遗尿、遗精、白浊，或脾胃虚寒所致的慢性腹泻及口中唾液外流而不能控制者。

渔家傲 词牌名，北宋时期流行，有用以作"十二月鼓子词"者。渔家傲也是曲牌名，南北曲均有。渔家傲又有二：其一字句格律与词牌同，有只用半阕者，用作引子；另一与词牌不同，用作过曲。

据记载，当时人们用菰叶将黍米包成牛角状，称"角黍"。用竹筒装米密封烤熟，称为"筒粽"。

东汉末年，以草木灰水浸泡黍米，因水中含碱，用菰叶包黍米成四角形，煮熟，称为"碱水粽"。

到了晋代，粽子被正式定为端午节食品，这时，包粽子的原料除了糯米之外，还添加了中药益智仁，煮熟的粽子称为"益智粽"。

在南北朝时期，又出现了杂粽。米中掺杂禽兽肉、板栗、红枣、赤豆等，品种增多。粽子还用作交往的礼品相互馈赠。

到了唐代，粽子的用米，已"白莹如玉"，其形状出现了锥形和菱形。日本文献中就有"大唐粽子"的记载。在唐代，粽子已成为寻常百姓的美味食品，

■ 端午香囊

连皇上都爱吃。

当时，长安人常吃一种"百索粽"，这种粽子因外面缠有许多丝线或草索而得名。此外，还有一种叫"九子粽"。九子粽是粽子的一种，即为9只粽连成一串，有大有小，大的在上，小的在下，形状各异，非常好看。九子粽是用9种颜色的丝线扎成，形成五彩缤纷的视觉感受。

■绿色粽子

九子粽大多是作为馈赠亲友的礼物，如母亲送给出嫁的女儿、婆婆送给新婚媳妇的礼物等，因为粽子谐音"中子"，民间有吃了粽子能得儿子的说法。

唐代大诗人温庭筠，对九子粽也留下了赞美的诗句："盘斗九子粽，瓯擎五云浆。"诗句工稳妥帖，简洁明快，似在玄宗之上。

唐代另一位诗人郑谷，在一首咏端午节的诗中吟曰："渚闹渔歌响，风和解粽香。"描写小岛上渔家欢度端阳的热闹场面，诗中一闹一香，有声有色，跃然纸上。读之，使人感觉仿佛身临其境、如闻其味。

到了宋代，端午节已成为传统佳节，文人墨客诗句中写到端午节情景、端午节习俗的就更多了。在宋代众多的端午节诗中，不乏直接提到粽子的诗句。

欧阳修写过一组"十二月词"，寄渔家傲调，其一写"五月"的词写道：

五月榴花妖艳烘，绿杨带雨垂垂重。
五色新丝缠角粽，生绡画扇盘双凤。
正是浴兰时节动，菖蒲酒美清尊共。

　　从元稹的"彩缕碧筠粽"，到欧阳修的"五色新丝缠角粽"，足可佐证，从唐至宋，中国民间就有用彩色丝线缠捆粽子的习俗，且一直沿传了下来。

　　宋朝时，已有"蜜饯粽"，即果品入粽。诗人苏东坡有"时于粽里见杨梅"的诗句。此时，还出现了用粽子堆成楼台亭阁、木车牛马做的广告，说明宋代吃粽子已成为一种时尚。

　　元明时期，粽子的包裹料已从菰叶变为箬叶，后来又出现用芦苇叶包的粽子，附加料已出现豆沙、猪肉、松子仁、枣子、胡桃等，品种更加丰富多彩。到了清代，还出现了"火腿粽子"。

　　到了后来，粽子更是千品百种，璀璨纷呈。各地的粽子，一般都用箬叶包糯米，但内涵含馅料则根据各地特产和风俗而定，著名的有桂圆粽、肉粽、水晶粽、莲蓉粽、蜜饯粽、板栗粽、辣粽、酸菜粽、火腿粽、咸蛋粽等，品种繁多，味道极美。

阅读链接

　　清代乾隆皇帝，端午节在宫中吃了九子粽后，龙颜大悦，赞不绝口，欣然赋诗一首："四时花竞巧，九子粽争新。"

　　清代诗人吴曼云，也写有一首赞美九子粽的诗篇："裹就连筒米宿春，九子彩缕扎重重。青菰褪尽云肤白，笑说厨娘藕复松。"

　　粽子不仅形状多样，品种各异，由于中国各地风味不同，这些粽子均以佐粽的不同味道各异，使得粽子家族异彩纷呈。

粽子不同风味和多种样式

每当农历五月初五的早晨，中国各地的家家户户都会吃粽子用以纪念屈原。一般是前一天把粽子包好，夜间煮熟，早晨食用。

包粽子主要是用河塘边盛产的嫩芦苇叶，也有用竹叶的，统称

古人包粽子场景

■ 美食粽子

状元 科举考试以名列第一者为"元"，乡试第一称"解元"，会试第一称"会元"，殿试第一称"状元"。唐制，举人赴京应礼部试者皆需投状，因称居首者为状头，故有"状元"之称。在"学而优则仕"的年代，封建社会的文人都把考状元作为跻身仕途的唯一途径。

"粽叶"。粽子的传统形状为三角形，一般根据内瓤命名。

包糯米的叫"米粽"，米中掺小豆的叫"小豆粽"，掺红枣的叫"枣粽"。枣粽谐音为"早中"，所以吃枣粽的最多，意在读书的孩子吃了可以早中状元。过去读书人参加科举考试的当天，早晨都要吃枣粽。有些地方的人们在孩子参加一些重要考试的早晨，都要做枣粽给考生吃，为了取个吉利而已。

煮粽子的锅里一定要煮鸡蛋，有条件的还要再煮些鸭蛋、鹅蛋。吃过蘸糖的甜粽之后，要再吃蘸盐的鸡蛋"压顶"。

据说，吃五月端粽锅里的煮鸡蛋，夏天不生疮。把粽子锅里煮的鸭蛋、鹅蛋放在正午时的阳光下晒一会儿再吃，整个夏天不头痛。

端午节包粽子、吃粽子、互赠粽子，一直是浙江宁波人最有代表性的端午习俗。

宁波人包的粽子与别处不同，宁波箬壳粽用的是老黄箬壳或用青竹壳，不像别处用芦苇叶、菰叶、芭蕉叶等裹扎。宁波粽子是黏稠适口的碱水糯米粽，不同于其他地方的白粽子。宁波粽子包扎成棱角分明的四角枕头形，不同于别处的三角形、五角形、六角形；宁波粽子以糯米粽为主，不同于别处以高粱米、黄黏米、黏玉米等裹的。

宁波粽子品种花样繁多，有碱水粽、赤豆粽、绿豆粽、豇豆粽、红枣粽等素粽，也有火腿等荤馅料。粽子煮熟后，剥去箬壳后的四角糯米粽，因碱水浸泡的缘故，晶莹剔透犹如田黄石，清香扑鼻，蘸上少许白糖，吃起来又糯又黏。

过去，宁波有关端午吃粽子的绕口令是这样唱的：

一只粽子四只角，解缚脱壳，抲筷割角，白糖一沰，直哒咽落；两只粽子八只角，解缚脱壳，抲筷割角，白糖一沰，直哒咽落；三只粽子十二只角……

虽说是计数的童谣，却道出了宁波粽子滑溜爽口的特点。

旧时，端午粽子是主妇们自家裹的。宁波城中曾举办过端午粽子赛会。宁波的巧妇们将在家中预先做好的粽子集聚一堂，供宾客们观赏品评。

粽子的样式有鸳鸯枕、凤头、莲船和石榴，争奇斗艳，令人目不暇接。粽子

田黄石　简称田黄，因产于福州市寿山乡寿山溪两旁之水稻田底下，呈黄色而得名，为寿山石中最优良的品种之一。它有广义的和狭义的之分：广义的田黄石指"田坑石"，狭义的田黄石指田坑石中发黄色者。在物理性质、工艺美术特征等方面，田黄石与寿山石基本相同或相近，但因其珍稀和昂贵，故早已成为独立的印章石品种。

■ 粽子

紫色糯米粽

馅有荤有素，味道有甜有咸，各有风味。

最终，评定莲船式样为最佳，该粽长约0.3米，粗如玉臂，内掺白糯米、栗子肉、火腿、鸡丝，外裹箬壳，扎以彩绳，编成"请尝""端阳"字样，有棱有角，悦目动人。入水煮熟，去箬切片，盛于瓷盆，遍赠亲友，味极鲜美。

有人赋诗赞道：

未曾剥壳香盈溢，便经入腹齿犹芳。

吃粽子的风俗，千百年来在中国盛行不衰，而且流传到朝鲜、日本及东南亚诸国。

由于中国各地的风味不同，粽子主要有甜和咸两种。

甜味粽子有白水粽、赤豆粽、蚕豆粽、枣子粽、玫瑰粽、瓜仁粽、豆沙猪油粽、枣泥猪油粽等。咸味有猪肉粽、火腿粽、香肠粽、虾仁粽、肉丁粽等，但以猪肉粽较多。

此外，还有南国风味的什锦粽、豆蓉粽、冬菇粽等，还有一头甜一头咸——一粽两味的"双拼粽"。

广东粽子个头大，外形别致，除鲜肉粽、豆沙粽外，还有用鸡肉丁、鸭肉丁、叉烧肉、蛋黄、冬菇、绿豆蓉等调配为馅料的什锦粽。

厦门、泉州的烧肉粽、碱水粽很有名。烧肉粽的粽米必选上乘，猪肉则选择五花肉，并先卤得又香又烂，再加上香菇、虾米、莲子及卤肉汤、白糖等。吃时，蘸调蒜泥、芥辣、红辣酱、酸萝卜等多样作料，香甜嫩滑，油润而不腻。

闽南的粽子分碱粽、肉粽和豆粽。豆粽盛行于泉州一带，用九月豆混合少许盐，配上糯米裹成，蒸熟后，豆香扑鼻，也有人蘸白糖来吃。

浙江嘉兴粽子为三角形，有鲜肉、豆沙、八宝等品种。如鲜肉粽，常在瘦肉内夹进一块肥肉。粽子煮熟后，肥肉的油渗入米内，入口肥而不腻。

在浙江的多数地方，尤其是浙西山区居民的祖祖辈辈，从古至今都有用甜茶煮粽子、煮茶饭、煮茶粥的传统习惯。

甜茶粽子，是取真武山优质甜茶叶，经煎熬取汁，用来制作粽子。其粽子色泽金黄油亮，入口润滑细嫩，柔软黏稠，齿颊留香，回味甘甜，去腻消食，营养丰富，又适合糖尿病人食用。

北京粽子是北方粽子的代表品种，其个头较小，为斜四角形。北郊农村，习惯吃大黄米粽，黏韧而清香，多以红枣和豆沙为馅。

桂中地区喜包形态酷似枕头的大枕头粽。桂中地区的大枕头粽，一个用上250～500克米。而桂林地区喜包500克米可做六七个粽子的小枕头粽。

桂林以北，则喜包形态恰似狗头的狗头粽。在粽子包制过程中的配料方面，又各有特色。如桂林人包粽子喜加点碱粉，使煮熟的粽子产生碱香味。

泉州人包粽子喜欢用稻草灰水浸泡糯米，用这种方法包制出来的粽子既有适中的碱香味，也有诱人食欲的色泽。

台湾粽子

上海的粽子种类多。以杏花楼、新雅为代表的广式粽子，松软而味道浓烈。其外形为底平，呈正方形、五角形，一角向上，其余伸向四方。

台湾地区的粽子，样式可谓五花八门，至少有七八种不同的流行做法。

台湾地区粽一直有"北部粽""南部粽"之争，各有爱好者。到底是南部粽好吃还是北部粽好吃？

北部粽主要是将糯米事先调入酱油炒过焖过再加配料包起来，吃起来粒粒分明；南部粽是将生糯米及生花生用水泡开加入配料，再将整个粽子放入锅中用水煮熟，糯米因此软而绵密；口感上，北部粽有嚼感，南部粽有黏性；另外还有台湾客家人常吃的"碱粽"也有一定的支持者。

其他较为著名的粽子还有四川、两湖的辣粽，贵州的酸菜粽，苏北的咸蛋粽。

各式各样美味的粽子，既承载了中国的传统食文化，又承载了浓郁深厚的端午节纪念爱国诗人屈原的历史内涵。

普天同欢的节庆习俗

阅读链接

粽子是端午节的节日食品，在端午节的前一天，人们便开始相互赠粽子作为纪念，同时也表达自己对对方的美好感情及祝愿。并且，粽子也是中国历史上文化积淀最为深厚的一种传统食品。

人们在选择购买粽子的时候，一定要注意"返青粽叶"。购买粽子时不要贪图颜色鲜绿好看，用传统风干粽叶包制的粽子虽然颜色陈旧暗淡，但更加自然、安全、放心。

龙舟文化

　　"龙舟竞渡"是在战国时期就已有的习俗。战国时期，人们在急鼓声中划刻成龙形的独木舟，做竞渡游戏，以娱神与乐人，此时的龙舟竞渡是祭仪中半宗教性、半娱乐性的节目。

　　在两湖地区，祭屈原与赛龙舟是紧密相关的。可能屈原及曹娥、伍子胥等逝去后，当地人民也曾用魂舟送其灵魂归葬，故有此俗。但赛龙舟除纪念屈原之外，还被各地人们赋予了不同的寓意。

具有深厚内涵的龙舟文化

那是在很久很久以前，广西宾阳邹圩没有河流，只有一条又小又脏的水沟。有一天，有个打鱼人在水沟里网住了一条小蛇。这条小蛇十分奇特，尾部有9片闪耀的鳞片。当鱼人把手触向鳞片时，蛇眼里闪

端午赛龙舟

着乞求的光芒，十分可怜。

渔人顿生恻隐之心，抚了一下它的鳞片，就把它放回了水沟。谁知那9片鳞忽然落了，小蛇长身而舞，化为一条小龙。

原来，它是一条上天的神龙，因触犯了天条，受玉皇大帝处罚，变成这副模样，它的尾巴上被加了9把锁，就是小蛇尾上的9片闪耀的鳞。

精彩演绎

龙舟文化

■ 古画《龙舟竞渡图》

玉皇大帝曾言："这锁要打开，除非得到人的阳气。"刚才渔人无意中竟打开了小龙身上的千年枷锁。小龙为了感谢渔人，在水沟里不停地翻动，并从口里不停地喷出水来，灌注在小水沟里。慢慢地小水沟变成了大河，也就是后来的邹圩清水河，河水为邹圩带来了五谷丰登。

为了纪念这条神龙，人们把沿河的村子称为龙头寨上龙首村。在神龙升天这一天，也就是端午节举行赛龙舟以示庆贺。

龙舟竞渡作为一种文化，还有一种传说是由龙图腾崇拜的宗教祭祀活动不断发展而来的，后来用以纪念爱国诗人屈原等先贤志士，起到传承中国的古老文化、凝聚民族精神的作用。

传说在中国东南沿海的百越人是个神秘的民族，在中国南方曾分布着大大小小许多部落，他们大多具

玉皇大帝 传说中的玉皇大帝全称是"昊天金阙无上至尊自然妙有弥罗至真玉皇上帝"，又称"昊天通明宫玉皇大帝""玄穹高上玉皇大帝"，居住在玉清宫。道教认为玉皇为众神之王，在道教神阶中修为境界不是最高，但是神权最大。玉皇大帝除统领天、地、人三界神灵之外，还管理宇宙万物的兴隆衰败以及吉凶祸福。

■ 划龙舟雕塑

有某些共同的文化特征，就是崇拜龙图腾，被统称为"吴越人"。吴越人善于驾驶独木舟，他们信奉蛟龙为图腾。图腾祭祀也就是龙舟竞渡最早的文化遗存。

早在7000多年前，远古先民已用独木刳成木舟，加上木桨划舟。中国较早的文学经典著作《淮南子·齐俗训》记载：

> 胡人便于马，越人便于舟。

中国最早有关龙舟的记载，见于先秦记述周穆王事迹的古书《穆天子传》：

> 天子乘鸟舟龙舟，浮于大沼。

相传在很久以前，南方水网地区人们就常以舟代

《淮南子》 又名《淮南鸿烈》《刘安子》，是中国西汉时期创作的一部论文集，由西汉皇族淮南王刘安主持撰写，故而得名。该书在继承先秦道家思想的基础上，综合了诸子百家学说中的精华部分，对后世研究秦汉时期文化起到了不可替代的作用。

步，以舟为生产工具和交通工具。人们在捕捉鱼虾的劳动中，比水产品的收获量。人们在休闲时相约划船比速度，寓娱乐于劳动生产及闲暇中，这是远古竞渡的雏形。

神话传说古代吴越人是以龙为图腾的民族。中国古籍《说苑·奉使》等说吴越之民有"断发文身""以像龙子"的习俗，这种习俗的文化底蕴来源于对龙图腾的崇拜。

后来吴越人民为表明自己是"龙"的后裔和对龙祖的尊重，祈求龙神来保护生命安全和避免蛇虫之害，每年五月初五这一天，都要举行盛大的龙祭。

他们在祭祀的仪式上，将龙形文在身体上，把乘坐的木船雕刻成龙的形状，龙首高昂，龙尾翘起，涂上各种彩色，称为"龙舟"，龙舟就这样产生了。

这种祭祀活动寄托着人们祈愿像龙图腾那样，让

图腾 是原始人群体的亲属、祖先、保护神的标志和象征，是人类历史上最早的一种文化现象。运用图腾解释神话、古典记载及民俗民风，往往可获得举一反三之功。图腾就是原始人迷信某种动物或自然物同氏族有血缘关系，因而用来做本民族的徽号或标志。

精彩演绎

龙舟文化

■ 端午节龙舟赛

■ 端午节龙舟

普天同欢的节庆习俗

鼓 在远古时期，鼓被尊奉为通天的神器，主要是作为祭祀的器具。在狩猎征战活动中，鼓都被广泛地应用。鼓作为乐器是从周代开始的。周代有八音，鼓是群音的首领，古文献所谓"鼓琴瑟"，就是琴瑟开弹之前，先有鼓声作为引导。鼓的文化内涵博大而精深，雄壮的鼓声紧紧伴随着人类，从远古的蛮荒一步步走向文明。

龙的传人得以复兴强大起来，后来人们在龙舟的四角缠上彩旗，彩旗飞舞，青壮年"着彩衣，立龙首"，在急骤的鼓乐声中做龙舟竞渡，赛龙舟的习俗由此开始发展起来。

人们在祭祀龙图腾的节日里，用饰龙的独木舟竞渡，来敬奉欢娱神明龙。在龙舟竞渡的同时，人们将各种装在竹筒中或裹在树叶里的食物，抛给龙神吃。

在这种充满神秘色彩的原始宗教文化活动中，你追我赶的热闹景象，团结拼搏的精神力量，就是龙的传人争取民族复兴的演绎，这就是龙舟文化深刻的内涵，也是龙舟文化最值得传承的意义。

到了春秋时期，人们赛龙舟纪念爱国诗人屈原，或是纪念越王勾践训练水师，卧薪尝胆，以弱胜强战胜吴国的事迹，仍然包含图腾复兴的文化意向。

唐朝张建封的《竞渡歌》在结尾时写道：

须臾戏罢各东西，竞脱文身请书上。

这时还是称彩衣为文身。

据晋代司马彪的《后汉书·礼仪志》记述，夏商周龙舟竞渡有些在夏至节举行。自从人们用以纪念屈后，便多在端午节赛龙舟了。龙舟竞渡源于屈原的最早说法，见于南朝梁人宗懔的《荆楚岁时记》记载：

司马彪 （？—306）字绍统，河内温县(今河南温县)人，晋宣帝司马懿六弟中郎司马进之孙，高阳王司马睦长子，西晋宗室、史学家。著有《续汉书》。

端午节这一天，龙舟竞渡，众船齐发，表示赶去拯救屈原的意愿。在水上击鼓鸣锣，是为了驱赶欲食屈原躯体的蛟龙。

传说屈原是在五月初五投江殉国。古人以五月为多灾之月，初五又是犯忌的日子，常以这一天为哀悼纪念的日子。

在汉代以后相当长的时间里，以龙舟竞渡纪念不同的忠臣孝女，在不同的地区并存着。

在四川，南宋以后的一段时期，为纪念唐代安史之乱时保卫成都有功的浣花夫人，每逢四月十九她的生日，便由地方官率众游锦江。

■ 龙舟赛浮雕

到了宋代，朝廷追封屈原为忠烈公，并下诏将五月初五定为"端午节"，谕令各地官府组织诸如赛龙舟之类的活动，以纪念屈原。

后来，历代的人们就在端午节举行龙舟竞渡和吃粽子一起来纪念屈原，这也就成为端午节固定的习俗了，使人们误以为龙舟起源于纪念屈原。

这种情况的出现，并不是偶然的。因为屈原忧国忧民的襟怀，直言敢谏的品格，对反动势力和险恶形势不妥协、不退让的斗争精神以及出淤泥而不染的高尚情操，在中国数千年的历史中，是上自宫苑君王，下至乡野百姓，一致公认的崇高道德典范。

屈原深厚的爱国主义精神，具有其他忠臣孝女无法抗衡的力量，这种力量蕴藏于我们全民族集体意识的深处，融汇在我们中华民族精神的心理素质、审美意识、伦理观念以至民族精神的精髓之中。

屈原精神与龙舟文化的结合，使龙舟竞渡这种古老的习俗获得了新的含义，注入了新的精神。

相传在屈原所投的汨罗江两岸人民，每年端午节龙舟竞渡时，他们往往点上蜡烛，抬着龙头，先到"屈子祠"去祭拜一番，然后一声

炮响，众船竞飞，表达他们对先哲的哀思。

在正式竞渡开始时，气氛十分热烈。唐代诗人张建封《竞渡歌》写道：

两岸罗衣扑鼻香，银钗照日如霜刃。

鼓声三下红旗开，两龙跃出浮水来。

棹影斡波飞万剑，鼓声劈浪鸣千雷。

鼓声渐急标将近，两龙望标且如瞬。

坡上人呼霹雳惊，竿头彩挂虹霓晕。

前船抢水已得标，后船失势空挥桡。

这些诗句淋漓尽致地写出了龙舟竞渡的壮观景象。妇女们平时是不出门的，此时，也争着来看龙船，银钗耀日。鼓声、红旗指挥下的龙舟飞驰而来，棹如飞剑，鼓声如雷。终点插着锦绮彩竿作为标志。

赛龙舟除纪念屈原之外，不同区域的各民族人民

■ 端午龙舟比赛

普天同欢的节庆习俗

■端午赛龙舟

吴自牧 钱塘人，在宋度宗咸淳中前后在世，生平亦无考证。宋亡后尝追记钱塘盛况，介绍南宋都城临安城市风貌，作《梦粱录》20卷。《四库全书总目提要》认为，此书与孟元老所著《东京梦华录》同体。

还赋予了不同的寓意。

江浙地区划龙舟，兼有纪念当地出生的近代女民主革命家秋瑾的意义。夜晚，在龙船上，张灯结彩，来往穿梭，水上水下，情景动人，别具情趣。

贵州苗族人民在农历五月二十五至二十八举行"龙船节"，以庆祝插秧胜利和预祝五谷丰登。云南傣族同胞在泼水节赛龙舟，纪念古代英雄岩红窝。不同民族、不同地区，划龙舟的传说有所不同。

在很长的历史时期里，南方不少临江河湖海地区，每年端节都要举行富有自己特色的龙舟竞赛活动。赛龙舟，除了比赛速度外，还有其他一些活动。比如，龙舟游乡，是在龙舟竞渡时划着龙舟，到附近熟悉的村庄游玩、集会。

有时龙舟还有各种花样的划法，具有表演的含义。如广州的龙舟，挽手用桨叶插入水中，再往上挑，使水花飞溅。船头船尾的人有节奏地顿足压船，使龙舟起伏如游龙戏水一般。

浙江杭州市余杭区龙舟，有的是让人把龙尾踩低，使龙头高翘，船头的急浪便从龙嘴中喷吐出来，如龙吞云吐雨一般。也有的是游船式竞渡。如《淮南子·本经训》记载：

龙舟鹢首，浮吹以娱。

也就是说，人们划着龙船，摇船在水上奏乐、游玩，是一种自娱自乐的活动。

在宋代吴自牧的一部介绍南宋都城临安城市风貌的著作《梦粱录》中记载，南宋杭州有"龙舟六只，戏于湖中"。湖上有龙舟，只是画舫游船的一部分。

在划龙船时，又多有唱歌助兴的龙船歌流传。如湖北秭归划龙船时，有完整的唱腔，词曲根据当地民

261

精彩演绎

龙舟文化

■ 端午赛龙舟

端午龙舟比赛

歌与号子融汇而成，歌声雄浑壮美，扣人心弦，有"举楫而相和之"的遗风。

又如广东南雄县的"龙船歌"，是在四月龙船下水后唱到端午时止，表现内容十分广泛。流传于广西北部桂林、临桂等地的"龙船歌"，在竞渡时由众桡手合唱，有人领呼，表现内容也多与龙舟、端午节俗有关，歌声洪亮，撼动人心。

随着时代的发展，龙舟活动的内容增多，由单一的竞渡发展至驾龙舟抢鸭子、造型龙舟游江等。

龙舟文化具有历史长远的悠久性，各族人民独特方式竞赛的民族性，有众多人员参赛和观看的群众性、奋力拼搏的竞争性，以及由此产生的娱乐性等特点。

阅读链接

早在屈原之前，沅陵就有了龙舟。沅陵龙舟发源于远古，祭祀的对象是五溪各族共同的始祖盘瓠。盘瓠曾落户沅陵半溪石穴，生六儿六女，儿女互婚配，繁衍成苗、瑶、侗、土、畲、黎六个民族。

盘瓠死后，六族人宴巫请神，为其招魂。因沅陵山多水密，巫师不知他魂落何处，就让各族打造一只龙舟，逐溪逐河寻找呼喊，以至演变成后来的划船招魂的祭巫活动。沅陵龙舟起源5000年前，比纪念屈原的说法要早了3000多年。

绽放异彩的传统制作工艺

    龙舟是做成龙形或刻有龙纹的船只。民间用来竞渡的龙舟与皇家龙舟不可比肩，一般都做得窄小狭长一些，以利于赛事。

    传说古人出于对龙的崇拜，历代在龙舟的制作上都相当的讲究，

■龙舟龙头

■ 赛龙舟

显示出传统工艺的精湛。他们在龙舟制作的时候，是按龙舟竞渡的特点不断创造完善的。

古代龙舟的结构、取材、大小、长短、形制，龙舟的人数、桨手的培训和挑选等，文献上少见全面的记载，直至明朝的《武陵渡考略·渡考》中才有了较为详尽的记述。

在《渡考》中，虽然有龙舟的大小尺寸，却没有形象的图画，但是却可以和最早的宋代龙舟图联系起来理解。

到了宋代，龙舟种类的多样化，出乎了人们的想象。他们制造较大型的龙舟，有多层的楼台亭阁，豪华非常，当是天子所乘的龙舟。其余龙舟也有大小不同，或八桨，或十桨，都是可以竞渡比赛的。

龙舟与普通船只不太相同的地方，就是大小不一，桡手人数不一。广州黄埔、郊区一带制造的龙船，长33米，船上有100人，桡手80人。南宁的龙舟

天子 即天之嫡长子。其命源天对封建社会最高统治者的称呼。他们为了巩固自己的地位和政权，自称其权力出于神授，是秉承天意治理天下，故称"天子"。他们还宣扬自己生下来就有许多瑞征，还有所谓"天子气"。人们还把他们比作"龙"，称为"真龙天子"。

就不一样了，长20米，每船约50人。湖南汨罗县制作的龙舟又是不同，长16～22米，桡手24～48人。福建福州制作的龙舟长18米，桡手32人。

各地制造的龙舟一般都是狭长和细窄的，他们在船头饰龙头，船尾饰龙尾。龙头的颜色有红黑灰等色，均与龙灯的头相似，姿态不一。一般以木雕成，加以彩绘，也有用纸扎、纱扎的。龙尾多用整木雕，上刻鳞甲。

很多龙舟上还有锣鼓和旗帜或船体绘画等装饰。如广东顺德龙舟上饰以龙牌、龙头龙尾旗、帅旗，上绣对联、花草等，还有绣满龙凤、八仙等图案的罗伞。一般龙舟没有这么多的装饰，多饰以各色三角旗、挂彩等。

古代龙舟也很华丽，如画龙舟竞渡的元人王振鹏所绘的《龙池竞渡图卷》，图中龙舟的龙头高昂，硕大有神，雕镂精美，龙尾高卷，龙身还有数层重檐楼

木雕 是雕塑的一种，在中国常被称为"民间工艺"。雕刻用木材一般以不过硬为好，在传统建筑上用于垂花门、外檐、门窗、额枋、隔扇、屏风等。木雕艺术起源于新石器时期中国，在距今七千多年前的浙江余姚河姆渡文化，就已出现了木雕鱼。秦汉时期，木雕工艺趋于成熟，绘画、雕刻技术精致完美。

■ 端午赛龙舟景象

普天同欢的节庆习俗

戟 是一种中国古代独有的兵器。实际上戟是戈和矛的合成体，它既有直刃又有横刃，呈"十"字或"卜"字形，因此戟具有钩、啄、刺、割等多种用途，所以杀伤能力胜过戈和矛。戟在商代就已出现，西周时也有用作作战的，但是不普遍。到了春秋时期，戟已成为常用兵器之一。

阁。如果是写实的，就可以证明古代龙舟的精美了。

《点石斋画报·追踪屈子》绘画的芜湖龙船，也是龙头高昂，上有层楼。有的地区龙舟还存有古风，很艳丽。

据记载，古代西湖上的龙舟，十五六米长，头尾高翘，彩画成龙形；中舱上下两层，船首有龙头太子和秋千架，均以小孩装扮，太子立而不动，秋千上下推移；旁列弓、弩、剑、戟等"十八般武艺"和各式旗帜。尾有蜈蚣旗，中舱下层敲打锣鼓，旁边坐水手划船。

潮汕的龙舟有多种样式，正规的龙舟有龙头、龙颈、龙尾。龙身半圆而长，宽1.4～1.6米，长短不一，有容纳12对桨、16对桨、32对桨不等，最长的可容52对桨。

龙舟的制作特别重视意头的选择。传统的大龙舟全长35～36米。在龙舟升水和比赛的时间上，也要择好吉日良辰，尾数必定是"一"。这些都以一作为尾数，寓意拿到第一。

苏州的龙舟分成各色，四角插旌旗，鼓吹手伏在中舱，两旁划手16人。篙师手执长钩立于船头，称作挡头篙。船头亭上，选面端貌正的儿童，装扮成台阁故事，称龙头太子。船尾高丈余，牵系彩绳，由擅长嬉水的小儿表演"独占鳌头""童子拜观音""指日高升""杨妃春睡"等节目。

龙舟本身就是看点。据《金阊民俗史话》记载，竞渡龙舟：

> 一般用质地轻巧的杉木制成，长7～11米，也有长至十几米的，宽一米至数米，前装木制龙头，后装龙尾。大型的龙舟中舱有3层彩楼，高至9米，雕刻或彩绘，十分精细，旗幡绣伞，罗列前后，锦绣满船。

> 但也有一些贫穷的乡镇，因无力置办龙舟，便用农船或渔船临时改装，用纸扎的龙头龙尾装于木船前后，再用绘满鳞甲的布幔围之，因草草而成，被称为"草龙"。

> 参赛的龙舟起码是2艘以上，一般有5艘，分为青红黄白黑色，代表东西南北中方，也有6艘或7艘的，至多10多艘。

自古以来，历代在龙舟的制作上都不断改善工艺。端午龙舟一般分为龙头、龙身、龙骨、龙尾4部分，外加桨和舵，打造出像龙一样形状。这种龙舟扁长、轻巧、两头翘，无桨

龙舟竞渡前的准备

龙舟彩绘

桩，昂扬的龙头和飞扫的龙尾雕刻得十分精致，油漆彩绘灿然发光。

对龙舟制作要求很高，要请专门的木工师傅，择日开工。据传，过去在动工前还需斋戒沐浴、焚香、拜神，一点也不能马虎。

对木料的要求很严格，多数都选用上等的木料，采用大木料来制作。如龙头，一般必须用整块的桧木来雕刻，以求灵气十足。

至于船体，多采用樟木来做，因为樟木能防虫防腐，经久耐用。制作讲究的还用整木将龙尾雕刻出许多鳞甲。制成的龙舟再配以各色浓妆，使龙舟像龙一样栩栩如生。

龙舟的长度很有讲究，广东人造龙舟多取好彩头的尺寸，譬如船长33.88米，寓意"生生猛猛"。龙舟的船身平时多是沉放在河塘的淤泥中，以防干裂，也符合"龙生大泽"的传闻。每年只有到了端午这个时节才会"请龙出水"。

龙舟上装饰最繁杂的当数顺德的鸡公头龙舟。这种龙舟中部有一个神楼，一个大鼓和一个铜锣。龙舟上还有龙头旗、龙尾旗、帅旗和罗伞等装饰。

制作龙舟前要选上乘木材，船身的木材要选上等的杉木，因为杉木轻巧，船不笨重，船速就快一点。船头、船尾用樟木，这种木质比较坚硬。依照民间习俗，樟木被视作神木，通常用来制作祭祀用品。

泪罗江附近区域的龙舟属"飞凫式"类型，制作的龙舟，船身长约24米，中等长约18米，短的12米，船宽一般为1.1米，中有一根纵贯首尾的龙骨木，宽0.57米左右，高约0.6米。

桡子，即龙舟桨叶长约0.4米，宽0.28米，桡柄长0.7米，有横把手，桡全长约1.1米，桡子不称"把"，而称为"皮"，一般的龙舟为34皮桡子，48皮桡子的称大龙舟。桡子要用樟、杉木制作，每皮桡子上书写某龙得胜。

龙舟舵称为"招"，是用樟木制作的，呈"橹"状，长4～5米。撬棍一副两根，每根长约1.9米。锣鼓架于船中舱，鼓为圆柱形，高0.6米，直径0.4米，锣一面，直径约0.4米。

传说，很多地方制造龙舟有个偷树风俗，在制造龙舟前，首先要偷树。被偷的人家认为，用他家的树做龙舟是吉祥的征兆，发现偷树的不动真格地追赶。

制作龙舟时，他们将偷来的树选一根最大的架在木马上，龙舟首

年画——龙舟大会

司请一个木匠掌脉师，选一个黄道吉日，举行发木仪式。

发木时间一般选在子时，制龙舟不像雕龙头那么神秘，但在发木之时，要封禁，除首司和帮手在场以外，其余闲杂人员不准在场，特别是不准女人偷看。

发木仪式大体上与龙头仪式相同，木匠掌脉师要念神咒，反身将斧头劈在树上。首司要顶礼朝拜。发木之后，掌脉师按龙舟划手人数计算下材，由人工锯木计算材料要非常准确，要求是所有划手等人坐在船上，所需之物放在船上，船边的水平线以中点为标准，水平线过低船就慢、水平线过高船就会翻。

制造龙舟的速度非常快，一般不超过3天，有时一天一晚即可。参加制造龙舟的人员，除掌脉师收包封和一斗米外，其余人等一律不要工资，都要吃自己的饭，主动做事。铁匠钉具都要捐送，体现了一种无私无畏、团结友好的精神。

龙舟制作工艺是中华民族伟大智慧的象征，龙舟文化在制作过程中不断绽放异彩。

阅读链接

龙是中华民族的图腾，我们的祖先笃信龙能主宰一切。每年的农历四五月，吴楚水乡的先民就有在江河里划独木舟以娱龙、祈求龙神保佑的习俗。由此而衍生出后来的赛龙舟。

正是出于对龙和屈原的尊敬和崇拜，汨罗江畔的赛龙舟是一项十分神圣的活动，因而龙舟的打造必须遵循一整套严格的仪式和禁忌。

划龙舟一般由家族或村落推举的龙舟会组织。龙舟会的主要负责人称为"首司"，主要负责决定龙舟活动的大小事宜。龙舟底部的那根木头称主筋木，这根木头一定要用盗来的木材。

人们认为盗物必须跑得快，于是造出的龙舟也定然划得快，别人始终追不上。因为女人小孩跑得慢，所以举行伐木仪式不让女人和小孩参加。

浪漫佳期

七夕节俗与妇女乞巧

起源演变

农历七月初七，是中国的传统节日七夕节。这是中国农耕社会传承下来的重要节日之一，是中国传统中最具浪漫色彩的一个节日，也是女子最为重视的日子。

在七夕的夜晚，天气温暖，草木飘香，天上繁星闪耀，一道白茫茫的银河横贯天空南北，在银河的东西两岸，各有一颗闪亮的星星隔河相望，遥遥相对，那就是牵牛星和织女星。

对于这两颗星辰，民间演绎出牛郎与织女的爱情传说，它体现了古人的农耕信仰和蚕桑信仰，寄托了劳动人民的生活理想，负载着中华民族的共同情感，展示了民间文学独具一格的审美情趣。

牛郎和织女在汉水结缘终生

相传那是在很久以前，在安康汉江畔住着一个勤劳忠厚、心地善良的小伙子，大家都叫他牛郎。

牛郎的父母早亡，他跟着哥哥和嫂嫂过日子。但是，嫂子对牛郎很不好，经常想方设法地刻薄他，不仅让牛郎食用剩下的稀汤寡水，

嫂嫂让牛郎放牛图

牛郎耕地剪纸

并且还三天两头地找碴儿刁难牛郎。

牛郎的哥哥看见了，心疼牛郎，但是他却对此事无可奈何，心想牛郎离开了这个家会过得好一点儿，于是就让牛郎搬出去分家另过。

等到分家那天时，牛郎既不要房子也不要地，只要那头与他朝夕相处的老牛。

可是这头老牛实在是太老了，有一天在耕地的时候，不小心跌倒了，摔坏了身子骨。但是牛郎却丝毫没有嫌弃它，每天清晨都要出去漫山遍野地收集百花露，给老牛洗伤口，一直洗了七七四十九天。一到晚上，牛郎则依偎在老牛身边睡觉，陪伴了老牛整整七七四十九天。

在牛郎的精心照顾下，老牛的伤势渐渐好了起来，它对牛郎很是感激，于是就更加努力地帮助牛郎犁田打耙。

就这样，牛郎每天耕田种地，糊口度日。可是，除了那头不会说话的老牛之外，冷清清的家里只有他一个人，日子过得没滋没味的。

有一天，出了一件稀奇事，老牛突然开口对牛郎说话了。老牛说："牛郎，今天你一定要去汉江边一趟，那里有7个仙女洗澡呢！你把那件绿色的仙衣藏起来，绿衣仙女就会成为你的妻子。"

金牛星点化牛郎图

牛郎见老牛口吐人言，又奇怪又高兴，便好奇地问道："牛大哥，你是……"

老牛说了实情，牛郎这才知道，这头老牛原来是天上的金牛星，因犯了天条被玉皇大帝一巴掌打下凡间的。

老牛所说的绿衣仙女，原来是天宫王母娘娘最心爱的孙女，因她有一双巧手，织得美丽云锦，将天空装点得五彩缤纷，大家就称呼她为"织女"。

这织女与牛郎本来就有前世未了的姻缘，金牛星一心要报答牛郎的大恩大德，于是就有意撮合他们。

再说天上的仙女们，她们听说在大地的中心有条居中的河流，名叫汉江。一想到汉水蓝湛湛、清幽幽的，她们都恨不得立马跳进汉江里，痛痛快快地游上一阵子。

机会终于等来了！王母娘娘在一年一度的蟠桃宴上喝醉了酒，不省人事。机会难得！于是，众仙女在彼此的耳边一嘀咕，便悄悄地从王母娘娘身边溜走，飘落到人间一游。

牛郎依照金牛的吩咐，悄悄地躲在大石头后面，等候仙女们来汉江洗澡。

大约等了两个时辰，天上果然飘下来7位仙女。只见她们脱了五彩霓裳，跳进汉江玩耍嬉戏，笑语喧喧，好不欢畅！仙女们游了大约两个时辰后，便纷纷上岸穿衣，准备返回天庭。

就在这个时候，牛郎突然从大石的后面跑出来，拿走了那件绿色的仙衣，跑上了半山坡，最后躲进了一个山洞里。

绿衣织女见有人拿了她的衣服，很是焦急。她赶忙追进山洞，见到一陌生的凡间男子，她禁不住羞红了脸，央求牛郎还她仙衣。

无论织女怎么请求，牛郎还是记住了金牛星说的话，不仅不还织女的仙衣，反而苦苦哀求织女嫁给

时辰 中国古时把一天划分为12个时辰，每个时辰相相于现在的两小时。相传古人根据中国十二生肖中动物的出没时间来命名各个时辰，分别为子、丑、寅、卯、辰、巳、午、未、申、酉、戌、亥。

277

天河夜话

起源演变

■ 众仙女洗澡图

盗衣结缘剪纸

他，做他的妻子。

织女本已厌倦天庭的生活，此时，又见牛郎一副憨厚的模样很是可爱，便有些心动了，于是就轻轻地点了点头。

随后，由金牛星做媒，织女高高兴兴地嫁给了牛郎，从此过着男耕女织的舒心日子。

织女见汉江两岸桑树遍地，便采集桑叶，养蚕缫丝。原先这地方的人并不懂得兴桑养蚕，织女便教大家，还将蚕种送给大家。那蚕种一变为蚕，再变为茧，三变为蛾，一爬二挂三飞，真是神奇，大家称它为"天虫"。

随后，附近十里八村的百姓们得了织女的指教，都学会了养蚕缫丝的技艺。自此后，家家都变得吃穿不愁。这里也因为丝绸业兴旺发达而富甲一方，引起了朝廷的关注。

牛郎自从娶了织女为妻后，小日子过得红红火火，还添丁进口，有了一儿一女。

再说王母娘娘酒醉醒来后，人间已是十数年光阴了。王母娘娘迷迷糊糊地睁眼一看，不见了自己心爱的孙女！没有织女织的彩锦装点，突然觉得天空也不美丽了。王母娘娘虽然有些气恼，但她也没派天兵将织女强行捉拿，而是亲自下凡，把织女带回了天庭。

织女被王母娘娘拽着飞上天空，正飞着飞着，忽然后面传来牛郎的呼唤声："织女，等等我！织女，等等我！"

织女回头一看，只见牛郎用一对箩筐挑着一儿一女，披着一张老牛皮急急忙忙地赶了上来。

原来金牛星早已算准了这事，知道王母娘娘一觉醒来必定会来寻找织女的。于是在返回天庭前，老牛悄悄地告诉牛郎，在它死后，留下它的皮，遇到急难时可以派上用场。

牛郎最为担心的这一天终于来了，他急忙遵照老牛的话，披上老牛的皮去追赶织女。追啊追啊，喊啊喊啊，眼看就要追上了。

就在这时，王母娘娘拔下她头上的金簪，回身一画，霎时间，一道波涛汹涌的天河就出现了。牛郎和织女从此被隔在天河的两岸，一天天，一月月，一年年，苦苦地相望。

王母娘娘也并非铁石心肠，见此情此景，也稍稍被牛郎和织女的坚贞爱情所感动，于是便同意让牛郎和织女每七日相会一次，并令喜鹊王传达懿旨。

可是，这喜鹊王实在是太老了，有些耳聋，将"每七日相会一次"说成"每年七月初七相会一次"。

王母娘娘甚为恼怒，罚喜鹊王率它的徒子徒孙们搭鹊桥让牛郎和织女相会，名

懿旨 宋代公文上承唐代体制，种类更趋繁杂。元代公文略有变化，如诏令称圣旨，命令称令旨，指令称懿旨，并增加了一些新的文体，如行移、申状之文。所以对于皇帝的诏令称为圣旨，对于皇太后或皇后的诏令或指令称为懿旨。

■ 担子追妻剪纸

叫"鹊桥渡"。

从那以后，每年的七月七，千万只喜鹊飞来，搭成鹊桥，让牛郎和织女走上鹊桥相会。牛郎和织女从喜鹊头上踩过，踩掉了喜鹊头上的毛，所以一到秋天喜鹊就成了秃头。

鹊桥之上，牛郎和织女见面了，积攒了一年的心里话要赶在这一天诉说。传说，若是人们在葡萄架下静静地听，还可以隐隐听到仙乐奏鸣以及织女和牛郎的窃窃私语，简直说个不停呢！

从此，在秋天的夜晚，人们看见一道与汉江相对的银河横过天空，银河两边有两颗最亮的星星在闪烁，那便是织女星和牵牛星。和牵牛星在一起的还有两颗小星星，那便是牛郎和织女的一儿一女。

牛郎和织女的爱情故事曲折跌宕，但是，有情人终能有每年七夕相会的机会，这也表达了人们期待幸福、圆满生活的强烈愿望。

阅读链接

关于牛郎和织女的故事，还有一种说法。说有一个养犬的小伙子看见织女在湖中洗澡，遂藏起了她的衣服，与她成亲并生有一子。

7年后，织女发现了仙衣后，披在身上飞走了，小伙子每天望着星空叹息不止。这时邻居一位老人告诉小伙子，说只要把1000双草鞋埋在瓜秧下面，瓜秧可高达上天，人便可攀登上去，小伙子照做了。

当瓜秧长高后，小伙子果然携子带犬爬上了天空，见织女正在织布，他便从秧上摘下一个瓜送给她。谁知，一切开瓜，瓜汁立刻流出变成了一条天河，又将夫妻隔开了，他们每年农历七月初七才能见一面。

上古观象授时知识的反映

　　牛郎和织女，在古代文献中，最初是作为两颗星星的名字而出现的。这两颗星名最早见于《诗经·小雅》中的《大东》篇，诗中将牛郎称为"牵牛"。

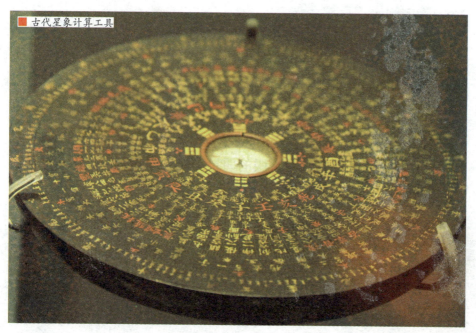

■ 古代星象计算工具

古代纺织图

古人之所以关注天上的星星，是因为星星在夜空中位置的变化可用来标农时、记时令，而牵牛、织女两星则是作为秋天到来的标志受到古人瞩目。

这一点，在《经余必读》这部上古农事历中就说得很明白，它说道：

七月……初昏，织女正东向。

一句"织女正东向"，就蕴含了牛郎和织女会天河这一故事的全部秘密。

织女星为全天第五大亮星，在北方高纬度夜空则是最亮的一颗星星，而且由于织女星纬度较高，一年中大多数的月份都看得见。因此，高悬天顶、璀璨夺目的织女星非常引人注目，古人很早就根据它的方位变化观象授时了。

根据天文学者的推算，《经余必读》时代农历七月的黄昏，织女星升到了一年当中的最高点，即到了夜空最靠近天顶的地方，也就是说，在这个时候，这颗皎洁耀眼的明星，便端端正正地高悬在人们的头顶上了。

"织女正东向"的意思是指由织女星的东边两颗较暗的星星形成的开口朝东敞开。那么，东方是什么呢？古时候的人们只要抬头看去，就会一目了然了。黄昏的夜空，在织女的东南方，在灿烂银河的东岸，不是别的，就是那颗让织女朝思暮想的牵牛星。

七月黄昏，夜空中这种银河直贯南北、织女高悬天顶、牛女相映成辉的景观给古人留下深深的印象。《古诗十九首》中的"迢迢牵牛星，皎皎河汉女。……盈盈一水间，脉脉不得语"的意象就是这种独特天象的形象写照，而七夕之夜牛郎和织女会天河的故事，自然就是从这种天象演绎而来。

也就是说，追本溯源，牛郎和织女的故事原本与人间男女的爱恨情仇无关，而只是上古天文学观象授时知识的反映。

织女、牵牛两颗星星的得名，也是源于其观象授时的功能。如上所述，织女是七月之星。

七月暑气渐退，天气乍凉，在男耕女织的古代，这个时候该是女人纺线织布、准备寒衣的时候了。《诗经·豳风·七月》说："七月流火，九月授衣。"就道出了此意。

"九月授衣"，意思是九月已是万物肃杀的晚秋，该是穿寒衣的时候了。九月授衣，则必须八月裁制，那么，七月就该是织女们飞梭织布的时候了。

这首以"七月流火"起兴开头的西周农事歌谣，很有可能就是当时的

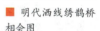
■ 明代洒线绣鹊桥相会图

普天同欢的节庆习俗

■ 清代五彩绣鹊桥仙会菱形米色绸地兜肚

织女们在七月的夜晚，一边摇动纺车织布，一边反复吟唱的歌。

天上织女星光璀璨，地上纺织娘浅唱低吟，人间天上，相映生辉，那颗照耀着人间纺织娘劳作的明星，因此就被赋予了织女的名称，成了人间织女的守护神。

七月开始纺织，因此就形成了"七夕乞巧"的风俗。古代每到七夕之夜，妇女们拜牛郎和织女，并结彩缕、穿七孔针、查看蜘蛛结网，据说这样可以使自己变得心灵手巧。

这种风俗早在晋代的《西京杂记》和南北朝时期的《荆楚岁时记》中就有记载了。正是凭借着这种年复一年的乞巧仪式，牛郎和织女的故事才得以代代相

■ 古代星系图

传，流传人间。

七夕何以必须陈设瓜果？这不过是因为七月之时正是瓜果成熟的时候，《七月》说"七月食瓜，八月断壶"，"壶"指葫芦。

正因为七月与瓜果之间的时令关联，汉代纬书《春秋合诚图》记载：

织女，天女也，主瓜果。

可见在古人心目中，织女这颗初秋之星，俨然成了瓜果的象征。

那么，牵牛之得名又跟时令有什么关系呢？《史记·天官书》云："牵牛为牺牲。"意为牵牛象征牺牲，牺牲指牛、羊之类在祭典上宰杀献神的牲畜。

■ 牛郎织女相会塑像

普天同欢的节庆习俗

月令 主要是采用"以时系事"，体现了人们遵循自然节律安排社会生产和社会生活的观念思想，从而反映出古人对自然社会的认识以及人与自然的关系。月令以四时为总纲、十二月为细目，以时记述天文历法、自然物候、物理时空，王者以此来安排生产生活的政令，故名"月令"。

这一说法暗示了牵牛星之得名和牺牲之间的关系。牛、羊等用为牺牲的动物，饲养生长有一定的周期，古代针对饲养牺牲动物的每一阶段都要举行活动。

《礼记·月令》中对此有明确的记载：春天，万物孳乳，牲畜繁育，故到了暮春三月，需要统计幼畜的数量；六月，夏秋之交，草木丰茂，刍秣收割，故令臣民贡献牧草以为养牲之饲料；八月，仲秋之月，牲畜体格已定，察其长短肥瘦，合规中度的牲畜才能用为牺牲；九月，暮秋之月，牺牲已经长成；到了腊月岁末，就宰牲祀神，祈福纳祥。

《月令》中称八月"循行牺牲"，表明八月是牲畜饲养周期中的一个重要的时间点。此时的黄昏时分，明亮的织女星已经离开头顶向西滑落，而银河东岸与织女遥遥相对的另一颗明星，则紧随其后升上天顶，这颗星因此就被作为牺牲之月的时间标志，并被顺理成章地命名为牵牛。就是说，牵牛星之名牵牛，不过是因为古人以之作为牵牛牺牲之月的时令标志。

可见，七夕故事和民俗的各个环节，都可以由其与岁时的关系得以解释。而民间传说中七夕的雨水自然也与织女的悲伤无关，七夕之所以多雨，不过是因为初秋七月，正是中国大地连绵秋雨开始的时候。

尽管有牛郎和织女之间凄婉动人的爱情故事，但七夕习俗却根本与爱情无关。七夕作为秋天的第一个节日，拉开了秋天的序幕，而秋天的戏剧永远是令人伤感的悲剧。

因此，与其说七夕是一个温馨的节日，不如说是一个哀伤的日子；与其说是一个令有情人皆成眷属的日子，不如说是一个自古多情伤离别的日子。

七夕非爱情的季节，所以在古人的观念中，七夕对于婚嫁来说并非一个吉利的日子；而牛郎和织女的爱情，也并没有花好月圆的意味。

阅读链接

在山东民间戏曲《天河配》的剧目中，曾提到过牛郎名叫孙守义，住在牛郎官村。姓孙的这个家族，在沂源县牛郎官村世代居住，自然而然和这个传说相吻合。

牛郎官村里的牛郎庙，初建于明万历九年，清嘉庆二十年重修，殿内为牛郎和织女的塑像，旁卧金牛，墙上画着牛郎织女的完整传说。

相传莫州人张道通云游至此，在山洞中修行，一日梦见一女子哭诉，称其是玉帝的女儿，因爱慕凡间的牛郎，故下凡尘，暂无居所，恳请收留。

张道通醒后，去山下村落寻找，果见有牛郎孙守义郁郁寡欢，遂搬出此洞让给织女。

唐朝时，有人路经此地，隐约听到洞中传来札札机杼声，感到十分神奇，遂塑织女像于洞中，沂源八景之一"织女仙洞"由此得名。

演绎形成经典曲目《天河配》

在牛郎和织女故事的基础上，后来，人们编演了曲目《天河配》。旧时，每逢七夕的时候，各个戏班都会争先上演这部经典的曲目《天河配》，成为人们生活中最大的亮点。

■ 天河配图

■ 牛郎织女初见图

据说，《天河配》编演于清代，有一次，戏班在上演这部曲目的时候，精心在剧中设计了摆七巧图、莲池出浴、鹊桥相会等布景。在最后一场，从鹊桥下还飞出成百只鸟雀，一时传为美谈。

《天河配》在故事情节上也发生了相应的改变。剧中说，牛郎只有一头老牛、一张犁，他每天天刚亮就下地耕田，回家后还要自己做饭洗衣，日子过得十分辛苦。

谁料有一天，奇迹竟然发生在了牛郎身上！有一天，牛郎干完活回到家，一进家门，细心的牛郎就看见屋子里被打扫得干干净净，自己换下的脏衣服也被洗得干干净净，整齐地放在一边，桌子上还摆放着热腾腾、香喷喷的饭菜。

牛郎看到这一切，吃惊得瞪大了眼睛，心想，这是怎么回事？难道是神仙下凡了吗？可是肚子

戏班 旧称"戏曲剧团"，也叫"戏班子"，是指以表演戏剧为目的组成的团体。元代以前的民间戏班，通常多是家庭性质的，即以血缘关系为纽带而进行组合。最基本的伴奏乐器只是鼓、笛、拍板三类。

王母划天河一年一会图

普天同欢的节庆习俗

男耕女织 是指中国古代社会家庭的一种自然分工方式。封建社会中的小农经济，一家一户经营，男的种田，女的织布。指全家分工劳动。明代赵弼的《青城隐者记》中记载："女织男耕，桑麻满圃。"

咕咕的叫声将他拉回了现实，牛郎一横心，不管三七二十一，先吃饭吧！

此后，一连好几天，每天都是如此，牛郎耐不住性子了，他一定要弄个水落石出。这天，牛郎像往常一样一大早就出了家门，其实，牛郎没走出几步就悄悄转身回来了，但是牛郎并没有进自己的家门，而是找了个隐蔽的地方躲了起来，偷偷地观察着。

果然，没过多久，就来了一位美若天仙的姑娘，一进门就忙着收拾屋子、做饭，甭提多勤劳了！牛郎实在忍不住了，就站了出来问道："姑娘，请问你为什么要来帮我做家务呢？"

那姑娘闻声吃了一惊，脸"唰"的一下红起来了，小声说道："我叫织女，看你日子过得如此辛苦，就来帮帮你。"

牛郎听得心花怒放，赶忙接着说："那你就留下来吧，我们同甘共苦，一起用双手建设幸福的生活！"

织女红着脸点了点头，他们就此结为夫妻，男耕女织，生活得很美满。就这样过了几年，牛郎和织女恩恩爱爱，并生了一男一女两个孩子，一家人过得开心极了。

一天，突然间天空乌云密布，狂风大作，雷电交加，转瞬间织女就不见了，两个孩子找不到妈妈，哭个不停，牛郎也是急得不知如何是好。

正着急时，乌云又突然全散了，天气又变得风和日丽，织女也回到了家中，但是她的脸上却布满了愁云。只见她轻轻地拉住牛郎，又把两个孩子揽入怀中，欲语泪先流，很久很久，织女才哽咽着对牛郎说道："其实我不是凡人，而是王母娘娘的外孙女，现在，天宫来人要把我接回去了，你们自己多多保重！"说罢，眼泪再次控制不住地掉下来，转头腾云而去。

牛郎搂着两个年幼的孩子，欲哭无泪，呆呆地站了半天。不行，我不能让妻子就这样离我而去，我不能让孩子就这样失去母亲，我要

牛郎织女相会图

天宫 根据典籍记载，天宫横纵以天罡、地煞之数排列天宫、宝殿主要建筑共计108座左右。其中，天宫有遣云宫、毗沙宫、五明宫、兜率宫、妙岩宫、太阳宫、广寒宫、琼花宫、紫霄宫、玉清宫等36座。宝殿有朝会殿、凌虚殿、宝光殿、通明殿、天王殿、披香殿、灵官殿、凌霄殿等72所。

去找她，我一定要把织女找回来！

这时，那头老牛突然开口了："别难过！你把我杀了，然后把我的皮给剥下来，披在身上，再编两个箩筐装着两个孩子，你就可以上天宫去找织女了。"

牛郎说什么也不愿意这样对待这个陪伴了自己数十年的伙伴，但拗不过它，又没有别的办法，只得忍着痛、含着泪照它的话去做了。

到了天宫，王母娘娘不愿认牛郎这个人间的外孙女婿，更不允许织女出来见他，而是找来7个蒙着面、高矮胖瘦一模一样的女子，对牛郎说："你认吧，认对了就让你们见面。"

牛郎一看就傻了眼，可是怀中的两个孩子却欢蹦乱跳地奔向自己的妈妈，原来，母子之间的血亲是什么也无法阻隔的！

■《天河配》图

王母娘娘见此情景，没办法了，但她还是不甘心织女再回到人间，于是就下令把织女带走。牛郎急了，牵着两个孩子赶紧追上去。

他们跑着跑着，累了也不肯停歇，跌倒了再爬起来，眼看着就快追上了，王母娘娘情急之下拔出头上的金簪一划，在他们中间划出了一道宽宽的银河。

■ 牛郎和金牛星图

从此，牛郎和织女只能站在银河的两端遥遥相望。而到了每年农历的七月初七这天，会有成千上万的喜鹊飞来，在银河上架起一座长长的鹊桥，让牛郎织女一家再次团聚。

《天河配》这个剧本，本来是没有定本的，各个戏班可以根据自身的条件加以发挥创造。有的戏班在戏中有灵霄宝殿的壮丽场面，吵架分家的喜剧风格，织女下凡的繁重唱段，喜鹊搭桥翻扑跟头的技巧。

有的还在欢庆牛郎织女拜堂成亲一场戏中，加入戏中串戏杂耍的表演。在摆七巧灯中，众多仙童执莲花灯依次摆出"天下太平"的字样。

有的还在剧情中加上牛郎的哥哥遭受火灾，到牛郎处借贷求助，嫂嫂悔过认错，牛郎和织女慷慨相助

拜堂 也称为"拜天地"，是古代婚礼仪式之一，中国婚礼仪式。又称"拜高堂""拜花堂"。旧时举行婚礼时，新郎新娘参拜天地后，复拜祖先及男方父母、尊长的仪式。也有将拜天地、拜祖先及父母和夫妻对拜都统称为拜堂。唐代，新婚夫妇拜见舅姑，俗名拜堂。

■《天河配》插图

的情节，非常具有人情味。剧情发展，大喜大悲，曲折动人，是一出非常优秀的神话戏。

《天河配》这个在中国民间流传很广的神话故事，几千年来一直盛传不衰。因为它集中表达了人们的愿望。任何力量，哪怕是象征天庭最高权威的王母娘娘，企图硬将牛郎与织女隔开也是徒劳的。

人们那样热烈地盼望着鹊雀搭成的天桥可以把银河连通，永远不再有隔河相望的哀愁与怅惘。自然，人为的隔水相望，又怎么能长久呢？

阅读链接

在中国众多的《天河配》中，其中最被人们广为流传的就是秦腔曲目《天河配》。

这部《天河配》的主要内容是：相传在上古年间，玉帝将自己的女儿织女视为掌上明珠，无论是什么事情都宠着这个女儿，织女在天上生活了好多年，开始对天规戒律产生了厌倦之情，非常想逃离这个束缚。

后来有一天，织女终于按捺不住心中的期许，舍弃天宫富贵荣华，私越天界，来到人间，并与憨厚诚实的放牛郎演绎了一段坚贞不渝、情意缠绵的爱情故事，被人们传为佳话，千古流传。

七夕风俗

牛郎和织女的故事在民间流传了千百年，并衍生出许多民间习俗，令节日显得越发丰富多彩，文化内涵也更加充实和浓厚。

七夕最具代表性的风俗就是祈求织女星，希望自己也跟织女一样有着灵巧的双手，把布织得更好。此风俗名为"乞巧"。

七夕节也有吃巧食的风俗。巧食的内容有瓜果和各式各样的面点，各地习俗不一。其中多以饺子、面条、油果子、馄饨等为七夕节的食物。也有的地方吃云面，此面得用露水制成，据说吃它能获得巧意。

除此之外，七夕还有种生求子、拜七娘妈、晒书、供奉磨喝乐、张挂鹊桥图以及兰夜斗巧等别致浪漫的习俗。

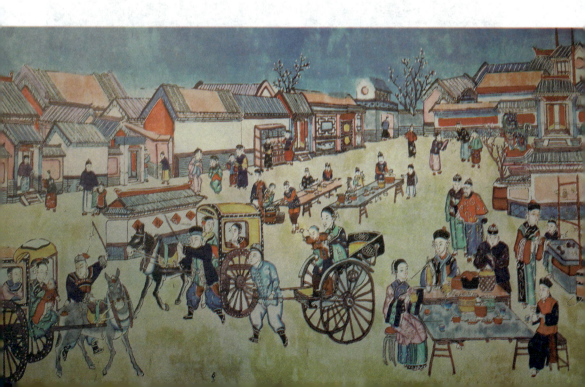

乞巧形式的多变发展和衍化

　　随着牛郎和织女的神话在人间的传播，这个故事变得深入人心、家喻户晓，而牛郎和织女也广泛受到人们的同情和尊敬。

　　织女心灵手巧，原本就是一个奇能百巧的女子，当她还在人间的

清代丁观鹏《乞巧图》局部

纺织蜡像

时候，就经常把高超的织锦绣花技术传授给大家。

所以，每年到农历七月初七的时候，中国许多地方的妇女就会在这一天举行别致的活动。少女少妇们趁着织女和牛郎相会团圆和心情愉快的时候，就祭祀她，并向她乞求灵巧，请求织女可以帮助她们提高女红技艺。因此，人们又把农历七月初七称为"女儿节""姑娘节"或"乞巧节"。

时间久了，祈求织女星就成了七夕节最具代表性的风俗，人们通过祈求，希望自己也能跟织女一样有着灵巧的双手，把布织得更好。

古代人们对"乞巧"这一活动很重视，节前要张灯结彩，搭乞巧楼，陈设瓜果，妇女儿童，皆着新衣。这种乞巧习俗，在汉代已初见端倪。东晋葛洪的《西京杂记》曾记载有：

汉彩女常以七月七日穿七孔针于开襟楼，人俱习之。

普天同欢的节庆习俗

■ 小女孩刺绣图

施肩吾 （780—861），字希圣，自号栖真子，洪州人，唐代诗人、道士。历宪宗、穆宗、敬宗、文宗诸朝。习《礼记》，有诗名。趣尚烟霞，慕神仙轻举之学。诗人张籍称他为"烟霞客"。著有《西山集》10卷、《闲居诗》百余首。《全唐文》收有《养生辨疑诀》等。其养生之说亦见于《道枢》。

这便是我们在古代文献中所见到的最早的关于乞巧的记载。

到魏晋南北朝时，乞巧习俗已极为普遍。那时，有一种一端有7个针孔的特制"七巧针"，妇女们用彩线来回穿过它的针孔，谁穿得快就表明谁心灵手巧，也就是乞到"巧"了。

还有一种说法，是说在七夕的晚上，女子们手里拿着丝线，对着月光穿针，看谁先穿过就是"得巧"了。

早先的月下穿针，尚有穿五孔针、七孔针、九孔针的传说，可以说充满了竞技的意味。古人将女人才艺与游戏化的竞赛结合在一起，因此而得巧，可谓实至名归。

在施肩吾的《幼女词》中，描述的则是6岁的小女儿过七夕节的情景：

幼女才六岁，未知巧与拙。
向夜在堂前，学人拜新月。

此诗勾画出小女孩儿的天真烂漫，妙趣横生，也描绘出普通大众过七夕的情景。过七夕节，乞巧是最重要的一环，林杰就有一首《乞巧》诗：

七夕今宵看碧霄，牵牛织女渡河桥。

家家乞巧望秋月，穿尽红丝几万条。

写出了家家乞巧望月的动人场景。后来，天子唐玄宗也非常重视七夕，七夕节乞巧的活动也在这个时候开始盛行起来。他在宫中建造了一座乞巧楼，楼高百尺，可容纳数十人。又在楼上陈设各色瓜果祭祀牛郎、织女。

宫中的妃嫔们则各以九孔针、五色线，在月下穿针，先穿过者为得巧。同时还有音乐演奏，欢乐达旦，引得大家争相效仿。

此外，唐代诗人王建在他的《宫词》之九二中也曾经写道：

每年宫女穿针夜，勅赐诸亲乞巧楼。

崔颢的《七夕》诗也说：

长安城中月如练，家家此夜持针线。

■乞巧手工珠鞋

形象地描述了唐代长安七夕节穿针乞巧的风俗。

旧时，山东各地都以七夕为节，举行多种多样的乞巧活动。单县的农历七月初七之夜，乞巧活动十分热闹。穿着新衣的少女，三五成群地聚在庭院中，摆上香案，陈列各种瓜果和化妆品，一起祭拜七姐姐，边拜边唱：

天皇皇，地皇皇，俺请七姐姐下天堂。不图你的针，不图你的线，光学你的七十二样好手段。

■仕女乞巧蜡像

杨璞　生卒年不详。善歌诗，士大夫多传诵。与毕士安尤相善，每乘牛往来郭店，自称东里遗民。尝杖策入嵩山穷绝处，构思为歌诗，凡数年得百余篇。璞既被召，还作《归耕赋》以见志。真宗朝诸陵，道出郑州，道使以茶帛赐之。

然后，每人从老太太手中接过一根针、七根线，借着香头的微光穿针引线。谁穿上线，谁就算乞得巧了，穿得最快者最巧。

针对七夕乞巧的习俗，五代后唐人杨璞在他的《七夕》一诗中写道：

未会牵牛意若何，须邀织女弄金梭。
年年乞与人间巧，不道人间巧已多。

唐人权德舆《七夕》诗写道：

今日云骈渡鹊桥，应非脉脉与迢迢。

家人竞喜开妆镜，月下穿针拜九霄。

穿针乞巧之习，古已有之，且让人乐此不疲。

喜蛛应巧也是较早的一种乞巧方式，其俗稍晚于穿针乞巧，大致起源于南北朝之时。

南朝梁宗懔在《荆楚岁时记》中记载，在七夕的夜晚，妇女们用彩线穿七孔针，并且摆设香案，桌上放置一些瓜果，向织女乞巧。如果夜里有小蜘蛛在瓜果上结网，那就说明得到了织女的青睐，将来能够心灵手巧。

在汉朝，妇女把一种小型蜘蛛，古代称"果子"，放在一个盒子中，以其织网疏密为巧拙之征。到唐朝时，人们还将蜘蛛放在瓜上。

后来，在《开元天宝遗事》中还记载了一件事：

《开元天宝遗事》 共2卷，146条，五代时期王仁裕撰。该书根据社会传闻，分别记述唐朝开元、天宝年间的逸闻遗事，内容以记述奇异物品、传说事迹为主。其中记唐代宫中七夕、寒食等节日习俗等，有一定的社会史料价值。

301

别致浪漫

七夕风俗

古人乞巧图

■ 乞巧节手工米花

钱惟演（977—1034），字希圣，钱塘人。北宋大臣，西昆体骨干诗人。吴越忠懿王钱俶第十四子，后归顺于宋，历右神武将军、太仆少卿、命直秘阁，预修《册府元龟》，累迁工部尚书，拜枢密使，官终崇信军节度使，博学能文，所著今存《家王故事》《金坡遗事》。

唐玄宗与妃子于是日良宵，在华清宫歌舞会宴。宴后让宫女们各捉一只蜘蛛，放在首饰盒中，看第二天是否结网，以结网疏密、网形周正与否来确定是否得巧。如果蛛网结得周密，就算乞得巧多。

而到了宋元时期，则视水中针影论拙巧，细长则巧，散则拙。由此可见，历代验巧之法不同。南北朝视网之有无、唐视网之稀密，宋视网之圆正，而后世多遵照唐代的这种习俗。

有些地方乞巧节的活动，带有竞赛的性质，类似古代斗巧的风俗。如穿针引线、蒸巧饽饽、烙巧果子等。有些地方有做巧芽汤的习俗，一般在七月初一将谷物浸泡水中发芽，七夕这天，剪芽做汤。一些地方的儿童特别重视吃巧芽，以及用面塑、剪纸、彩绣等形式做成的装饰品等，这就是斗巧风俗的演变。

斗巧起源于汉朝宫廷的游戏。汉高祖的爱妃戚夫人的宫女贾佩兰，在离开宫中嫁给扶风人段儒为妻后，经常跟人们谈起在汉宫七夕的事。

贾佩兰说，汉宫在每年的七月初七，在百子池畔，奏于阗乐之后，就用五色彩缕互相缠结起来，叫作"相怜爱"。随后，宫中的宫娥才女们，一起到闭襟楼学习穿针乞巧。

唐朝时的乞巧之风十分盛行，流传有许多关于乞巧的故事和传说。

唐肃宗时，有一女娥名叫郑采娘，在七夕夜陈瓜果香案向织女乞七巧。

织女问采娘乞求什么。

采娘答道："乞巧。"

织女便送她一枚寸余长的金针，缀在纸上，并嘱三日不得告人，如此便可得巧，不久还可以变成男子。

汉高祖（前256—前195），即刘邦，沛郡丰邑（今江苏丰县）人，谥号"高皇帝"。汉朝开国皇帝，汉民族和汉文化伟大的开拓者之一，中国历史上杰出的政治家，卓越的战略家和指挥家。他对汉族的发展以及中国的统一和强大有突出贡献。

■ 唐代仕女穿针乞巧蜡像

两天后，采娘将此事告知母亲，母亲深感奇异，执意要看个究竟。结果金针不见了，只有一张有针迹的空纸。后来，采娘死后托生成了一个男孩儿。

这就是流传甚广的"金针度人"的传说，后人用来比喻传授某种秘法绝技。

乞巧风俗至宋代最盛，上至宫廷，下至庶民，无不争相供迎。宋人钱惟演有《戊申年七夕》诗：

欲闻天语犹嫌远,

更结三层乞巧楼。

《岁时杂记》中记载,宋代东京汴梁潘楼等处出现了民间乞巧市,并且专卖一些乞巧物,从七月初一起就热闹非凡,王公贵戚多搭建乞巧楼,庶民百姓则用竹木或麻秆编结乞巧棚。这些描述使我们可以想见当时的盛况。

民间的各种乞巧制品也充分体现了劳动人民的聪明才智和朴素的审美情趣。"仙楼"是剪五彩纸为层楼,"仙桥"是剪纸为桥,上有牛郎、织女及仙侍从。"花瓜"是在瓜上刻花纹。"种生"是以绿豆、小麦、小豆等在瓷器内用水泡浸,长出数寸长的绿芽,用红蓝彩条束起。

宋元之际,七夕乞巧节相当的隆重,在京城中还设有专卖乞巧物品的市场,世人称为"乞巧市"。

古代有文献记载购买乞巧物的盛况,由此可知当时七夕乞巧节的热闹景象。

唐代仕女乞巧蜡像

七夕热闹场面图

　　人们从七月初一就开始置办乞巧物品，乞巧市上车水马龙、人流如潮。到了临近七夕的时日，乞巧市上简直成了人的海洋，车马难行，观其风情，不亚于最盛大的传统节日春节，这也在侧面说明了乞巧节是古人最为喜欢的节日之一。

　　此后，人们对牛郎、织女的传说进一步完善，并有了新的发展。最突出的一点是增加了男孩祀牛郎神的习俗。

　　每逢七夕，便设乞巧市，专卖乞巧物，自七月初一开始，连续数日。到七夕之夜，小儿则置笔墨纸砚于牵牛位前，书写"某乞聪明"。小女孩则将针线箱放于织女位前，俗称"某乞巧"。

　　北宋诗人梅尧臣诗中写道：

古来传织女，七夕渡明河。

巧意世争乞，神光谁见过。

隔年期已拙，旧俗验方讹。

五色金盘果，蜘蛛浪作窠。

北宋著名画家燕文贵曾画《七夕夜市图》，此长卷正是描绘汴梁城繁华的街道潘楼一带七夕夜市的热闹场面。可惜同大多著名宋画一样，该画作没有流传下来。

如果流传下来，其繁盛程度无疑超过《清明上河图》，因为潘楼七夕夜市位于汴梁中心繁华地带，而《清明上河图》画的是汴梁的城郊一带，不是城市中心，远不能形容宋朝首都的繁盛。

李朴《乞巧》诗写道："处处香筵拂绮罗，为传神女渡天河。"孔仲平《七夕》诗写道："高列瓜华结彩楼，半空灯烛照清秋。"

王禹偁《七夕》诗写道：

归来备乞巧，酒肴间瓜果。

海物杂时味，罗列繁且伙。

家人乐熙熙，儿戏舞婆娑。

从这些诗作的描述中，足以看出北宋时，人们对七夕节的重视与当时的热闹程度。

宋代妇女拜织女乞巧，是因为羡慕织女的本领，但宋代人却不羡慕织女的爱情，所以很少有人对织女乞求爱情。

更多的宋人对牵牛织女每年七月初七这一天夜里才相会

燕文贵（967—1044），北宋画家。文贵一作贵，又名燕文季，吴兴人。他擅画山水、屋木、人物。宋太宗时至汴梁于街头卖画，被画院待诏高益发现并举荐，后进翰林图画院。他作画自出机杼，落笔命意不袭古人，刻画精微，笔法峭丽，人称"燕家景致"。存世作品有《江山楼观图》《溪山楼观图》等。

■ 李清照画像

■ 古代街市图

一次表达了不满。许多宋人认为，织女的爱情太过于
惆怅、哀怨、悲伤、凄凉，对织女聚少离多的爱情充
满了不平与同情。

　　晏幾道《鹧鸪天·七夕》词写道：

　　　　当日佳期鹊误传，至今犹作断肠仙。
　　　　桥成汉渚星波外，人在鸾歌凤舞前。

　　　　欢尽夜，别经年，别多欢少奈何天。
　　　　情知此会无长计，咫尺凉蟾亦未圆。

　　李清照《行香子·七夕》词下阕写道：

　　　　星桥鹊驾，经年才见，想离情、别恨难穷。
　　　　牵牛织女，莫是离中。甚霎儿晴，霎儿雨，
　　　　霎儿风。

李清照（1084—
1155），号易安
居士，山东章丘
人。中国宋代女
词人，婉约词派
代表，有"千古
第一才女"之
称。所作词，前
期多写其悠闲生
活，后期多悲叹
身世，情调感
伤。形式上善用
白描手法，自
辟途径，语言
清丽。代表作有
《声声慢》《如梦
令》等。

菩萨蛮 唐教坊曲，后用为词牌。亦作《菩萨鬘》，又名"子夜歌""重叠金"等。唐宣宗大中年间，女蛮国派遣使者进贡，她们身上披挂着珠宝，头上戴着金冠，梳着高高的发髻，号称菩萨蛮队，当时教坊就因此制成《菩萨蛮曲》，于是后来"菩萨蛮"成了词牌名。双调44字，前后阕均两仄韵转两平韵。

宋人更多有关七夕的诗歌，都是认为织女的爱情是哀怨的，"别多欢少""别恨难穷"是宋人对织女爱情的普遍评价。

有些宋人认为，人间的巧妇赛过天上的织女。陈师道《菩萨蛮·七夕》词写道：

> 绮楼小小穿针女，秋光点点蛛丝雨。
> 今夕是何宵，龙车乌鹊桥。

> 经年谋一笑，岂解令人巧。不用问如
> 何，人间巧更多。

宋代人认为，人间心灵手巧的妇女比天上多。宋人的七夕节是欢庆快乐的女儿乞巧节，不是纪念哀怨相逢的爱情节。

明清时期，七夕作为最重要的民间节日之一，可谓精彩纷呈。清代七夕的主要活动是家家陈列瓜果等食品并焚香于庭，用以祭祀牛郎、织女二星乞巧。据《清嘉录》记载，百姓用巧果或无花果：

> 陈香烛于庭，或露台之
> 上，礼拜双星，以乞巧。

■ 仕女乞巧图

■ 女子纺织乞巧图

投针验巧是七夕穿针乞巧风俗的变体，源于穿针，但又不同于穿针，是明清两代盛行的七夕节习俗。《宛署杂记》记载：

> 女子七月七日以碗水暴日下，各自投小针浮之水面，徐视水底日影。或散如花，动如云，细如线，粗如锥，因以卜女之巧。

在农历七月初七的上午，女子们将一碗水晒在太阳下，过一会儿，水面便会产生一层薄膜。这时，把平日缝制衣服或绣花的针投入水中，针便会浮在上面。

《清嘉录》 清代苏州文士顾禄的著作，此书以12个月为序，记述苏州及附近地区的节令习俗，大量引证古今地志、诗文、经史，并逐条考订，文笔优美，叙事翔实，有保存乡邦文献的作用，是研究明清时代苏州地方史、社会史的重要资料。

■ 乞巧节仕女刺绣图

向水中投针也是验巧的一道小关，因为并不是每次投针都会悬浮的，有时女子需要连投很多次。所以，那些投针一次成功的女子才会得到灵巧的称赞。

然后，就是验巧关键时刻了，就是"看巧影"。如果看到水底的针影是细直的，或者成云物、花朵、鸟兽的影子的，便是"乞得巧"，表明这个女子是灵巧的。

但是，如果看到水底针的影像是槌子般粗直或弯曲不成形，则表明投针的女子"乞得拙"，这是织女给一石杵，大伤女儿心，使其或叹息或哭泣。

东北满族的乞巧又是别具民族特点的。当地人不用钢针，而用本地盛产的松针代之，称为"掷花针"，放在水碗中观看针影。从民间到宫廷，都曾有过"掷花针"乞巧的方法。《直隶志书》记载道：

七月初七，妇女乞巧，投针于水，借日影以验工拙，至夜仍乞巧于织女。

也就是说验巧之后，仍需乞巧。

民间普遍的做法是，在月下设一香案，供上水果、鲜花，虔诚地向织女祈愿。

据载，蔡州有位丁姓女子，擅长女红。有一年七夕，她在乞巧时，于朦胧中见到一颗流星滑落，掉在了她的香案上。第二天早上一看，原来是只金梭。从此以后，她"巧思益进"。

有些妇女，采集各种鲜花，放在盛有水的铜盆里，露置院中，第二天取来搽面，据说可使皮肤娇嫩白净。有些妇女还捣凤仙花，取出汁，染无名指和小指的指甲，称"红指甲"。

有些妇女还唱《乞巧歌》：

乞手巧，乞容貌，乞心通，乞颜容，乞我爹娘千百岁，乞我姐妹千万年。

此外，民间还有窃听哭声之说。据说童女在夜深人静之时，悄悄地走到古井旁，或是葡萄架下，屏息静听，隐隐之中如果能听到牛郎、织女对话或是哭泣的声音，此女必能得巧。

当然，这些都只是民间的传说而已，不过却是人们对美好生活的一种向往和追求。

为了乞巧，有些女子会在酱缸台上摆放井华水，即早晨担的第一桶井水，在盘子里装上灰抹平，放在那上面，祈求自己有灵巧的针线活的手艺。第二天如果在灰上有什

采花搽面图

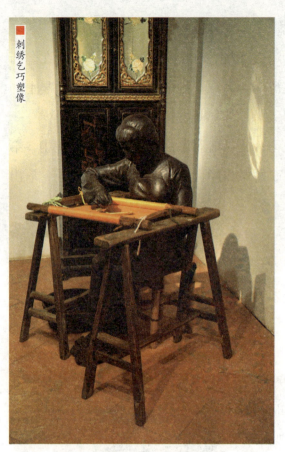
刺绣乞巧塑像

普天同欢的节庆习俗

么痕迹，就代表是灵验了。

这种风俗是因为把织女当成在天上管针线活的神，随着在汉代盛行的乞巧风俗而起源的。这种风俗到了唐代，还传播到了周边的民族，并流传了下来，反映了古代妇女的勤劳与智慧和向往美好生活的祈求。

七夕是个有关爱情的浪漫节日，它的习俗也的确促成了许多美满的姻缘。扬州一个卖豆腐的小伙子，就借着投针验巧的吉祥，娶得了如意娇妻。

据说，七夕这一天扬州某个盐商家还因"丢巧针"而结成了一桩姻缘。

那日正值七夕的中午，小伙子前往一盐商家送豆腐，刚进门就看见一群姑娘在玩"丢巧针"的游戏。有一个眉目秀丽的灶婢一次投针成功，并验得了巧影，被同伴们围着称赞和玩闹。

灶婢感到有点不好意思，想制止人们过多的赞美，刚好一位卖豆腐的小伙子出现了。

"不跟你们玩了，有人送豆腐来了。"灶婢说着，趁机突出重围，一只手羞答答地搭在豆腐郎前面的担子上，直奔厨房。

她的这一举动又引来了一阵嬉笑："像不像一对小夫妻啊？"众姑娘起哄。

这时，大小姐也被气氛所感染，开起了玩笑："这么急巴巴的做啥？人家牛郎和织女一年一见也没有这么亲近呢！"

东家老爷正巧看到了这一幕的前前后后，想到这丫鬟进门已有10多年了，早已过了谈婚论嫁的年纪。他索性做个顺水人情，征得两个人的同意之后，将灶婢嫁给了豆腐郎，据说，两个人之后的日子过得红红火火、恩恩爱爱，好生让人羡慕。

巧娘娘迎巧是七夕乞巧方式中较为隆重的一种，必须在七夕前的一个月，即六月初六开始准备。

姑娘们将许多豌豆浸泡在水碗中，置放于阴凉处，细心周到地照顾，让豌豆苗壮成长。当豌豆幼芽长到两三寸高的时候，就用五彩线拦腰束起来，使幼苗成束地往上生长。当这些幼苗长到七寸高时，一般都要扎三五道彩丝。这束豌豆芽称为"乞巧芽"。

农历七月初七黄昏，姑娘们共同推举一位心灵手巧、面貌出众的姑娘为代表，折来柔软的柳枝，绑扎成一个人形，以木勺为头，画上脸谱，上衣下裙，艳服盛装，把她供在场心或柳荫下，作为乞巧时的

七夕乞巧图

纺织妇女塑像

神主。这就是"巧娘娘"。

夜幕降临，姑娘们在巧娘娘前设案供奉，陈列鲜花，水果，面制的刀、尺、剪等，请巧娘娘享用。她们还把自己平时绣的枕巾、鞋垫、针葫芦、针线包也供于案上，请巧娘娘欣赏评判。

然后就是迎巧。先为巧娘娘点香，接着姑娘们个个手捧饭碗，向神灵齐唱乞巧歌，边唱边撞击两碗。碗声配歌声，叮当清脆，优美动听。当香烧尽时，迎巧也告一段落。

接着是赛巧，唱完乞巧歌后，姑娘们纷纷离开座位，个个都微闭双目，不言不语地模拟切菜、擀面、纺线、织布、绣花等动作，你来我往，穿梭似的忙碌起来。

其中的穿针最为有趣，姑娘们环跪在巧娘娘周围，把手伸到巧娘娘的裙内，不用眼看，全凭感觉进行穿针，最后把穿好的针线拿出来，让围观者过目，以显示姑娘们心灵手巧。

然后是占影测巧。当月儿凌空、银辉洒地、夜静人稀时，姑娘们在巧娘娘像前放一盆水，依次把"乞巧芽"掐寸许投入水中，看盆底上的影子。

影子如果像纺车、织布机、花朵则象征姑娘是纺织刺绣能手，如果像菜刀、水瓢、锅碗，则象征姑娘善于烹调，如果影子像凤冠、霞帔，则象征姑娘能出人头地、大富大贵、前途似锦。

最后，姑娘们手挽成"花花轿"，两人相抬，其他人相随，把巧娘娘送往水潭边，意喻着过天河会见牛郎。可以看出，在此风俗中，巧娘娘是织女的化身。

七夕的活动中还有一种叫"看巧云"。据说，这一天天上的云彩会幻化出各种奇特的形状，有的像仙山楼阁，有的像狮熊虎豹，有的像仙童玉女。

少女们仰望观赏，随意指点，驰骋想象，以自己能看到的巧云形状占卜命运。其实，这本是天空自然现象的常景，但在七夕这天看来却别有意义。

但是，是否通过乞巧就能够使人变得心灵手巧呢？答案当然是不会。"巧"是乞不来的，俗话说"三天不动手生，三天不念口生""手熟为

纺车 是采用纤维材料如毛、棉、麻、丝等生产线或纱的设备。纺车通常有一个用手或脚驱动的轮子和一个纱锭。最早见于西汉扬雄的《方言》，记有"繀车"和"道轨"。兽锭纺车最早图像见于山东临沂银雀、山西汉帛画和汉画像石。南宋后期出现的水转大纺车，是当时世界上先进的纺织机械。

■ 古代七夕乞巧图

《宋人纺织图卷》

妙""曲熟韵自来"，这里贯穿着"生熟"两字。世上只有"熟能生巧"，"一回生，二回熟，三回巧"，"巧"是从"熟"中来的。

从七夕节的产生、形成和发展来看，其文化内涵既是对传统的男耕女织生产模式的神化和赞颂，也是劳动人民对男女爱情坚贞信念的祈祷和向往。特别是通过乞巧这种含蓄的表达方式，充分再现了一种特定意义上的精神寄托。

阅读链接

有一首朗朗上口的乞巧歌：

巧娘娘，乞巧来，梧桐树下花儿开。花儿开，树儿摆，我把巧娘迎下来。牵牛郎，写文章，笔墨纸砚都拿上。我给巧娘献西瓜，巧娘教我铰菊花。我给巧娘献梨瓜，巧娘教我铰梅花。我给巧娘献蜜桃，巧娘教我来绣描。我给巧娘献红枣，巧娘教我把衣铰。我给巧娘献辣子，巧娘教我铰袜子。

一碗茶，两碗茶，我跟巧娘洗白牙。一碗水，两碗水，我跟巧娘洗白腿。

一碗雪，两碗雪，我跟巧娘洗白脚。一叶瓦，两叶瓦，我跟巧娘打着耍。一块砖，两块砖，我把巧娘送上天。

兰夜斗巧和拜月乞巧的盛会

　　唐高宗有一名嫔妃，叫作徐婕妤，不仅长相貌美，而且多才多艺，深受高宗的喜欢。每到七夕之时，徐婕妤就会用菱藕镂空雕刻出许多奇花异草，装于水晶盘中进献给皇上赏玩。

■清代丁观鹏《乞巧图》局部

这些雕刻物件十分美丽，又极其精巧，唐高宗看后都大加赞赏，赐给徐婕妤珍宝无数。不仅如此，七夕节本就有乞巧的习俗，唐高宗便很自豪地将这些物件传阅给众人欣赏，以夸赞徐婕妤的心灵手巧。

到了黄昏，唐高宗亲自将徐婕妤雕刻的物件散放在宫里的桌上，让大家在夜里摸黑寻找，看谁找到的数量多、模样巧，就算谁赢。

因为在当时七夕也叫"兰夜"，人们就把这个宫廷游戏称作"兰夜斗巧"。

斗巧游戏在民间广为流传，但是并不是所有女子都能像徐婕妤那样精通雕刻，因此，人们发挥想象，创造出各式各样的斗巧方式。

眼疾手快的女子爱比赛穿针引线，看谁穿得又快又多；善于烹饪的女子爱做巧食，看谁做得花样新奇、美味漂亮；喜欢针线活的女子则爱比女红，拿出自己的作品让大家赏评。

斗巧过后，输巧的女子都要送礼物给赢巧的女子，礼物虽远远不如唐高宗给徐婕妤的奖赏奢华，但是女子们都以赢得奖励为荣，喜笑颜开。

据传在唐代有一位渔家姑娘，心仪同村的一位打鱼小伙儿，却因

■ 古代女子刺绣图

为害羞，所以每每见到他的时候，都故意找借口躲避。

七夕节这天，姑娘拿出一幅刺绣，绣的就是小伙儿打鱼的场景，可是，这幅刺绣却在斗巧时输给了另一位姑娘，并当作奖品送给了她。

渔家姑娘一来由于输巧，二来又怕赢巧的姑娘从刺绣中看出自己的心事，因此一连几天都心事重重的。

没想到的是，几天后，媒人竟然来到了姑娘家中，为那位打鱼小伙儿向她提亲，让这位姑娘是又惊又喜。原来那位赢巧的女子正是打鱼小伙儿的姐姐，她看出了刺绣中的人极像自己的弟弟，便偷偷打探，得知渔家姑娘与自己的弟弟两情相悦，却又都羞于开口，以至于两个人都没有捅破这层窗户纸。

但是赢得的这幅刺绣却又偏偏透露了姑娘的真情，又借着斗巧的风俗促成了两人姻缘，七夕不愧是中国最具浪漫色彩的节日。

月亮象征着团圆、浪漫，与七夕节的气氛甚为贴近，因此，在中国古代许多地区，还流传着拜月乞巧的风俗。

农历七月初七前夕，相互熟识的女子们找到一起，商议拜月的相关事情。她们选出一位女子作为

■ 刺绣的女子图

319

别致浪漫

七夕风俗

媒人 在中国的婚姻嫁娶中起着牵线搭桥的作用。女性媒人又称"媒婆"或"大姣姐"。古时的婚姻讲究明媒正娶，因此，若结婚不经媒人从中牵线，就会于礼不合，虽然有两情相悦的，也会假以媒人之口登门说媒，父母之命，媒妁之言，方才会行结婚大礼。

参加乞巧的女子图

带头人，拜月仪式就在她的家中举行。拜月的供品也由这名女子代为购买，所花钱财大家共同承担。

拜月前，女子们须先沐浴，然后换上美丽的新衣，花枝招展地到约好的女子家中聚集。她们步履轻盈，笑靥如花，为节日增添了一抹生动的色彩。

拜月仪式并不复杂。在庭院内摆放一张小桌，桌上放置香炉，然后将供品一一陈列。有时，姑娘们还细心地采来鲜花插在供桌上。

香烟袅袅，花香淡淡，裙带飘飘，供品琳琅，女子们低语的声音呢喃轻柔，她们的心事与愿望似乎真的在这美好的氛围中飞上了夜空，传到了月亮那里。

祈祷过后，女子们又陈列出胭脂水粉，以送给织女使用。她们还在供桌上摆放自己的女红，请织女欣赏指点。然后，女子们就可以围绕供桌而坐，开心地吃瓜果、聊天了，她们一直玩到深夜才肯散去。

散去前，她们将供奉的胭脂分成两份：一份扔到屋顶，表示送给织女；一份自己留下，期待能获得与织女同样美丽的容貌。

阅读链接

到宋代的时候，出现了民间的乞巧市，专卖乞巧物。从七月初一起，连续数日，乞巧市都车水马龙、游人如织。

民间的乞巧制品充分体现了劳动人民的聪明才智和朴素的审美情趣。如剪五彩纸为"仙楼""仙桥"，上有牛郎、织女及仙侍从。再如在瓜上刻花纹，称为"花瓜"。

特色习俗

由于地域文化的差异，同是欢度七夕节，在中国各个地区的节日活动内容也各不相同，呈现出丰富多彩的地方特色。

在北京，有祭祀牵牛星和织女星以及投巧针的习俗；在广东，有举办盛大"七娘会"的惯例；在广州，乞巧节则独具特色，当地的人们还要拜仙禾和拜神菜。

此外，还有结扎巧姑草人以及举行成人礼等特色风俗。甚至在中国独有的剪纸和刺绣中也有关于七夕精彩的演绎。

中国各地的七夕节习俗异彩纷呈，秉承着中国古老的对于爱情的向往和祝福，凝聚着中华民族的精神，被千古传承。

北京的祭双星和投巧针之俗

祭双星图

对于北京地区的七夕节，清代潘荣陛在《帝京岁时纪胜》有过这样的描述：

七夕前数日，种麦于小瓦器，为牵牛星之神，谓之"五生盆"。街市卖巧果，人家设宴，儿女对银河拜，咸为乞巧。

另外，北京还要摆设切成莲花形的西瓜、香瓜等，并于瓜果秧上扎彩线，十分美观。北京的竹枝词，即有"五生盆结彩层层"句，又投针求巧。

在清代皇宫中亦有祭祀双星、宫女投巧针的习俗，并且在颐和园的昆明池上搭浮桥，隐喻天上鹊桥，供帝后观玩。此外，还有饮宴、演戏等。

每到农历的七月初一，各种七夕应节商品就开始上市了，主要有牛郎和织女年画、乞巧楼、乞巧针、乞巧果和祭星用的蜡烛、香，以及各种妇女用的粉、胭脂等化妆品。

🔸 陈枚《月曼清游》之"丢巧针"

应节物品中还有小孩儿的玩具"七巧板"，以七块不同的小木板为一套，出售时放盒中呈正方形。可是一拆开，可以拼成鸟、兽和人物的形状，颠倒反复，变化无穷，趣味盎然。

随盒还有拼合的示范图案，如果自己不会变化，照图拼装就可以了。心灵手巧者，可以比示范图案拼的多很多。七夕乞巧、拼七巧图都是有特色的项目，不光女孩玩，男孩也乐此不疲。

此外，北京各大道观从七月初一起，立坛祭祀北斗七星，名称"七星斗坛"。最热闹的要数西四的斗姥宫，道士要做七天七夜的法事。

《帝京岁时纪胜》 清代北京岁时风土杂记。清潘荣陛编撰。潘荣陛以皇都品汇万方，岁时令节、风土景物、典仪之盛，皆宜记载，乃作此书，逐月记录一年四季各节令及其有关习俗、宗教活动、四时鲜果蔬菜食品等事，凡九十三条。"汇集为编，颜曰帝京岁时纪胜。"

香炉 即是焚香的器具。用陶瓷或金属做成种种形式。其用途亦有多种，或熏衣，或陈设，或敬神供佛。历代使用的香器包含博山炉、手炉、香斗、卧炉、香筒等不同形状的香炉，以及熏球、香插、香盘、香盒、香夹、香铲、香匙及香囊等香器，使用的质料主要包括铜、陶瓷、金银、竹木器、珐琅及玉石等。

■ 清代丁观鹏《乞巧图》局部

戏剧界也要演出应节戏，如昆曲《长生殿》以及各种梆子戏。梆子戏主要演《天河配》《鹊桥会》《牛郎和织女》等曲目。

据说有一年，天桥戏院演《天河配》，海报上写着"真牛上台"，成为一时的新闻。因为一般扮演老牛的，均是由演员披着牛皮道具当牛。正值七月份，天气太热，披着牛皮道具演员会很辛苦。

这一次真牛上台，人们觉得很新鲜，没想到这头牛在台上不尽如人意，弄得人们哄堂大笑，从此以后就没见真牛上台了。

有的寺庙还在七夕这天晒经书，这天如果下雨，就叫"相思雨"或"相思泪"。

传说古代庙会上的乞巧果子，可以捏塑出各种与七夕传说有关的花样，款式很多，主要原料是油、

面、糖、蜜。北京人把油条叫果子，就与七夕吃巧果有关，只不过花样少了许多。

七夕夜烧香，祭拜星星，是仪式的重要组成部分。一般人家祭拜星星十分简单，只不过摆个案子当香案，香炉里插上三炷香而已。

如果是有钱人家，还要摆些水果，钱少的人家顶多加上两根蜡烛。比较讲究的人家把供案设在庭院或花园，如果家中有葡萄架，最好是设在葡萄架旁。

供案上陈设有用西瓜雕刻的花瓜、蜜桃、闻香果等时令鲜品。在花瓶里插上鲜花，有的还将胭脂、粉摆上去，意为献给织女。

七夕正值夏秋之际，天上繁星闪耀，一道白茫茫的银河横贯南北，银河东西两岸，各有一颗闪亮的星星，隔河相望，遥遥相对，那就是牵牛星和织女星，老人们把它们叫"双星"。

七夕祭双星，此时是大人教小孩儿识别天上星星的好时机。七夕祭双星要向星星磕头，未成年的男孩儿在母亲的引导下也要磕头，不

是向双星，而是向北斗星，因为古代把七月七日又叫"魁星节""祭星节"。

祭拜双星者主要是女人，她们把织女当作自己的保护神。老年妇女是为了乞寿；一些青年妇女则是为了乞子和夫爱、婆疼；更多的少女则是为了乞巧、乞美、乞求美好婚姻，每人都念念有词或在心中默念，十分虔诚。

祭完神后，姑娘们还要成群到葡萄架下或井边去"听天语"，据说在这个时候能听到牛郎和织女说悄悄话呢，还有的人甚至说在井边听到了织女的哭声。当然，这只是逸闻而已，不足为信。

有的人说，在七夕这天的白天是很少能够见到喜鹊的，是因为喜鹊都飞到天上搭鹊桥去了。也有的人说，在七月初八看喜鹊，你如果细心的话，就可以发现这个时候的喜鹊头上都是秃的，这是因为它们在搭桥时被牛郎和织女踩的。

总之，通过这种娱乐活动，增进了姐妹之间的情谊，融洽了婆媳、姑嫂、妯娌之间的关系，表达了女儿们精心女工的心愿和对幸福生活的向往，激发了生活的热情。

阅读链接

清代末年，垂帘听政的慈禧太后十分重视七夕节乞巧验巧的习俗。每年农历七月初七，皇宫内都异常热闹欢快，嫔妃宫女们拥簇着慈禧太后，一面投针验巧，一面说些吉祥话。

投针验巧时，慈禧太后经常亲自观察水底的针影，看哪个宫女更巧，并赐予奖赏。慈禧太后年事已高，宫女们就夸赞太后所投的针影像寿桃，意味着长寿。

慈禧太后眼睛有些花，宫女们就特意找来针孔很大的针为太后验巧，这样，阳光穿过针孔，在水底投下了明亮的圆点，宫女就借此发挥，说织女会眷顾着太后，让她眼睛明亮。

年画和剪纸刺绣中的七夕色彩

　　在南北各地的年画中，牛郎和织女都是一个热门的题材，而且各有特色。其中，年画中经常出现牛郎抢仙衣与织女成亲和鹊桥相会的画面很受欢迎。

■ 牛郎织女鹊桥会

普天同欢的节庆习俗

在保留下来的年画中，以苏州桃花坞刻印的牛郎和织女鹊桥会年代最久，此画表现牛郎牵着牛，在云端与织女相聚，运用了铜版画排线表现明暗技巧，是清代乾隆年间作品。

以精致细腻著称的天津杨柳青年画中，《天河配》历年都有新花样出现，其中，有一幅以整开大幅表现双星鹊桥团聚，背景上云海茫茫，织女凌空而下，牛郎牵牛携带儿女，鹊鸟在银河上飞舞。

山东省潍坊市杨家埠的年画《七月七》，特别刻画了牛郎带着儿女们与织女见面时的喜悦。这幅画的人物形象生动突出，鲜艳强烈的色彩把画面烘染成一片喜色。

山东省高密年画《天河配》由四幅图画组成，由右至左一为牛郎还天衣给织女；二为织女穿天衣飞奔而去，牛郎领儿女直追上天；三为王母划银河隔开牛郎和织女于河之两岸；四为每年七夕，织女穿华衣与

■ 七月七鹊桥会图

牛郎相会。画的两端分别画荷花一织画瓶和瓶花喜鹊。形同山东民间剪纸，色调明快，有极强的装饰味道，是老百姓过节装饰窗顶用的。

河南省朱仙镇年画《鹊桥会》，色调浑厚沉着，人物形象质朴，构图饱满，蕴含着古老的文化底蕴。

后来，上海胶版彩印的月份牌年画流行一时，著名画家杭稚英的《牛郎和织女》自问世以来，一直受到人们的喜爱。

杨柳青有一幅《七月七夕乞巧图》，将乞巧风俗和牛郎织女故事绘于一图，上端天空中有牛郎和织女喜结

天河配图

良缘和鹊桥会的画面，下端则细致地表现了成群妇女们以碗盛水投针视影乞巧的生动场面，为古老的风俗留下了形象的资料，非常珍贵。

河北省武强年画和山东省潍坊市杨家埠年画，以浓郁的乡土色彩著称，《天河配》年画的样式也最多，最值得重视的是有多种连环画形式的年画。

有的数张为一套，武强年画的天河配组画分别画出织女下凡、牛郎之兄离家讨账、其嫂设毒计、吵架分家、天河抢仙衣、拜堂成亲、耕织度日及王母划天河的八个情节。此外，还有四扇屏表现抢衣、拜

精彩纷呈

特色习俗

堂、划河、鹊桥的主要情节，画面较大，人物刻画也比较细致。

山东省杨家埠年画，有以吵架分家、天河抢衣成亲、王母划河及七月七鹊桥相会四个画面组成一套的作品。山西木版年画还做成四小幅窗画《天河配录》，艺术上也别有意趣。

在民间剪纸和刺绣中，也有表现天河配的作品。河北省蔚县彩色剪纸塑造了故事中的多个人物角色，在天河抢衣中表现了碧莲池中织女和同伴沐浴的场景，色调柔美，富于装饰性。

河北省供刺绣用的枕头花样剪纸，表现了天河抢衣成亲和鹊桥相会的情节，玲珑剔透，显示出民间工匠的精湛技艺和巧思。

剪纸不仅是民间文化的体现，更是民俗文化的主要载体。陕西省乾县剪纸在民俗生活表现形式上，显露出新鲜、生动、活泼的特点。

陕西省乾县城乡颇为流行乞巧活动，妇女们为了乞巧，常常聚在一起剪花样，赛智慧，通过剪纸活动看谁心灵手巧，这时的剪纸大多是讴歌爱情的戏曲剪纸。此外，在建筑园林中的彩画、砖石雕刻，民间面塑和泥塑工艺中，也常表现天河配的内容。

阅读链接

仇英的《乞巧图卷》，也是中国关于女郎织女故事中的上乘之作。此卷用白描法写出七夕夜间庭院中妇女们燃烛斋供的情景。

在图中可以看到贵妇成群，或立或坐，或相互交谈，或成群结队，或轻盈漫步，或仰穿针线，动态多姿。众侍女忙于上灯、烧水、执壶、捧盘、抬桌。

画卷结尾到向天斋供为止，类似连续画，反映了七夕乞巧的风俗情景及过程。庭院内以翠竹、假山、松、梧等为布景。七夕聚会，沉浸在秋凉夜静的气氛中。妇女发丝，着墨细匀，衣褶线条流畅，饰纹刻画细致，佩环飘动，得"吴带当风"之姿，异常优美。

普天同欢的
节庆习俗

花好月圆

中秋节俗与赏月之风

起源称谓

每年的农历八月十五，是中国的传统节日——中秋节。这时是一年秋季的中期，所以被称为"中秋"。在中国的农历里，一年分为四季，每季又分为孟、仲、季三个部分，因而中秋也称"仲秋"。

八月十五的月亮比其他几个月的满月更圆，更明亮，所以又叫作"月夕""八月节"，也有"秋节""八月节""八月会""追月节""玩月节""拜月节""女儿节"或"团圆节"等称谓。

此夜，人们仰望星空如玉如盘的朗朗明月，自然会期盼与家人团聚。远在他乡的游子，也借此寄托对故乡和家人的思念之情。所以，中秋又称"团圆节"。

源于古老浪漫的嫦娥奔月

　　那还是在远古时期，天气异常炎热，因为天上有10个太阳，每天都烤着大地。有人说这10个太阳都是东方天帝的儿子，他们跟他们的母亲以及天帝共同住在东海边。

　　他们的母亲经常把10个孩子放在世界最东边的东海洗澡，洗完澡后，让他们像小鸟那样栖息在一棵大树上。

　　因为每个太阳的形象中心都是只鸟，所以大树就成了他们的家，9

嫦娥奔月图

个太阳栖息在长得较矮的树枝上，另一个太阳则栖息在树梢上。

■ 大羿射日雕塑

每当黎明来临，大地需要晨光照耀的时候，栖息在树梢的太阳便坐着两轮车，穿越天空，照射人间，把光和热洒遍世界的每个角落。

10个太阳遵守着天地制定的规矩，每天一换，轮流当值，秩序井然，天地万物一片和谐，人们在大地上生活得非常幸福和睦。人和人之间像邻居、朋友那样，生活在一起，日出而耕，日落而息，生活过得既美满又幸福，人和动物之间也能和睦相处。

那时候人们感恩于太阳给他们带来了时辰、光明和欢乐，经常面向天空磕头作揖、顶礼膜拜。可是，这样的日子过长了，这10个太阳就觉得无聊，他们想要一起周游天空，认为那样肯定很有趣。

于是，当黎明来临时，10个太阳就一起爬上双轮

顶礼膜拜 古代的拜礼。行礼时，两手放在额上，长时间下跪叩头。膜拜原专指佛教拜佛时的一种最高敬礼，人跪下，两手伏地，以头顶着受礼人的脚，后泛指表示极端恭敬或畏服的行礼方式。后多用顶礼膜拜形容对某人崇拜得五体投地。表示极其敬佩，可用来表示崇拜的程度。

普天同欢的节庆习俗

车，踏上了穿越天空的征程。可是，大地上的人和万物就受不了了，10个太阳像10个大火团，他们一起放出的热量烤焦了大地，烧死了许许多多的人和动物。

在太阳的炙烤下，森林着火了，所有的树木庄稼和房屋都被烧成了灰烬。那些在大火中没有被烧死的人和动物，豕突狼奔，四下流窜，发疯似的寻找可以躲避灾难的地方和能救命的水和食物。

很快，河流、大海也面临着干涸的境遇，所有的鱼类也都死光了，那些原本藏匿在水中的怪物便爬上岸偷窃食物，维持自己的生命。

就这样，随着农作物和果园的枯萎烧焦，供给人和家畜的食物来源被断绝了，人们不是被太阳的高温活活烧死就是成了野兽口中食，人间一片凄惨的景象。人们在火海灾难中苦苦挣扎，眼看着再也无法继续生活下去了。

这时，有个年轻英俊的英雄大神叫大羿，他是个神箭手，箭法超群，可以说是百发百中。一天，他被天帝召唤去，领受了驱赶太阳的使命。

大羿领命之后看到人们生活在灾难中，心中十分不忍，便暗下决心射掉

大羿射日雕塑

那多余的9个太阳，帮助人们脱离苦海。

■ 大羿受命射日浮雕

于是，大羿不辞万苦，爬过了九十九座高山，迈过了九十九条大河，穿过了九十九个峡谷，来到了东海边，登上了一座山，山脚下就是茫茫大海。

大羿拉开了万斤力的弓弩，搭上了千斤重的利箭，满弓瞄准了天上那颗火辣辣的太阳，"嗖"的一箭射去，第一个太阳被射落了，天地间的温度降下去了很多。

紧接着，大羿又拉开弓弩，搭上利箭，"嗡"的一声射去，同时射落了两个太阳。这下，天上还有7个太阳用红彤彤的眼睛瞪着大羿。大羿感到这些太阳仍很焦热，又狠狠地射出了第三支箭。这一次射得很有力，一下射落了4个太阳。

其他太阳看到自己的兄弟一个个被射下来，吓得全身打战，急得团团转。就这样，大羿一支接一支地把箭射向太阳，无一虚发，射掉了9个太阳。中了箭的9个太阳一个接一个死去。

他们的羽毛纷纷落在地上，他们的光和热也一

弩 是古代的一种冷兵器，出现应不晚于商周时期，春秋时期弩成为一种常见的兵器。弩也被称作"窝弓""十字弓"。古代用来射箭的一种兵器。它是一种装有臂的弓，主要由弩臂、弩弓、弓弦和弩机等部分组成。虽然弩的装填时间比弓长很多，但是它比弓的射程更远，杀伤力更强，命中率更高，对使用者的要求也比较低，是古代一种大威力的远距离杀伤武器。

■ 嫦娥奔月图

王母娘娘 亦称为金母、瑶池金母、瑶池圣母、西王母。传说中的女神，原是掌管灾疫和刑罚的大神，后于流传过程中逐渐女性化与温和化，而成为慈祥的女神。相传王母住在昆仑仙岛，王母的瑶池蟠桃园，园里种有蟠桃，食之可长生不老。

点一点消失了。直到最后一个太阳，他怕极了，就按照大羿的吩咐，老老实实地为大地和万物继续贡献光和热。

从此，这个太阳每天从东方的海边升起，晚上从西边山上落下，温暖着人间，保持万物生存，人们安居乐业。大羿立下了汗马功劳，受到了人们的尊敬和爱戴，不少志士慕名前来投师学艺。奸诈刁钻、心术不正的逢蒙也混了进来。

不久，大羿娶了一个美丽善良的妻子，名叫嫦娥。嫦娥心地善良，时常将大羿狩猎来的猎物分给乡邻，因此也备受人们的敬重，大家都很喜欢她。大羿每天除了传艺狩猎外，终日和妻子在一起，人们都羡慕这对郎才女貌的恩爱夫妻。

一天，大羿到昆仑山访友求道，巧遇由此经过的王母娘娘，便向王母求得一包不死药。据说，只要服下此药的一半，就可以长生不老，如果将此药全部服下，便能即刻升天成仙。

然而，大羿舍不得撇下心爱的妻子和乡亲们，独自离去。于是只好暂时把不死药交给嫦娥珍藏，嫦娥将药藏进了梳妆台的百宝匣里，不料被逢蒙看到了。

这年的八月十五，大羿带弟子们练功去了。逢蒙却中途溜回来，闯进嫦娥的住处，逼她交出不死药。为了不让仙药落到逢蒙的手中，嫦娥迫不得已，一口将药吞进肚子。刹那间，嫦娥身轻如燕，冲出屋门直飞云天。

但嫦娥实在不愿意离开丈夫，她只好在离地面最近的月亮上面住了下来。大羿晚上回家不见妻子，急忙向人们打听，侍女们哭诉了白天发生的事。

大羿既惊又怒，抽剑去杀恶徒，逢蒙早已逃走，大羿气得捶胸顿足，悲痛欲绝，仰望着夜空呼唤嫦娥，这时他发现，今天的月亮格外皎洁明亮，而且有个晃动的身影酷似嫦娥，就好像嫦娥正在看着自己一样。

大羿心如刀绞，他拼命地朝月亮奔去，可是他追一里，月亮退一里，怎么也追不上去。在万般无奈之下，他就在门前摆下供桌，上面放上嫦娥最爱吃的各种水果，遥向月亮上的妻子祭拜。

百姓们闻知嫦娥奔月成仙的消息之后，见大羿这样做，也都照葫画芦地纷纷在月下摆设香案，向善良的嫦娥祈求吉祥平安。

源流演化

起源称谓

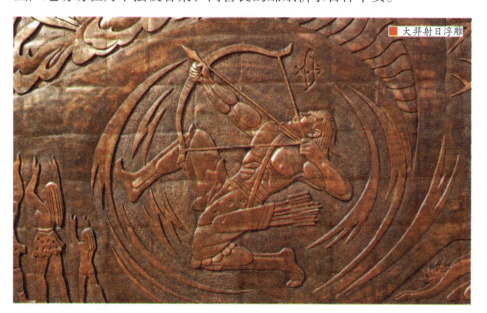

大羿射日浮雕

嫦娥奔月玉雕

从此，在每一年的八月十五晚上，大家都会一起对着月亮祭拜，拜月的风俗就这样在民间被保留了下来。

据说嫦娥身体变轻，开始升空时，惶恐中的她想抓住点什么压下身子，慌乱之中便抱起了自己一直喂养的一只白兔。

白兔儿当然无法留住嫦娥，就随着她一起上了月亮，成为神话中一抹可爱温馨的色彩。据说玉兔在月宫有一只捣药杵，夜晚在药臼中捣制长生不老的灵药。

但是在中国的一些地区，关于嫦娥奔月的传说还有另外的说法。说大羿成功射落了9个太阳之后，成为为普天下所敬仰的英雄。但是大羿的丰功伟绩却受到了其他天神的妒忌，他们到天帝那里去进献谗言，最终使天帝疏远了大羿，并把他永远贬到人间。

满心委屈的大羿和妻子嫦娥只好隐居在人间，靠大羿打猎为生。根据《淮南子》的记载说，大羿觉得对不起受他连累而谪居下凡的妻子，便到西王母那里去求来了长生不死之药，好让他们夫妻二人在世间永远和谐地生活下去。

但是这样贫苦的日子生活久了，嫦娥开始厌烦了，一天她趁大羿不在家的时候，偷吃了全部的长生不老药。嫦娥由于背弃了丈夫，怕天庭诸神嘲笑，就投奔月亮女神常羲，想在月宫暂时安身。

可是月宫空无一人，出奇的冷清，她在漫漫长夜中咀嚼孤独、悔恨的滋味，慢慢地变成了月精白蛤蟆，在月宫中终日被罚捣不死药，过着寂寞清苦的生活。

奔月以后的嫦娥，经常回想起丈夫平日对她的好处和人世间的温情，对比月亮里的孤独，倍觉凄凉。所谓"嫦娥应悔偷灵药，碧海青天夜夜心"。

于是，嫦娥向丈夫大羿托梦倾诉自己的懊悔之心，取得大羿的原谅之后，又说："平时我没法下来，明天月圆之时，你用面粉作丸，团团如圆月形状，放在屋子的西北方向，然后再连续呼唤我的名字。到三更时分，我就可以回家来了。"

第二天，大羿照着妻子的吩咐去做，果然在半夜三更的时候，嫦娥由月中飞来，夫妻俩终于团圆了，中秋节做月饼供嫦娥的风俗，也由此形成，当是世人渴望美好团圆、渴望幸福生活的情感流露。

阅读链接

关于月中玉兔捣药的故事，还有一种说法。相传在很久很久之前，有3位神仙闲来无聊，就相约变成了3个年过花甲的可怜老人，并向狐狸、猴子、兔子求食，狐狸与猴子都有食物可以济助，唯有兔子束手无策。

后来，兔子就说："你们吃我的肉吧！"

话音刚落，兔子就跃入烈火之中，将自己烧熟。神仙大受感动，把兔子送到月宫内，成了玉兔，陪伴嫦娥，并捣制长生不老药。

古时候，文人写诗作词，常常以玉兔象征月亮，像辛弃疾的《满江红·中秋》即以玉兔表示月亮。至于诸多小说，也常常使用此等掌故以暗示月亮。在道教中，"玉兔"常常与"金乌"相对，表示金丹修炼的阴阳协调。

中秋被正式定为节日

宋太宗赵炅

　　尽管关于中秋节的起源有很多，但是正式明文规定中秋节为节日是在北宋太宗年间。当时，宋太宗赵炅在京城开封正式定八月十五为中秋节，取意于三秋的正中，届时万民同庆，举国同喜。

　　中秋节成为正式的节日，又与北宋京城开封举行的科举考试有关。当时，北宋非常重视开科取士，三年一次秋闱大考恰好安排在农历八月举行。

　　于是，佳节和桂冠结合在一起，人们就把应试高中者誉为月中折桂之人。每到中秋，就进行隆重的庆贺，成为全国的重要风俗，经朝历代，盛行不衰。

所以从北宋开始，中秋节逐渐成为和春节、端午并列的三大节日之一。在《宋史·太宗纪》中说：

以八月十五为中秋节。

从此，中秋节开始作为正式的节日，最先在开封盛行开来，接着风行全国。

北宋时，中秋节之际，开封有许多习俗，《东京梦华录》中记载：

中秋夜，贵族结饰台榭，民间争占酒楼玩月。

当时的开封，中秋节之夜，月亮一升起来，人们以爬山登楼先睹明月为快。然后，家家户户开始祭月，供品有月饼、瓜果、鸡冠花等，以月饼为主。当夜，开封满城的人家，不论穷富老小，都要焚香拜月，说出心愿，祈求月亮神的保佑。

端午节 为每年农历五月初五，又称端阳节、午日节、五月节等。端午节起源于中国，最初是人们以祛病防疫的节日，后来传说爱国诗人屈原在这一天死去，所以这一天也同时成了人们纪念屈原的传统节日，以围绕才华横溢、遗世独立的楚大夫屈原而展开，传播至华夏各地，民俗文化共享，屈原之名尽人皆知，追怀华夏民族的高洁情怀。

■ 祭祀祈福

蟾宫 早在战国时期，古人就传说月中有蟾蜍。屈原在《天问》中说："夜光何德，死则又育？厥利惟何，而顾菟在腹？"因为月宫中有蟾，所以人们俗称月宫为"蟾宫"。蟾宫即广寒宫，是神话景观，是上界神仙为嫦娥在月亮上建造的一座宫殿。因为这座宫殿是一个具有宇宙灵性的蟾蜍幻化而成，所以广寒宫又称作"蟾宫"。

宋代京师的中秋之夜，全城人家，无论贫富，从能行走的孩童至十二三岁的少年，都要穿上成人的服饰，登楼或于庭中焚香拜月，各有所期。

男孩儿期望"早步蟾宫，高攀仙桂"，意思是说请月神保佑，早日科举成名。月中嫦娥以美貌著称，故少女拜，愿"貌似嫦娥，面如皓月"。

祭月后，人们开始吃月饼、赏月。在《燕京岁时记·月饼》中说，上供的月饼，到处皆有，大者尺余，上面绘有月宫蟾蜍之形，有的祭月完毕而食之。这就是宋代中秋节吃月饼的习俗，这种习俗一直沿袭了下来。

当天，街道上的大小酒家都要重新装点一番店面，用绸缎搭建彩楼，花团锦簇，挑出醉仙酒旗，开始卖新酒。人们纷纷来到酒家痛饮，到中秋节下午，酒都卖光了，酒家便扯下酒旗。

这个时节，正是螃蟹刚刚上市，还有楂梓、梨、枣、栗、葡萄和橙子等一些新鲜果品。中秋夜，富贵人家在装饰华美的台榭赏月，一般人家则赶去酒楼占好位子。四下音乐声鼎沸，离皇宫近的居民，深夜还能听到远远传来笙竽之声，宛若云外。平民街巷里，儿童嬉戏通宵，热热闹闹的夜市，一直开到天亮。

而在北宋的皇宫里，则是吃的宫饼，民间吃的是小饼、月团。这些中秋节特制的饼类，又被称为"荷叶""金花""芙蓉"等，制作方法非常精巧，这是月饼的前身。

北宋大文豪苏东坡有诗称赞说："小饼如嚼月，中有酥与饴。"

酥是油酥，饴就是糖，其味道甜脆香美，便可想而知了。

后来，人们制作月饼不仅讲究味道，而且还设计了各种各样与月宫传说有关的图案。饼面上的图案，起初先画在纸上，再粘贴在饼面上。后来，直接用模子压制在月饼上。

对宋人来说，中秋是世俗欢愉的节日。宋代的中秋夜是不眠之夜，夜市通宵营业，玩月游人达旦不绝。这个时候，更少不了文人墨客的诗词。

苏东坡（1037—1101），北宋书画家、文学家、美食家，是豪放派词人的主要代表之一。在政治上属于旧党，但也有改革弊政的要求。其文汪洋恣肆，明白畅达，其诗题材广泛，内容丰富，存诗3900余首。著有《苏东坡全集》和《东坡乐府》等。

■ 中秋月饼

普天同欢的节庆习俗

■ 苏轼画像

米芾（1051—1107），北宋书法家、画家、书画理论家。天资高迈、人物萧散，好洁成癖。被服效唐人，多蓄奇石。世号"米颠"，书画自成一家。能画枯木竹石，时出新意，又能画山水，创为水墨云山墨戏，烟云掩映，平淡天真。善诗，工于书法，精鉴别。擅篆、隶、楷、行、草等书体，长于临摹古人书法，宋四家之一。

宋代米芾在《中秋登楼望月》中写道：

目穷淮海满如银，
万道虹光育蚌珍。
天上若无修月户，
桂枝撑损向西轮。

宋代诗人苏轼的《水调歌头·明月几时有》：

明月几时有？把酒问青天。不知天上宫阙，今夕是何年？我欲乘风归去，又恐琼楼玉宇，高处不胜寒！起舞弄清影，何似在人间？

转朱阁，低绮户，照无眠。不应有恨，何事长向别时圆？人有悲欢离合，月有阴晴圆缺，此事古难全。但愿人长久，千里共婵娟。

这首《水调歌头·明月几时有》，是苏轼在丙辰年中秋，欢饮达旦，大醉之后所作。其中表达了苏轼对弟弟子由的思念之情。

此外，苏轼在《中秋月》中慨叹："暮云收尽溢清寒，银汉无声转玉盘。此生此夜不长好，明月明年何处看。"

宋代词人辛弃疾的《太常引·建康中秋夜为吕叔潜赋》，表达了其中秋之夜的情愁：

一轮秋影转金波，飞镜又重磨。把酒问姮娥：被白发，欺人奈何？

乘风好去，长空万里，直下看山河。斫去桂婆娑。人道是，清光更多。

宋代女词人李清照的《一剪梅·红藕香残玉簟秋》，其中，中秋之夜的相思滋味甚是凄苦：

红藕香残玉簟秋。轻解罗裳，独上兰舟。云中谁寄锦书来？雁字回时，月满西楼。

源流演化

起源称谓

词牌名，又名"元会曲""凯歌""台城游"等。上下阕，95字，平韵。相传隋炀帝开汴河时曾制《水调歌》，唐人演为大曲。大曲有散序、中序、入破三部分，"歌头"当为中序的第一章。双调94字至97字，前后片各四平韵。

■ 月饼酥

花自飘零水自流。一种相思，两处闲愁。此情无计可消除，才下眉头，却上心头。

此外，我国台湾也有对中秋的吟咏，台湾民谣《中秋旅思》就表达了中秋思念家乡的心情：

孤影看分雁，千金念弊貂；
故乡秋忆月，异国夜惊潮。
手未攀丹桂，以犹卷绿蕉；
登楼悲作赋，西望海天遥。

■ 中秋赏月图

杜甫《月夜思乡》同样表达思念家乡的愁绪：

星稀月冷逸银河，万籁无声自啸歌。何处关山家万里，夜来枨触客愁多。

这些诗词，无不表达了历代文人雅士在中秋之时，仰望明月，倾诉自己的情思与不尽的慨叹，令人愁楚不已。当时的宋人，已经将团圆意识和中秋节令接连到了一起，宋代城市的居民每年都会在中秋这一天合家共赏圆月，就是这一伦理因素的体现。

后来，由于理学的浸染，民间社会乡族观念的增强，同时也因为人们在世俗生活中，更加认识到家族社会的力量。因此，人们在思想情感上，对家庭更为依恋。

秋收之际的中秋节，正是加强亲族联系的良机。值得注意的是，中秋节民间尤其重视夫妇的团圆。出嫁的妇女中秋要赶

中秋团圆赏月图

到娘家与父母团聚，当天又必须返回夫家，与夫君团圆，有俗语就说：

宁留女一秋，不许过中秋。

一代文豪孟元老在追述北宋都城东京开封府城市风貌的著作《东京梦华录》中说："中秋夜，贵家结饰台榭，民间争占酒楼玩月"；而且"弦重鼎沸，近内延居民，深夜逢闻笙竽之声，宛如云外。闾里儿童，连宵嬉戏；夜市骈阗，至于通晓"。

吴自牧在《梦粱录》中说："此际金风荐爽，玉露生凉，丹桂香飘，银蟾光满。王孙公子，富家巨室，莫不登危楼，临轩玩月，或开广榭，玳筵罗列，琴瑟铿锵，酌酒高歌，以卜竟夕之欢。至如铺席之家，亦登小小月台，安排家宴，团围子女，以酬佳节。虽陋巷贫篓之人，解衣市酒，勉强迎欢，不肯虚度。此夜天街卖买，直至五鼓，玩

月游人，婆娑于市，至晓不绝。"

　　到了明代，出现了关于"团圆节"的最早记载，在礼部主事田汝成的《西湖游览志馀》中就提到：

　　　　八月十五谓中秋，民间以月饼相送，取团圆之意。

　　在一部详细记载北京景物的古书《帝京景物略》中也说：

　　　　八月十五祭月，其饼必圆，分瓜必牙错，瓣刻如莲花……其有妇归宁者，是日必返夫家，曰团圆节。

普天同欢的节庆习俗

中秋祭月

　　在中秋的晚上，中国大部分地区还有"烙团圆"的习俗，即烙一种象征团圆、类似月饼的小饼子，饼内包糖、芝麻、桂花和蔬菜等，外压月亮、桂树、兔子等图案。

　　祭月之后，由家中长者将饼按人数分切成块，每人一块，如果有人因事不在家即为其留下一份，表示合家团圆。

　　团圆是中秋节的中心意义。因为家族生活的关系，中国人有很强的家族伦理观念，重视亲族情谊与血亲联系，从而较早形成了和睦团圆的民俗心理。家庭成员的团聚成为家族生活中的大事，民俗节日就为民众的定期会聚提供了时机。

在传统的年节中，都不同程度地满足着人们团圆的要求，如除夕的"团年"、重阳的聚饮等。

中秋为花好月圆之时，"海上生明月，天涯共此时"，人们由天上的月圆联想到人事的团圆。因此，中秋在古代被视为一种非常特别的"团圆节"。

■ 古人中秋赏月

中秋赏月，最盛是在宋代。每逢这一天，东京的所有酒楼都要重新装饰门面，扎绸彩的牌楼，出售新启封的好酒。

铺子堆满新鲜佳果，夜市之热闹，一年之中少见。显官和豪门，都在自己的楼台亭榭中赏月，琴瑟铿锵，至晓不绝。

一般的居民则争先占住酒楼，以先睹月色为快，并且安排家宴，团圆子女。正如记述南宋时杭州风土人情的《武林旧事》中记载：

此夕浙江放"一点红"羊皮小冰灯数十万盏，浮满水面，灿如繁星。

重阳节 为农历九月初九。《周易》中把"九"定为阳数，九月初九，两九相重，故而叫重阳，也叫重九。重阳节早在战国时期就已经形成，到了唐代，重阳被正式定为民间的节日，此后历朝历代沿袭。重阳"踏春"皆是家族倾室而出，重阳这天所有亲人都要一起登高"避灾"，插茱萸、赏菊花。

《武林旧事》

成书于1290年以前，为追忆南宋都城临安城市风貌的著作，全书共10卷。作者按照"词贵乎纪实"的精神，根据目睹耳闻和故书杂记，详述朝廷典礼、山川风俗、市肆经纪、四时节物、教坊乐部等情况，为了解南宋城市经济文化和市民生活，以及都城面貌、宫廷礼仪，提供了较丰富的史料。

而京师赏月之会，异于他郡。倾城人家子女不以贫富能自行至十二三，皆以成人之服饰之，登楼或在中庭拜月，各有所期：男则愿早步蟾宫，高攀仙桂。女则愿貌似嫦娥，圆如白皓月。

这是关于中秋节放花灯的最早记录。在整个唐宋时期，中秋只是一般的社交娱乐性节日，中秋节的主要活动是赏月、玩月。

到了明清时期，中秋节的性质发生了变化，人们同样赏月，但是似乎更加关注月神的神性意义，以及现实社会人们之间的伦理关系与经济关系。

中秋是丰收的时节，人们利用中秋节俗表达人们对丰收的庆祝。

■《赏月图》

祭祀月亮时的时令果品，既是对月亮的献祭，更是对劳动果实的享用。

据吴自牧的《梦粱录》记载，南宋时期，在每年的中秋夜里，皇宫中有赏月游园的活动，比如倚桂阁、秋晖堂、碧岑，都是临时由皇帝下旨安排。一直到夜深，宫中的音乐还飘传到宫外。御街上的绒线铺、蜜饯铺、香铺，纷纷摆出货物，争多比好，这还有一个说法，叫"养眼"。

灯烛华灿，一直到天光才消停。这夜里，浙江还有放"一点红"羊皮小水灯的风俗，数十万盏小水灯浮满水面，灿如繁星，十分壮观。有人说这是迎合江神的喜好，不仅仅是图个好看。

宋朝在杭州还有一个特殊的中秋景观，就是钱塘观潮。由于钱塘江口地形类似一漏斗，每当海潮涌至，受到渐进渐狭的地形影响，波浪便重重叠叠堆积成一道水墙，声势极为壮观。

苏东坡在杭州任知州时，曾作过一首《中秋夜观潮》，描述观潮人数之众多及潮水汹涌之气势：

■ 八月十五闹花灯

源流演化

起源称谓

> 定知玉兔十分圆，已作霜风九月寒。
> 寄语重门休上锁，夜潮留向月中看。
> 万人鼓噪慑吾侬，犹似浮江老阿童。
> 欲识潮头高几许，越山浑在浪花中。

《武林旧事》中的另一段文字则更具体地描述了潮水震撼天地的磅礴气势：

> 方其远出海门，仅如银线，既而渐近，则玉城雪岭，际天而来。大声如雷霆，震撼激射，吞天沃日，势极雄豪。

花灯 又名"灯笼"。是中国传统农业时代的文化产物。花灯是汉民族数千年来重要的娱乐文化，是汉民族民间文化的瑰宝。灯笼是一种传统民间工艺品，在古代，其主要作用是照明，由纸或者绢作为灯笼的外皮，骨架通常使用竹或木条制作，中间放上蜡烛或者灯泡，成为照明工具。

《夜月观潮图》

中秋之时，杭州人在钱塘江上举行观潮和看弄潮儿的表演。是时，江边士人云集，上下几十千米，地无寸隙。一些弄潮儿披发文身，手执巨幅彩旗，树画伞，踏涛踩浪，出没于鲸波万仞中，腾跃百变，各展技艺，豪民富客争赏财物，好不热闹。

普天同欢的节庆习俗

阅读链接

传说，很久以前有一对修行千年的兔子，得道成了仙。它们有4个可爱的女儿，个个生得纯白伶俐。

一天，玉皇大帝召见雄兔上天宫，兔仙在途中看到嫦娥孤单的身影，就很同情她。但是自己力量微薄，能帮什么忙呢？兔仙忽然想到了自己的4个女儿，它立即飞奔回家。

兔仙把嫦娥的遭遇告诉雌兔，并说想送一个孩子跟嫦娥做伴。雌兔虽然深深同情嫦娥，但是又舍不得自己的宝贝女儿，它们一个个泪流满面。

雄兔语重心长地说："如果是我孤独地被关起来，你们愿意陪伴我吗？嫦娥为了解救百姓受到牵累，我们能不同情她吗？孩子，我们不能只想到自己呀！"

孩子们明白了父亲的心，都表示愿意去。雄兔和雌兔眼里含着泪，笑了。它们决定让最小的女儿去。小玉兔告别父母和姐姐们，飞到了月宫，陪伴嫦娥居住了！

祭月在明清时期的演变

明清两代，赏月、祭月、吃月饼的风俗大盛，民间尤为重视中秋节。田汝成的《西湖游览志馀·熙朝乐事》中记载：

民间以月饼相赠，取团圆之意。是夕，人家有赏月之宴。苏堤之上，联袂踏歌，无异白日。

祭祀壁画

■ 吃蟹图

古时汉族的中秋宴俗，以宫廷最为精雅。如明代宫廷时兴吃螃蟹，螃蟹用蒲包蒸熟后，众人围坐品尝，佐以酒醋。食毕饮苏叶汤，并用之洗手。宴桌区周，摆满了鲜花、大石榴以及其他时鲜。同时，还演出中秋的神话戏曲。

明代时，北京人八月十五祭月，人们在市场上买一种特制的"月光纸"，这是一种神码，上面绘有月光菩萨像。月光菩萨端坐莲花座上，旁边有玉兔持杵，如人似的站立着，并在臼中捣药。这种月光菩萨像小的3寸，大的丈余长，精致的画像金光灿烂。

在中国的许多寺庙中都有"月光童子"的塑像，它是佛教护法神二十四天之一。在印度古宗教中，月神被称为"苏摩提婆""创夜神""星宿王""莲花王""大白光神""冷光神"和"野兔形神"等。

清代，北京祭月有所变化，由早期纯道教色彩的以嫦娥为主的崇拜演变为佛道交融的月光菩萨和捣药玉兔并在的世俗形象，月光神多由道观寺院赠送，题名为"月府素曜太阴星君"。

古人对月亮的崇拜，最早见于史料记载的是《尚书·尧典》，文称：

日、月、星辰为天宗，岱、河、海为地宗；天宗、地宗合为六宗。

王逸注《楚辞·九章·惜诵》时云："六神，谓六宗之神也。"可见月亮在此之前早就被人们视为神而加以崇拜了。其实古人祭祀月亮时，往往是辅助于太阳而行。且祭日于东，祭月于西，以别内外，以端其位。足以见古代"祭日为主，祭月为辅"的现象。

溯其源，太阴星君的产生与中国古代对月亮的崇拜有关。太阴星

月亮菩萨坐像

君又叫"月光娘娘""太阴星主""月姑""月光菩萨"等。崇拜太阴星君，在中国由来已久，在四海之内也是普遍现象，这是源于原始信仰中的天体崇拜。

在黑夜中，月亮给人带来了光亮，月色朦胧，又会使人产生许多遐想，许多美丽动人的故事因此产生。此后，太阴星君就较普遍地为民间供奉。

中国古代男女热恋时在月下盟誓定情，拜太阴星君；分离的恋人也拜求太阴星君祈求团圆。

元代大戏剧家关汉卿就写过一出《拜月亭》。《西厢记》里的崔莺莺也虔诚地对太阴星君倾诉希望遇到意中人的情怀。

月神像

清人丁耀亢所著的《续金瓶梅》第十八回中，一对痴男怨女郑玉卿和银瓶曾推开窗户，双双跪倒，对着月亮说："如果两个人有一人负心，就死于千刀万剑之下。"

这天也大多卖"月光马"，富察敦崇写的《燕京岁时记》中记载：

月光马者，以纸为之，上绘太阴星君，如菩萨像，下绘月宫及捣药之兔。人立而执杵，藻彩精致，金碧辉煌，市肆间多卖之者。

长者七八尺，短者二三尺，顶有二旗，作红绿，笆或黄色，向月而供之。焚香行礼，祭毕与千张、元宝等一并焚之。

■ 中秋祭月图

祭月、拜月是明清中秋时节全国通行的习俗，清代俗谚有："八月十五月儿圆，西瓜月饼供神前。"

清代有特制的祭月月饼，此月饼较日常月饼圆而且大，正所谓"其祭果饼必圆"，各家都要设"月光位"，在月出方向"向月供而拜"。特制月饼一般在祭月之后就由家人分享，也有的留到除夕再来享用，这种月饼俗称"团圆饼"。

陆启泓在《北京岁华记》中记载："中秋夜，人家各置月宫符象，符上兔如人立；陈瓜果于庭，饼面绘月宫蟾兔；男女肃拜烧香，旦而焚之。"

关汉卿（约1220—1300），号已斋、已斋叟。解州人，与马致远、郑光祖、白朴并称为"元曲四大家"。元代杂剧作家，是中国古代戏曲创作的代表人物，"元曲四大家"之首。以杂剧的成就最大，一生写了60多种，留存18种，最著名的有《窦娥冤》。他塑造的"我却是蒸不烂、煮不熟……"的形象广为人称道，被誉"曲家圣人"。

兔子花灯

普天同欢的节庆习俗

明清时，江南以素斋供月，有老南瓜、菱藕、月饼等，旁边放凉水一碗，妇孺拜月毕，以指蘸水涂目，祝曰："眼目清凉"。

此俗来源于六朝时人，在农历八月中以露水洗眼的风俗。那时，人们中秋时节相互馈赠的不是月饼，而是盛满百草露的眼明囊。

后来，祭月的风俗发生了重大变化，男子拜月渐少，月亮神逐渐成为专门的女性崇拜对象。于是，明末的时候，北京地区的中秋节又新添了一个节令物件"彩兔"，叫作"兔儿爷"。

阅读链接

月坛古称"夕月坛"，位于北京阜成门外大街南侧，建于明嘉靖九年，即1530年，是明清两代皇帝祭祀夜明之神（即月神）、二十八宿神、金木水火土五星之神和周天星辰之神的地方。

月坛还有一个咏月的故事：一天晚上，朱元璋祖孙三代在赏月，朱元璋让儿孙作诗。太子先作诗："昨夜严滩失钓钩，何人移上碧云头？虽然未得团圆相，也有清光遍九州。"长孙接着吟道："谁将玉指甲，掐破碧天痕。影落江湖里，蛟龙未敢吞。"朱元璋觉得"未得团圆"和"影落江湖"都不是吉兆，果然懿文太子死在朱元璋之前，建文帝没有保住皇帝的宝座，流落江湖，不知所踪。

"兔儿爷"的出现和文化传承

那是在很久以前，人间忽然闹起了瘟疫，百姓遭殃，生灵涂炭。这天正好是农历八月十五，又圆又大的月亮挂在空中，月宫中的嫦娥看到人间烧香求医的情景，心里十分难过，就派身边的玉兔到人间去为百姓消灾治病。

玉兔领命之后，变成了一个身穿素白衣裙的少女，当天就来到了北京城。她敲开了一家家的大门，但是，人们打开门一见到她，都连忙把门关上，不敢让她进去。

玉兔想来想去，就是不明白人们为什么不让她进门。她只好坐在一座

嫦娥塑像

小庙里寻思，她低头一看自己这一身素白的衣裙，忽然恍然大悟，原来只有办丧事的人家才穿白的衣服，人们家里都有重病人，看到我一定觉得不吉利，我应该换一身衣服去试试。玉兔看见身边的神像穿着一身铠甲，就借来穿在自己身上。

玉兔穿戴好后，又去敲人家的门。人们一见她这身打扮，吓了一跳，后来一听说她会治疑难病症，就让她进屋来了。玉兔给病人吃了红、白两种小圆饼，顿时病人的精神就好起来了。

玉兔走了一家又一家，治好了很多病人，但是，人们见到她这身装束都有点害怕，对那种神奇的药也感到莫名其妙。玉兔想：我不能总穿这身衣服了，可是，穿什么好呢？

人们感谢玉兔走街串巷，不辞劳苦地解救病人，都要送给她东西。玉兔什么也不要，只向人家借衣服穿。这样，玉兔每到一处就换一身衣服，有时候像个卖油的，有时候像个算命的，有时候又像个卖菜的、唱戏的……

玉兔一会儿是男人装束，一会儿又变成了女人打扮。病人太多，

琉璃玉兔浮雕

玉兔跑得再快也忙不过来，她就骑马骑鹿、乘凤乘鹤，或者骑上狮子、老虎，走遍了北京城内外。她走到哪里，哪里就充满了欢乐。

人们的赞扬和感谢让玉兔高兴得有点忘乎所以，自己的两只长耳朵露出来了。拜月的人们看到这人身兔首的少女，觉得很奇怪，然后再抬头看看月宫，发现嫦娥身边的玉兔不见了。大家这才恍然大悟，原来是月宫中玉兔来到了人间，专门为百姓布医施药解除病痛。

很快，人间的这场瘟疫就开始渐渐消退，等到这场瘟疫完全消除之后，玉兔回到了月宫。可是，她那美好的形象却永远留在了人们心中。

于是人们用泥塑造了玉兔的形象，有骑鹿的，有乘凤的，有披挂着铠甲的，也有身着各种做工人的衣服的，千姿百态，非常可爱。每到八月十五那一天，家家都要供奉她，给她摆上好吃的瓜果菜豆，用来酬谢她给人间带来的吉祥和幸福。

玉兔是广寒宫里的神兔，又替人间消除了瘟疫，所以人们以"爷"尊之，将其称为"兔儿爷"。

但是，这毕竟只是一个传说，事实上，"兔儿爷"的产生，源于古代人民对月神的崇拜和确认。据考证，在中国的圆月中有兔的传说最晚始于汉代。长

■ 玉兔蟾蜍月宫镜

铠甲 古代将士穿在身上的防护装具。甲又名铠，先秦时，主要用皮革制造，称甲、介、函等。战国后期，出现用铁制造的铠，皮质的仍称甲。铠甲的原身为铁甲，始于春秋战国时期。各代铁铠甲往往因材因体而制，形制繁多。汉代称铁甲为"玄甲"，以别于金甲、铜甲。唐宋以后，不分质料，或称甲，或称铠，或铠甲连称。

■ 兔神泥塑

帛画 是中国传统绢本画，因画在帛上而得名。它不同于绢画或其他织物画，采用头道桑蚕丝，不浆、不矾、不托，运用工笔重彩的技法绘制而成。帛是一种质地为白色的丝织品，在其上用笔墨和色彩描绘人物、走兽、飞鸟及神灵等形象的图画，约兴起于战国时期，至西汉发展到高峰。

沙马王堆汉墓中发现帛画，就反映了这个内容。只见帛画上有一弯新月，月中置着口衔灵芝的蟾蜍和奔跳的白兔。

在河南郑州发现的西汉晚期画像砖"东王公乘龙"中也有玉兔捣药的形象。

此外，在江苏丹阳地区发现的一座南朝陵墓，墓中出土了一块月亮画像砖，砖画中有一棵树，树下有一只捣药的玉兔，杵臼毕具，十分生动。

这些文物表明，月宫玉兔的传说在中国历史上曾有广泛的影响。在这种情况下，月宫玉兔演变成人们心目中治病救危、保佑平安的"兔儿爷"，也就顺理成章了。

"兔儿爷"最早出现在明末，用以祭月。但由于"男不祭月，女不祭灶"的风俗，小孩子经常在旁边模仿母亲祭祀的样子，"兔儿爷"就慢慢交给小孩子祭祀了，"兔儿爷"渐渐变成了专供儿童祭月用的造像。

明人纪坤的《花王阁剩稿》记载：

京中秋节多以泥团兔形，衣冠踞坐如人状，儿女祀而拜之。

关于"兔儿爷"名字的记载，在清代北京岁时风俗的杂记《燕京岁时记》中说：

> 每届中秋，市人之巧者，用黄土团成蟾兔之像以出售，谓之"兔儿爷"。

但是，玉兔毕竟不是凡间的家畜，也不是野兔，而是广寒宫里的神兔，儿童祭月时的兔儿爷是不能随便捉来玩耍的，要玩，只有"请"一尊泥塑的称为"爷"的"兔儿"恭而敬之地"供"起来。

与此同时，"兔儿爷"的制作也日趋精致。兔儿爷是用模子翻塑出来的，先把黏土和纸浆拌匀，填入分成正面和背面两个半身的模子里，等干燥后倒出来，把前后两片粘在一起，配上耳朵，在身上刷层胶水，再上色描金。此外还有捏的一种做法。

"兔儿爷"大的有3尺多高，小的只有3寸，均是粉白面孔，头戴金盔，身披甲胄。它的坐骑有狮、虎、鹿、象不等。"兔儿爷"左手托臼，右手执杵，做捣药状。

此外，还有吧嗒嘴的"兔儿爷"，其制空腔，活安上唇，中系以

■ "兔儿爷"泥塑

描金 又称"泥金画漆"，在漆器表面，用金色描绘花纹的装饰方法，常以黑漆做底，也有少数以朱漆为底，也有把描金称作"描金银漆装饰法"的。早在战国、汉代的时候，中国就已经掌握了用金的方法，到宋代出现描金花纹的漆器，明代仇英即擅长描金彩漆制作。

线，扯之，则兔唇乱捣。总之，"兔儿爷"的种类繁多，不一而足。

清代诗人栎翁在《燕台新咏》曾写《兔儿爷》一诗：

> 团圆佳节庆家家，笑语中庭荐果瓜。
> 药窃羿妻偏称寡，金涂狡兔竟呼爷。
> 秋风月窟营天上，凉夜蟾光映水涯。
> 惯与儿童为戏具，印泥糊纸又搏沙。

这"兔儿爷"，经过民间艺人的大胆创造，已经人格化了。兔首人身，手持玉杵。后来有人仿照戏曲人物，把"兔儿爷"雕造成金盔金甲的武士，有的骑着狮、象等猛兽，有的骑着孔雀仙鹤等飞禽。

特别是"兔儿爷"骑虎，虽属怪事，但却是民间艺人的大胆创造。还有一种肘关节和下颌能活动的"兔儿爷"，俗称"吧嗒嘴"，更讨人喜欢。它虽为祭月的供品，但实在是孩子们的绝妙玩具，给市井生活增添了许多情趣。

曾有人这样描写"兔儿爷"：

"兔儿爷"小物件

兔儿爷骑虎泥塑

脸蛋上没有胭脂，而只在小三瓣嘴上画了一条细线，红的，上了油；两个细长白耳朵上淡淡地描着点浅红；这样，小兔的脸上就带出一种英俊的样子，倒好像是兔儿中的黄天霸似的。

它的上身穿着朱红的袍，从腰以下是翠绿的叶与粉红的花，每一个叶折与花瓣都精心地染上鲜明而均匀的彩色，使绿叶红花都闪闪欲动。

在人们看来，"兔儿爷"有着不同一般的意义。坐象"兔儿爷"，"象"与"祥"同音，寓意"吉祥如意"。坐虎"兔儿爷"，虎为百兽之王，是统帅，寓意"事业兴盛，人脉广博"。麒麟"兔儿爷"，因麒麟吐书的典故而流传，象征着学识广博，学业有成。坐葫芦"兔儿爷"，因"葫芦"与"福禄"同音，象征着福禄双全。因而，在中国"兔儿爷"在民间非常受欢迎。

到清代乾隆年间，杨柳青印制的木版年画《桂序升平图》，就真实地记录了当时儿童祭拜"兔儿爷"的情景。但见图中的"兔儿爷"

背插令旗的兔儿爷泥塑

高坐案上，西瓜、石榴、桃和月饼供放于前，两童子跪拜，一童子击磬，神态动人。

旧时在北京东四牌楼一带，常有"兔儿爷"摊子，专售祭月用的"兔儿爷"。

在清代，这种民间节令习俗传入宫中，连皇家也要按民间习俗供奉"兔儿爷"。故宫中就收藏有多种"兔儿爷"，都是皇家小儿祭月的遗物。这些"兔儿爷"的形象，身披甲胄，背插令旗或伞盖。

旧时，一过农历七月十五，"兔儿爷"的摊子就摆出来了。在北京前门五牌楼、后门鼓楼前、西单、东四等处，到处都是"兔儿爷"摊子，大大小小，高高低低，摆得极为热闹。

阅读链接

这"兔儿爷"到底能不能带着笑模样？身后到底应该有几个令旗？民俗专家竟也有不同说法。北京有句老话说"兔儿爷的旗子——单挑"，就是因为"兔儿爷"身后只插一面旗。

这是有历史渊源的，它和"兔儿爷"的发祥地有关，人们是在寺庙里发现"兔儿爷"的，而寺庙的山门外只有一个旗杆，为了纪念"兔儿爷"，人们就在它的身后也插了一面旗。

但是到了后来，为了好看，渐渐出现了背插4个令旗的"兔儿爷"。4面旗虽然有悖于传说，但是一种可以接受的变异，"兔儿爷"作为一种传统文化符号，在传承过程中难免会发生一些变化。

不过，有一些特征绝对不能改变，它必须是人脸、兔耳朵，面容不可狰狞，不能留胡子。

饮食文化

八月十五中秋节，正值春华秋实，一年的辛勤劳动换来了丰硕的果实。届时，家家户户置办佳肴美酒，怀着丰收的喜悦欢度佳节。

每年的中秋节，在全国各地都会有赏月、吃月饼的习俗，家家都要隆重地置办一桌佳肴美酒，家人庆祝团圆的同时表达对中秋时节丰收的喜悦。

中国地大物博，不同地方会有不同的庆祝方式，各地中秋饮食习俗也不尽相同，从而形成了中国丰富多彩的中秋饮食文化。

月饼在中国的缓慢发展

中国古代称"糕饼"为"饼饵"。在中国关于面的历史上，"饼饵"一直都是糕饼的泛称。所以，"饼饵"应该是月饼的最初原型。月饼作为一种节令食品，也是由普通饼食演化发展过来的。

《周礼·醢人》郑众注述："酏食，以酒酏为饼。"贾公谚："以酒酏为饼，若今起胶饼。""胶"字写为"教"。古文字音同相

■ 中秋美食月饼

通，"教"通"酵"，应该说"酏食"是中国最早的发酵饼。

秦统一六国以后，人们生产生活水平都有了较大的提高，发酵原料普遍应用，为汉代开始形成以粉制食品为原料的饼饵行业带来了繁荣，从汉刘熙《释名·释饮食》中记载：

■ 中秋月饼与苹果

> 饼，并也，溲面使合并也。胡饼作之，大漫沍也，亦言胡麻著也。蒸饼、汤饼、蝎饼、髓饼、金饼、索饼之属，比随形而名之也。

"随形而名之"则是按饼食形状不同而起名。其中"胡饼"是用烤炉制的饼食。

到了北魏，中国第一部农业百科全书《齐民要术》中就详细记载了我们祖先制作各种饼食的制作方法，如"饼法"中，就记述了白饼法、烧饼法、髓饼法、截饼法、粉饼法。如髓饼法：

> 以髓脂、蜜合和面。制成厚四五分，广六七寸，便著胡饼炉中，令熟。勿令反复，饼肥美，可经久。

《周礼》儒家经典，西周时期的著名政治家、思想家、文学家、军事家周公旦所著，从其思想内容分析，则说明儒家思想发展到战国后期，融合道、法、阴阳等家思想，春秋孔子对其进行了极大补充。涉及内容丰富，堪称上古文化史之宝库。对礼法、礼义作了最权威记载和解释，对历代礼制影响最为深远。

太师 中国古代官名。太，亦作大。西周置，为辅弼国君之臣，历代相因，以太师、太傅、太保为三公，太师是古时三公之首，周置为辅弼国君之官，秦废，汉复置。晋代避司马师讳，曾改作太宰。晋之后复称太师，多为重臣加衔，作为最高荣典以示恩宠，并无实职。

■ 月饼制作

从这里可以看出，胡饼和髓饼应是月饼的雏形。殷商时期，人们第一次将饼和月联系在一起，据史料记载，当时的民间已经有了一种为纪念太师闻仲的"边薄心厚太师饼"，是一种简单的面皮包糖酱馅心圆饼，可以说，"太师饼"是中国月饼的"始祖"。

另外，中秋节吃饼最早是源于民族拜月的仪式。人们以饼、各色水果等奉献给月神，月神"享用"祭品之后，人们再分切饼食之。

隋唐时期，国家的统一和经济的繁荣以及大运河的开通，使得交通运输变得更为便捷，促进了南北经济文化交流。

汉朝的时候，开始有了带果仁馅料的胡饼，这是早期的月饼。汉代张骞出使西域时，引进芝麻、胡桃，为月饼的制作增添了辅料，这时便出现了以胡桃仁为馅的圆形饼，名为"胡饼"。

唐朝时，月饼初见记载。唐代民间已有从事生产的饼师，京城长安也开始出现糕饼铺，繁荣的经济使那时饼饵行业有了空前的发展，经营规模也逐渐扩大。据说唐代长安著名的胡饼店铺就不下10家。

■ 美食月饼

唐高祖时，李靖出征突厥，并于中秋节凯旋。当时，恰有一个吐蕃商人进献胡饼，李渊很高兴，手拿胡饼，指着当空的皓月说："应将胡饼邀蟾蜍。"随后，李渊将胡饼分给群臣食之，而"蟾蜍"正是月亮的别称。

后来有一年中秋之夜，唐玄宗和杨贵妃在赏月吃胡饼，唐玄宗嫌"胡饼"的名字不好听，杨贵妃仰望着天空皎洁的明月，一时心潮澎湃，便随口而出"月饼"，太宗听后大喜，便传旨将"胡饼"改称"月饼"，从此"月饼"名称便在民间逐渐流传开了。

北宋皇家在中秋节喜欢吃一种"宫饼"，民间俗称为"小饼"和"月团"。"月饼"一词也曾在南宋吴自牧的《梦粱录》中出现过，据记载，那时的月饼是菱花形的，和菊花饼、梅花饼等同时存在，并且是"四时皆有，任便索唤，不误主顾"。

后来，宋代文学家周密在记叙南宋都城临安见闻

张骞（约前164—前114），字子文，汉中郡城固人，汉代卓越的探险家、旅行家与外交家，对丝绸之路的开拓有重大的贡献。开拓汉朝通往西域的南北道路，并且从西域诸国引进了汗血马、葡萄、苜蓿、石榴、胡麻等物。曾奉命出使西域，为"丝绸之路"的开辟奠定了基础。

普天同欢的节庆习俗

■ 做月饼的模具

周密（1232—1298），南宋词人、文学家。祖籍济南，流寓吴兴。宋宝祐年间为义乌令，入元隐居不仕。自号四水潜夫。他的诗文都有成就，又能诗画音律，尤好藏弃校书，一生著述较丰。著有《齐东野语》《武林旧事》《癸辛杂识》《志雅堂杂钞》等杂著数十种。

的《武林旧事》中首次提到"月饼"的名称。

可见这时的月饼，还不只是在中秋节吃。至于"月饼"这个名词的来历，已无从考证。但是北宋著名文人苏东坡留有"小饼如嚼月，中有酥和饴"的诗句，或许这就是"月饼"名称的来源以及月饼做法的根据。

当时，制作月饼的原料已经非常广泛了，杨光辅在他所著的《淞南乐府》一书中写道：

淞南好，时物荐秋香，月饼饱装桃肉馅，雪糕甜彻蔗糖霜，新谷渐登场。

这里已说明那时月饼馅料的用料就很讲究了。糕饼制品品种繁多，糕点行业也已逐渐形成专业化。

但从文献记载看，当时的节日重在尝新，如尝石榴、枣、栗、橘、葡萄等时新水果、饮新酒等，有"秋尝"的意味，那个时候还没有将月饼作为重要的节令食品。

以月饼为中秋特色食品及祭月供品的风俗，大概始于明朝。当时，明太祖朱元璋正在领导军队平叛，约定在八月十五这一天出兵，以互赠月饼的办法把字条夹在月饼中传递消息。很快叛乱就被平定了。

消息传来，朱元璋高兴得连忙传下口谕，在即将来临的中秋节，让全体将士与民同乐，并将当时用来秘密传递信息的"月饼"作为节令糕点赏赐群臣。

此后，"月饼"制作越发精细，品种更多，大者如圆盘，成为相互馈赠的佳品。

中秋节吃月饼的习俗便在民间广泛流传开来，同时月饼也被赋上了民族抗争精神的化身意义。

据《客座赘语》记载，南京有一位铁冠道人道术高明，能预知未来之事。

明太祖对此不以为然，于是召见道人问道："今天我有什么事呢？"

铁冠道人回答说："太子某时进饼。"

《客座赘语》
为明代顾起元所著的史料笔记，成书于1617年。全书10卷，计文467篇，记述明朝南都金陵地区的地理形势、水陆交通、户籍赋役、街道坊厢、山川河流、名胜古迹、方言俗语、名物称谓、天文历法、科举制度、风土人情、习俗变化等，内容丰富多彩，无所不有。为后人留下了不少珍贵史料。

■ 中秋美食月饼

普天同欢的节庆习俗

■ 中秋月饼

《宛署杂记》成于1593年，作者为明代沈榜，湖广临湘（今湖南省临湘市）人，1590年任顺天府宛平县知县，在任期间留心时事，搜寻掌故，根据署中档案材料编著了《宛署杂记》，记载了明代社会政治、经济、历史风俗民情等资料，在北京史书匮乏的封建社会，它实际是宛平县的县志，也是北京最早的史书之一。

这天正是中秋之日，太祖遂命人将道人锁在房中，等待验证他所说的话。等到那个时辰，太子果然来进奉饼食。

在明朝宫廷，中秋之日太子要向父皇进献月饼。民间城乡更是以月饼为节日礼物互相馈送。明代文人沈榜编著的《宛署杂记》说，每到中秋，百姓制作面饼互赠，呼为"月饼"。

从这个时候开始，出现了大量关于月饼的记载，这时的月饼已是圆形，而且只在中秋节吃，是明代民间盛行的中秋节祭月时的主要供品。在《帝京景物略》中说：

八月十五祭月，其祭果饼必圆。

家设月光位于月所出方，向月而拜，则焚月光纸，撤所供，散之家人必遍。月饼月果，戚属馈相报，饼有径二尺者。

当时，一些心灵手巧的饼师，还把"嫦娥奔月"的神话故事作为食品艺术图案印在月饼上，使月饼成为更受人民青睐的中秋佳节的必备食品。

明代田汝成的《西湖游览志馀》中说：

八月十五日谓之中秋，民间以月饼相赠，取团圆之义。

中秋民间以月饼为礼品相互赠送，取"团圆"之义。苏东坡的绝句"但愿人长久，千里共婵娟"，就十分贴切地道出了人们在中秋吃月饼时盼团圆的愿望。

到了清代，清朝统治者的宫廷生活皆袭明制，每

田汝成 字叔禾，原为钱塘人，后因与诗人蒋灼交往甚厚，便移家居余杭方山。明嘉靖五年进士。曾因违背圣意而被贬。所著《炎徼纪闻》《龙凭记略》，详细记叙西南边境各兄弟民族的生活习俗。罢官后，浪迹西湖，穷览湖山，又谙晓先朝遗事。在此基础上，撰成《西湖游览志》24卷、《西湖游览志馀》26卷。

■ 中秋超大月饼

遇中秋便制月饼。为了更加适合本民族的饮食习惯，清宫在制作月饼的时候，在馅心中掺入了奶油等，出现了"敖尔布哈月饼"等特色品种，"敖尔布哈"为满语，汉意是"奶饼子"。

在块形上，清宫月饼小者寸许，大者尺余。重量上，轻者盈两，重者10千克。在品种上，除敖尔布哈月饼外，尚有桃顶月饼、供尖月饼、自来红月饼等20余种。月饼的花色品种进一步丰富。据说，大的直径有一尺余，上绘月宫蟾兔之形，用作祭祀。

清宫祭月时，多在某一院内，向东放一架屏风，屏风两侧搁置鸡冠花、毛豆枝、芋头、花生、萝卜、鲜藕。屏风前设一张八仙桌，上置一个特大的月饼，四周缀满糕点和瓜果。

祭月完毕，按皇家人口，将月饼切作若干块，每人象征性地尝一口，名为"吃团圆饼"。若皇帝驻跸避暑山庄，则在"烟波致爽"院内摆月供。中秋这一天，皇家众人还佩带"玉兔桂树"等应节荷包。

此举是为了加强家族、社会成员之间的联系，互相馈赠礼物，月饼就成为人们相互交流的信物与吉祥的象征。

普天同欢的节庆习俗

清代人们中秋赏月塑像

中秋月饼

据记载，当时在乾清宫供月御案曾出现高达十数层"月饼山"，垫底巨饼直径数十尺重10千克，而山顶小饼仅2寸大、3两重。

皇帝拜月饼祈丰年后，把精巧别致的"迷你"小饼赏予宠妃，捧酥香软糯的"敖尔布哈"，即"奶子"月饼敬奉太后，将垫底大饼切开分赐众王公大臣、妃嫔公主、福晋命妇，每人一份。

按照宫里的规矩，晚饭过后要由皇后去祭祀"太阴君"。太阴君是道教中的月神，亦称"太阴皇君"，全称"月宫黄华素曜元精圣后太阴元君"，或称"月宫太阴皇君孝道明王"。

这个规矩大概是沿袭东北的习惯，在"男不拜兔，女不祭灶"的思想下，"太阴君"是由每家的主妇来祭的。

人们会在庭院的东南角上摆上供桌，请出月光神码插在香坛里。香坛是一个方斗，晋北的斗不是圆的，是方的。街上有时偶然听到晋北人唱"圆不过月亮方不过斗，甜不过尕妹妹的温柔"。

可见，晋北的斗全是方的。斗里盛满新高粱，斗口糊上黄纸，供桌上四碟水果、四盘月饼，月饼叠起来有半尺高。

■ 中秋美食月饼

总管内务府大臣 清代另一新创的中央行政机构为内务部门。内务府的全称为总管内务府衙门，最高长官为总管内务府大臣，简称为"内务府大臣"或"总管大臣"，初为三品衙门，后升为正二品，由皇帝从满洲王公、内大臣、尚书、侍郎中特简或从侍卫、本府郎中、三院卿中升补。

另外，中间一个大木盘，放着直径有一尺长的圆月饼，这是专给祭兔时做的。还有新毛豆角、四碗清茶，把茶叶放在碗里用凉水冲一下。

就这样，由皇后带着妃子和格格等一行行完礼，就算是礼成了。整个过程异常庄重，唯恐有一点礼仪不周，得罪了神鬼，降下灾难。所以一有给神鬼磕头的机会，都是争着参加，没有一个人敢落后的。

末代皇帝溥仪，曾在中秋节赏给总管内务府大臣绍英一个月饼，直径约2尺许，重约10千克，足见清宫月饼之大。

由此可知，当时的月饼制作工艺有了较大提高，品种也不断增加，供月月饼也到处都有。

清代诗人袁景澜有一首颇长的《咏月饼诗》，其中有"入厨光夺霜，蒸釜气流液。揉搓细面尘，点缀胭脂迹。戚里相馈遗，节物无容忽……儿女坐团圆，杯盘散狼藉"等句，从月饼的制作、亲友间互赠月饼到设家宴及赏月，叙述无遗。

也有"竹枝词"写道："红白翻毛制造精，中秋送礼遍都城。"北平的俗曲也在唱着："荷花未全卸，又到中秋节，家家户户把月饼切，香蜡纸马兔儿爷，猜拳行令同赏月。"可以想见，在岁月的更迭变迁之中，月饼已经普及得相当广泛了。

中国的节日从来都是和吃联系在一起的，比如春节要吃饺子，端午要吃粽子，这和几千年是农业社会有关。节日与农业的节气紧密地联系在一起，所有节日里的吃食，都是对大地的亲近。

春节、端午和中秋，是中国传统的三大节。吃月饼自然就变得重要起来，月饼的馅可以多种多样，但甜是最主要的。

竹枝词 是一种诗体，是由古代巴蜀民歌演变过来的。唐代刘禹锡把民歌变成文人的诗体。竹枝词有三种类型，一类是由文人收集整理保存下来的，受社会历史变迁及作者思想情调的影响；二类是由文人吸收、融会竹枝词歌谣的精华创作出有民歌色彩的诗体；三类是借竹枝词格调写出的七言绝句，此类文人气较浓。

■ 月饼与茶

原因很简单，在原始的农业社会，蔗糖和蜂蜜出现之前，甜曾经是人们的一种向往和欲望，是被古代哲人认为是和光明连在一起的两件最高贵的事情，是和美连在一起的最好的一个词汇。

所以，人们一直都在说"甜美的生活"，把最好的日子用甜来表达，是最高贵的一种体现。

清代《燕京岁时记》中曾有些绝对地说：

中秋月饼，以前门致美斋者为京都第一，他处不足食也。

因此，月饼的甜味是必然的，是主要的，是体现了一个饱尝辛酸苦辣的民族，长期以来对生活特别是团团圆圆、甜甜蜜蜜生活由衷的向往和礼赞。

这一时期，也是中国糕点行业走向成熟稳定的阶段，糕点的制作不仅花色多样式增加了不少，用料也

■ 传统月饼

更加讲究了，而且技术也在不断提高，制作技巧也越来越高。

■ 广东茶点香煎南瓜饼

清人袁枚在《随园食单》中介绍道："酥皮月饼，以松仁、核桃仁、瓜子仁和冰糖、猪油作馅，食之不觉甜而香松柔腻，迥异寻常。"也出现了如曾懿《中馈录》记述"酥月饼"制作方法的书籍。

此时，各种地方特色和流派也逐渐形成。遍观全国，已形成京、津、苏、广、潮五种风味系列。月饼种类特色因地而异。

京式月饼是北方月饼的代表品种，花样众多。起源于京津及周边地区，在北方有一定市场，其主要特点是甜度及皮馅适中，重用麻油，口味清甜，口感脆松。

苏式月饼是中国的传统食品，更是江南地区人们最喜爱的一种食品。苏州是苏式月饼的发源地，苏式月饼这名字就传下来了。皮层酥松，色泽美观，馅

曾懿 字伯渊，又名朗秋。清咸丰二年（1852）出生于四川华阳县（今属成都市），一个官绅家庭。十岁时其父曾咏卒于江西鄱阳任所，其母左锡嘉带着子女返回了四川老家。曾懿自幼研读经史，擅长丹青、文辞。许多患者由于医治无效而丧生。曾懿既怜乡民之无辜，更恨庸医不识寒温，泥执古方之无能，乃废寝忘食地苦读家藏医药典籍，上始汉、唐，下迄清末，凡精辟之论述，严谨之方剂，都一一摘录下来，悉心钻研。

料肥而不腻，口感松酥，是苏式月饼的精华。苏式月饼的花色品种分甜、咸或烤、烙两类。

广式月饼主要流行于中国的南方地区，特别是广东、广西、江西等地，广式月饼之所以闻名，最基本的还在于它的选料和制作技艺无比精巧，其特点是皮薄松软、油光闪闪、色泽金黄、造型美观、图案精致、花纹清晰、不易破碎和携带方便。

潮式月饼是以糖冬瓜为馅，食之松脆滋润，属酥皮类饼食，主要有绿豆沙月饼、乌豆沙月饼等。潮式月饼身较扁，饼皮洁白，以酥糖为馅，入口香酥。用猪油做月饼是传统潮式月饼的主角，其中最为传统的潮式月饼主要有两种：一种拌猪油，称作"劳饼"；一种拌花生油，称作"清油饼"。

从农历七月起，在暑热渐退之时，月饼就在长沙上市了。眼看着生意一天比一天地红火起来，一直要做到八月十五月圆时分。但是，一旦等到中秋节过后，月饼就无人问津了。

阅读链接

传统的月饼与茶还有一定的渊源。传统的广式月饼重糖轻油，虽然月饼皮儿比较薄，不过由于内馅饱满实在、配料极为讲究，所以这种广式饼吃起来特别甜腻。于是人们就搭配重烘焙、颜色较深、口味较重的茶，如铁观音、人参乌龙茶。

此外，如果是口味为淡甜、口感绵密的改良式广式月饼，搭配带有花香类的茶，或是有清香味的茶，就有提味的功能。至于外皮酥松香滑、皮馅分离、口感清爽不腻的台式月饼，则可考虑搭配各类乌龙茶，如天雾茶、冻顶乌龙茶等都是理想的选择。

而吃起来酥松香脆、甜腻适口的苏式月饼，含油量多，糖味特别重，搭配清香的茉莉香味，如茉莉花茶、茉莉乌龙茶，口感会比较好，尤其芬芳的茉莉香味四溢于口腔时，让人觉得有清爽的滋味。

在唐代，中秋赏月、玩月颇为盛行。在北宋京师，八月十五夜，满城人家，不论贫富老小，都要穿上成人的衣服，焚香拜月说出心愿，以祈求月亮神的保佑。

南宋，民间以月饼相赠，取"团圆"之意。有些地方还有舞草龙、砌宝塔等活动。明清以来，中秋节的风俗更加盛行，许多地方形成了烧斗香、树中秋、点塔灯、曳石、放天灯、走月亮、舞火龙等特殊风俗。

中国各地的中秋节习俗异彩纷呈，秉承着中国古老的中秋月圆人更团圆的信仰，凝聚着中华民族的精神，被千古传承。

佳期节俗

用以抒怀遣兴的猜灯谜

那是在很久以前，每到中秋佳节，京城都会举行盛大的庆祝活动，成为一个响当当的不夜城，赏灯之会上百姓杂陈，诗谜书于灯、映于烛、列于通衢，任人猜度，所以称为"灯谜"。其实，猜谜语变成猜灯谜，当中还有个有趣的故事。

猜灯谜

习俗流布

佳期节俗

彩色灯笼

　　曾经有一个姓胡的财主，人称"笑面虎"。这笑面虎嫌贫爱富，平日鱼肉乡里，人们都很讨厌他。村里有位叫王少的穷秀才，决定要逗逗这个笑面虎。

　　有一年，中秋将临，各家各户都忙着做花灯，王少也乐哈哈地忙了一天。到了中秋灯节的晚上，王少打出一盏花灯上了街。只见这花灯扎得又大又亮，更为特别的是上面还题着一首诗。

　　王少来到笑面虎门前，把花灯挑得高高的，引得好多人前来围看，笑面虎也忙挤到花灯前，只见灯上题着四句诗：

> 头尖身细白如银，论秤没有半毫分，
> 眼睛长到屁股上，光认衣裳不认人。

　　笑面虎一看，气得哇哇乱叫："好小子，胆敢来骂老爷!"喊着，就命家丁来抢花灯。

　　王少忙挑起花灯，笑嘻嘻地说："老爷，咋见得是骂你呢?"

《红楼梦》 中国古代四大名著之一，章回体长篇小说，原名"石头记""情僧录""风月宝鉴""金陵十二钗""还泪记""金玉缘"等，梦觉主人序本正式题为"红楼梦"。本书前八十回由曹雪芹所著，后四十回高鹗续，程伟元、高鹗整理。《红楼梦》是一部具有高度思想性和艺术性的伟大作品。

笑面虎气呼呼地说："你那灯上是咋写的？这不是骂我是骂谁？"

王少仍笑嘻嘻地说："噢，老爷是犯了猜疑。我这四句诗是个谜，谜底就是'针'，你好好想想是不是呀？"笑面虎一想：可不是哩！只被气得干瞪眼，转身狼狈地溜走了。周围的人见了，只乐得哈哈大笑。

第二年中秋，人们纷纷仿效，将谜语写在花灯上，供人猜射取乐，所以就叫"灯谜"。以后相沿成习，猜灯谜成了中秋佳节的重要活动内容，《红楼梦》里有好几个章回都描绘了清人制猜灯谜的情景。

灯谜活动虽属艺文小道，然上至天文，下至地理，经史辞赋，包罗无遗，非有一定文化素养不易猜射。而其奥妙诙奇，足以抒怀遣兴、锻炼思维、启发性灵，是一种益智的娱乐活动。

据考证，灯谜最早是由谜语发展而来的，起源于

■ 月亮彩灯

灯笼上的灯谜

春秋战国时期。它是一种富有讥谏、规诫、诙谐、笑谑的文艺游戏。谜语悬之于灯，供人猜射，开始于南宋。在《武林旧事·灯品》中记载：

> 以绢灯剪写诗词，时寓讥笑，及画人物，藏头隐语，及旧京诨语，戏弄行人。

　　猜灯谜是中国传统的娱乐形式，它运用艺术的手法和汉字的规律，着眼于字义词义变化，常用一个词句、一首诗来制成谜语，既能达到娱乐的目的，又可使人增长知识，为人们所喜闻乐见。

　　春秋战国时期，宫廷和墨客中出现了"隐语""文义谜语"等文字游戏，这可以说是最早的灯谜。那时一些游说之士出于利害考虑，在劝说君王时有些事情往往不好把本意说出，而借用别的语言来暗

隐语 也叫"隐"，古字为"言隐"，是古时候对谜语的一种叫法。也是人与人交流的另外一种方式，说话交流是基本的交流方式，主要通过声音传播，在《文心雕龙》中有关于隐语含义相关解释，是"遁词以隐意，谲譬以指事"。

■ 百家姓灯笼

示，使之得到启发。

这种"隐藏"的话语当时叫作"廋词"，廋就是"隐藏"的意思，所以有时候也叫"隐语"。秦汉以后，这种风气更加盛行，东汉曹娥碑后题有"黄绢幼妇，外孙齑臼"，射"绝妙好辞"，即是"隐语"。

中国南朝文学理论家刘勰创作的文学理论著作《文心雕龙·谐隐》指出：

> **自魏代以来……而君子嘲隐，化为谜语。**

唐宋时代，"文义谜语"日渐发展，制谜和猜谜的人多起来了。至南宋时，每逢佳节，文人墨客把谜语写在纱灯之上，供人们猜测助兴。灯谜至此可以说是名副其实的灯谜了。

至明清时代，春节前后各城镇皆张灯悬谜，盛况空前。如光绪年间有竹西后社、射虎社、萍社等灯谜

《文心雕龙》是南朝文学理论家刘勰创作的一部文学理论著作，是中国文学理论批评史上第一部有严密体系的、"体大而虑周"的文学理论专著。全书共10卷，50篇，以孔子美学思想为基础，兼采道家，全面总结了齐梁时代以前的美学成果，细致地探索和论述了语言文学的审美本质及其创造、鉴赏的美学规律。

组织，其中谜手云集，每以茶馆酒肆，或在自家私宅作为灯谜活动场所。或研究探讨，或张灯悬谜，招引猜射，娱乐民众。

谜灯有四面，三面贴题签，一面贴壁，此灯又名"弹壁灯"。猜中者揭签，获小礼品留念。清家震涛有《打灯谜》诗云：

一灯如豆挂门旁，草野能随艺苑忙。

欲问还疑终缱绻，有何名利费思量。

总体来说，灯谜的结构是由三个基本要素组成的，即"谜面""谜目"和"谜底"，这三个部分缺一不可。"谜面"是告诉猜谜者的条件，也是猜谜者思考的依据。而"谜目"是限定所猜的是哪类"事物"，是答案所属的范围，"谜底"就是答案了。

作诗有作诗的规则，它讲究押韵，做对联有做对联的法门，它讲究平仄和对仗，猜灯谜也有两条约定俗成的规则。

单纯的词汇解释或知识问答，不能算是灯谜，只算是谜语，也只

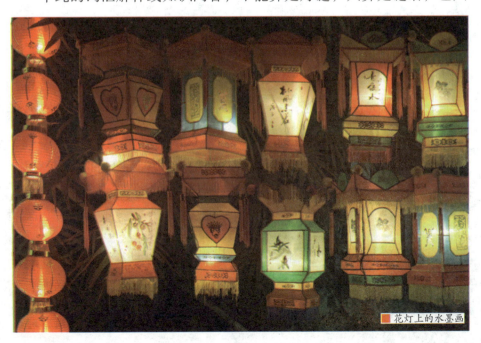
■ 花灯上的水墨画

灯笼上的灯谜

能被看作是低级的作品。例如，每个人都知道"桂林山水甲天下"，若以"山水甲天下"猜中国的地名"桂林"，这纯属一种文字解释，毫无谜味。

如果以"山水"合成"汕"字"甲天下"会意为"头"字，而猜作地名"汕头"，底、面两个原本毫不相干的文句，却能互相搭配，岂不趣味盎然。

谜面上的字，绝对不能在谜底出现，除非有标明露春格，否则，底、面不能相犯，如以"普天同庆"猜店招"大家乐"，很多人猜"全庆"。因为谜底已犯着一个"庆"字了，所以这个答案就肯定不能成立了。

有些灯谜，巧妙地借用了偏旁表义的造字规律。例如尧加火才好煮熟饭。还有一些是一半描写字形，一半是影射字义的。例如臭字的谜面就是：因为自大一点，惹得人人讨厌。

灯谜的谜体有多种多样，正扣法也称"正面会意法"或"正猜"，此法是根据谜面所表达的正面含义，不抄曲径，直接去领会、推理，从而联想出谜底。例如以"择日乔迁"猜成语"改天换地"就是直接会意为改天换地。

猜谜倘正扣法行不通，便要变通扣法，不可在单一种扣法中钻牛角尖，否则将永远找不到谜底。反扣法也称"反面会意法"，此法与正扣法恰恰相反，根据谜面暗示，从反面去推理，寻求谜底。例如以"暗语"猜俗语"不明白"，底和面虽说法相反，但原意却是一样的。

侧扣法不是从正面会意，也非由反面猜射，而是由侧面衬托或由中间突出。例如以"进退皆忧"猜成语"乐在其中"就是解"进亦忧，退亦忧"，便夹击出"乐"在中间了。

别解法是利用汉字一字多音，多义的特点，改变本义，另作解释，使谜语妙趣横生，这种手法一向被推为正宗灯谜。还有采用谜面别解者，例如以"不老实"猜植物"长生果"，谜面的"实"字不作"诚实"解，而别解为"果实"再以"长生"扣"不老"构成谜底"长生果"。

增字法是给谜底或谜面增加某些字或字的偏旁、部首，组成另一个字或词。例如"更"猜成语"与人方便"意思就是"更"字增加"人"旁方成为"便"字，以"青"字猜常用语二，谜底是"不放

■ 中秋猜灯谜

字谜 一种文字游戏，也是汉民族特有的一种语言文化现象。它主要根据方块汉字笔画繁复、偏旁相对独立，结构组合多变的特点，运用离合、增损、象形、会意等多种方式创造设置的。字谜有广义、狭义之分。广义的字谜，指所有的文字词语谜，如字类谜、词类谜、句类谜等。狭义的字谜，指单个汉字谜语。

心""难为情"，意思就是"青"字要放一个"心"字才成为"情"字，这则谜语的妙处是用反语来解答。

损字法是把谜面的字去掉某些笔画而得出谜底。例如古谜"春雨连绵妻独宿"，猜"一"字，意思是"春"天下雨就看不见"日"，妻独宿即"夫"不在，"春"字去掉"日、夫"二字成"一"字。以"个个不落后"猜简体字"丛"字，谜面前三个字别解都落掉后面一部分，成"人、人、一"三个字，合成"丛"字。

增损法是同一谜语中，它结合了前面所述的"增字"和"损字"两个法门。例如"身残心不残"猜"息"字，以"身残"扣"自"字以心不残扣"心"字先损后增，扣合谜底"息"字。以"菜田锄草浇水"猜"潘"字，意思是先将"菜"字去掉草头，合"田"成"番"字，再浇"水"便成"潘"字，增损

■ 中秋猜灯谜

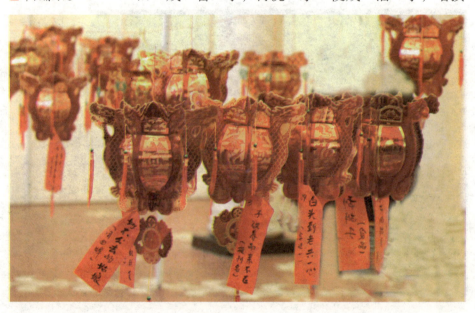

并用，趣味无穷。

灯谜的谜底范围更广，从字谜、成语、诗词、各种用语，到事物、事件等皆可入谜。民间谜语的谜面往往是山歌体的民谣，以四句形式出现较多，讲究押韵而有节奏，读之可以朗朗上口，而且形象生动，便于口头传诵。

由于民间谜语通俗易懂，故大多数都适宜少年儿童猜射。因此，有时也把民间谜语称作儿童谜语。而"灯谜"的规则比较严格，文学特征也比较强，因而猜射难度也比较大，需要一定的学识水平，因而对成年人来说更有趣味。

中秋猜谜语

阅读链接

中国古典文学名著《红楼梦》中有很多有趣的灯谜。贾环的：大哥有角只八个，二哥有角只两根。大哥只在床上坐，二哥爱在房上蹲。打一用物（枕头，兽头）。贾母的：猴子身轻站树梢。打一果名（荔枝）。贾政的：身自端方，体自坚硬。虽不能言，有言必应。打一用物（砚台）。元春的：能使妖魔胆尽摧，身如束帛气如雷。一声震得人方恐，回首相看已化灰。打一玩物（爆竹）。迎春的：天运人功理不穷，有功无运也难逢。因何镇日纷纷乱，只为阴阳数不通。打一用物（算盘）。探春的：阶下儿童仰面时，清明妆点最堪宜。游丝一断浑无力，莫向东风怨别离。打一玩物（风筝）。

中秋时节的舞火龙与摸秋

　　那是在很早之前，香港的大坑区只是一个客家渔村，村民以耕种及打鱼为生。在一次风灾袭击后，出现了一条蟒蛇，四处作恶，村民们四出搜捕，终于把它击毙。不料，次日蟒蛇却不翼而飞了。

■ 舞龙表演

中秋舞龙灯活动

数天后，大坑便发生了一场前所未见的瘟疫。这时，村中父老获菩萨托梦，说是只要在中秋佳节舞动火龙，便可将瘟疫驱除。

说起来也奇怪，这个当时的无奈之举竟然奏效了。从此，舞火龙就流传了下来，据说舞了火龙后还可以趋吉避凶，保佑一年的风调雨顺。

不管这传说有多少迷信成分，但中国毕竟是龙的故土，在香港大坑中秋节舞火龙已有100多年的历史，这是值得珍视的。而大坑区的舞火龙活动规模颇大，轮番舞龙者达3万多人，场面甚是宏大。

从每年的农历八月十四晚起，大坑地区就一连3晚举行盛大的舞火龙活动。火龙长达70多米，用珍珠草扎成32节的龙身，插满了长寿香，由青壮小伙子赤膊上阵，挥舞跑动。

盛会之夜，大坑地区的大街小巷，一条条蜿蜒起

客家 客家先民始于秦征岭南融合百越时期，历经西晋永嘉之乱、东晋少数民族南下，中原汉族大举南迁，大部分到达广东、福建、江西等地，与南方百越群体互通婚姻，经过千年演化，直到南宋时期逐渐形成的一个具有独特方言、风俗习惯及文化心态的稳定民系。

伏的火龙，在灯光与龙鼓音乐下欢腾起舞。龙身是用稻草或珍珠草扎成，头部是由藤条屈曲为骨架，以锯齿的铁片作为龙牙，眼睛是装上的手电筒，舌头是漆红的木片，引龙的珠原来是个沙田柚。

整条龙每部分都插上香火，在夜间舞动，点点星火，十分生动好看。村民们还会点燃鞭炮扔向火龙，小伙子们则舞动着龙头龙身，向抛来的鞭炮左推右挡。舞龙的小伙子们并不怕鞭炮烧，反而认为烧的泡越多，则以后可以好运连连。

自古以来，中秋丰厚的内涵，留存着中国独特的文化记忆。那不尽的思乡思亲之情，都融入了千百年来传诵的诗词、民谣、歌赋，以及"兔儿爷"文化、花灯文化、舞火龙文化等载体之中，让中华民族的中

■ 中秋舞龙灯活动

398

普天同欢的节庆习俗

■ 中秋舞龙灯表演

秋文化世代传承。

　　走月亮是汉代吴地的旧俗，清代的沈复在《浮生六记·闺房记乐》中记载：

　　　　中秋日……吴俗，妇女是晚不拘大家小户，皆出，结队而游，名曰"走月亮"。

　　清代顾禄的《清嘉录·走月亮》也说：

　　　　妇女盛妆出游，互相往还，或随喜尼菴，鸡声喔，喔，犹婆娑月下，谓之"走月亮"。

　　就是说，以前江苏地区的妇女，在中秋夜要"走月亮"。一般是结伴在月下游玩，或互相走访，或拜

顾禄　约生活在元末明初。以太学生除太常典簿，后为蜀府教授。少有才名，嗜酒善诗，才情浪漫，有"西京诗博士，一代酒神仙"之美誉。精于隶书、行草。书法宗汉隶，结体工整，笔法圆转灵动，厚重古雅的风度，他曾著有《桐桥倚棹录》。诗歌有《过鄱阳湖》。

姑苏 指苏州市姑苏区。东接昆山，南连苏州吴中，西邻苏州虎丘，是苏州重要的经济、对外贸易、工商业和物流中心，也是重要的文化、艺术、教育和交通中心。姑苏物华天宝，人杰地灵，被誉为"人间天堂"，素来以山水秀丽、园林典雅而闻名天下，又有其小桥流水人家的水乡古城特色。

佛庵，或举行文艺活动。

据说苏州的妇女走月亮，至少要走过三座桥，才可以称为"走三桥"，有的甚至要走过更多的桥而不许重复，这就不仅需要体力，还需动智力。正如清代周宗泰的《姑苏竹枝词》云：

中秋共把斗香烧，姐妹邻家举手邀。
联袂同游明月巷，踏歌还度彩云桥。

"摸秋"其实就是"偷秋"的意思。相传在元朝末年，淮河流域出现了一支农民起义军，这支队伍纪律严明，所到之处秋毫无犯。

一天，起义军转移到淮河岸边，深夜不便打扰百姓，便旷野露天宿营。有几位兵士饥饿难忍，在田间摘了一些瓜果充饥。此事被主帅发觉，等天明了便准

■ 中秋舞龙表演

■ 中秋舞龙表演

备将那几个兵士治罪。

村民们得知后，纷纷向主帅求情。为开脱兵士的过错，有一老者随口说道："八月摸秋不为偷。"那几个兵士因此话而获赦免。

那天正好是立秋节，从此留下了"摸秋"的习俗，尤其是在我国湖北荆州地区，这一风俗更胜。据清代梁绍壬《两般秋雨随笔》中记载：

> 女伴秋夜出游，各于瓜田摘瓜归，为宜男兆，名曰摸秋。

每年中秋节的夜里，当明月升起的时候，无论男女老少都走出家门，到别人家的田埂边、菜园里或山坡上去摸瓜果、蔬菜和豆类。

老人去村野摸"安乐菜"希望家庭祥和兴旺。做

立秋 是二十四节气中的第十三个节气，每年8月7日或8日立秋。"秋"就是指暑去凉来，意味着秋天的开始。到了立秋，梧桐树开始落叶，因此有"一叶知秋"的成语。从文字角度来看，"秋"字由"禾"与"火"字组成，是"禾谷成熟"的意思。秋季是天气由热转凉，再由凉转寒的过渡性季节，立秋是秋季的第一个节气。

生意的老板娘上山坡摸芝麻，也叫"节节高"，期望生意兴隆。年轻人去溪边摸"甜到梢"，即甘蔗，盼望事业有成。小媳妇去田埂边摸南瓜，因为"南"与"男"谐音，所以企盼能生个儿子。小伙子则去小路旁摸蛾眉豆，因为在当地；蛾眉豆是美女的代称，期待以后自己能有一个漂亮的女儿。正在热恋的情侣们，会去莽林野地摸百合花，共同祝愿白头偕老，百年好合。

摸秋人的这些举动都是背着他人做的，形式上像偷，而又不是偷。这种风俗，在当时象征着人们的一种喜悦，代表着一种吉祥，也反映了当时人们对丰收的希望和梦想。

后来，摸秋成了小孩子们乐此不疲的一种中秋习俗，这天夜里，家长会放纵自己的孩子到别人家田中"摸秋"，如果是摘得葱，则认为小孩儿长大后能聪明；如果是摘得瓜，则认为以后小孩儿吃喝不愁。而丢了"秋"的人家，无论丢多少，从不叫骂，反而会一起祝福这些可爱的孩子。

阅读链接

在湖南，也有舞火龙习俗，从中秋节起，连续三天，湖南的大路边镇与星子镇都会舞火龙，特别是最后一天，舞火龙会达到高潮，一条条火龙走街串巷，给各家各户带来好运气，然后聚集到镇中心集中舞蹈。

旁观者用鞭炮往赤膊的舞龙者身上丢过去，鞭炮在年轻人的身上炸开。但是勇敢的舞龙者却不在意，而且欢迎别人这样。

第二天的白天，你走过大路边镇与星子镇，可以看到一身伤口的年轻人，他们看上去，俨然一脸的自豪。据说，红药水涂得越多，来年的生活越红火、运气越旺。

小城连州，从大路边镇与星子镇出的官员最多，是不是舞火龙带来的运气呢？只要鞭炮不停，火龙就会不停地舞下去。

九九踏秋

重阳节俗与登高赏菊

农历九月初九，为中国的传统节日重阳节。因为《周易》中把"六"定为阴数，把"九"定为阳数，九月初九，日月并阳，两九相重，故而叫"重阳"，也叫"重九"。重阳节又名"登高节""菊花节""茱萸节""老人节"等。

重阳节是杂糅多种民俗为一体而形成的中国传统节日。庆祝重阳节的活动一般包括出游赏景、登高远眺、观赏菊花、遍插茱萸、吃重阳糕、饮菊花酒等活动。

因为"九与""久"同音，在数字中又是最大数，有"长久长寿"的含义。因此，重阳佳节寓意深远，人们对此佳节历来有着特殊的感情。

节流衍化

先民们崇拜火神以祈福求寿

传说在上古时期的农耕社会，每年农历九月，农事已经基本完毕，华夏先民往往把丰年庆典和祭神祀祖等活动安排在这个月进行。

据中国最早的古代百科全书《吕氏春秋》中的《季秋纪》记载，

■ 原始人生活场景

原始人用火

在农历九月农作物丰收之时，先民们有飨天帝、祭恩祖的活动。这一习俗发展到战国时期，逐渐被条令化和典章化了。

由于这是一种丰年庆祝活动，所以农历九月庆典习俗明显带有饮酒狂欢的色彩和特点，有着大量娱乐内容，如祭神、飨帝、田猎、野宴等。

直至原始社会时期，社会生产力特别低，人们对火和火神非常崇拜。因为有了火，才使人类与动物界彻底分开，从而吃上了熟食，火在促进人类的发展上起着至关重要的作用，对于人类的社会生产活动有着重大的影响。

火的应用，使先民们较早地认识了它的功用以及和自身的利害关系，从而对火产生了敬畏之心，并把它当作神灵加以崇拜。

为了表达对火神的尊敬和爱戴，人们把天上最亮的心、宿二星看作是火神的化身，称其为"大火星"，并把它当作热冷季节转换的标志。后来，人们通过观察大火星出没的位置来确定季节的转换。

原始人生火烧饭

公元前3000年左右的颛顼时代，专门设立了"火正"的官职，掌管民事并观测大火星的运行规律。

颛顼去世后，帝喾即位，任命重黎任火正一职。重黎用火来教化民众，德被四方，为改善民众生活做出了巨大贡献，重黎被称为能够"光融天下"之人。重黎去世后，帝喾封他为"火官之神"。后来民间称他为"火神祝融"。

祝融居住在南方的尽头衡山，他传下火种，教人们用火的方法，祝融指挥自己的子孙刀耕火种，点燃火把，驱散了漫长黑夜，烧熟食物，结束了茹毛饮血的时代。

祝融还是一个音乐家，他经常在高山上奏起悠扬动听、感人肺腑的乐曲，名为"九天"，使黎民百姓精神振奋，情绪高昂，对生活充满热爱。

祝融以后，火正一职就专门负责观测大火星。通过观察人们发现，每年的农历九月，大火星逐渐隐退，寒冷逐渐来临，此时妖魔横行，因为食物不足，许多人都会在严寒中死去，古人称之为"阳九之厄"。东晋葛洪所著的《西京杂记》云："三月上巳，九月重阳，仕女游戏，就此祓禊登高。"

在巫术盛行的时代，人们习惯于创造一些带有象征性的习俗，以达到辟邪消厄的目的。其中，最便于流传的是佩俗和食俗，而这正是后世重阳节诸多食俗和佩俗的源头。这些祭祀活动成为中国社会农耕文明的重要组成部分。

阅读链接

中国最早的农事历书《夏小正》称"九月内火"，意即农历九月时大火星要休眠。大火星的隐退，不仅使一向以大火星为季节生产与季节生活标志的古人失去了时间的参照，同时使那些将大火奉若神明的先人们产生了莫名的恐惧，他们认为火神的休眠意味着漫漫长冬的到来。

为了表达对火神的喜爱、尊敬，并祈求火神早日重回人间，驱走长冬的寒冷，给人们带来光明和热量，先人们在农历九月"内火"时举办各种仪式来祭奠火神，辟邪消厄，祈求保佑。参加祭祀的人们用敲打木棒、石块和吟诵悼念之词等多种古老的方式来祭祀火神。

这种火神崇拜与祭祀仪式，成为后来求长生、辟灾邪等习俗的主要来源。因此，有人把重阳节也称作"死亡节"，把它和三月三复活节联系在一起，相互之间存在着对应的关系，构成了一组特定的节日系统。

九月庆典固定在九月初九

商朝末期，西伯侯姬昌创作了中国古代哲学书籍《周易》。在《周易》中把"六"定为阴数，把"九"定为阳数，以数术推算天地万物的变化，预测人的吉凶祸福。三之数代表乾，六之数代表坤，两项结合为九之数，则代表乾坤，即天地万物。

古人重阳赏菊

九数老阳，为最高阳数，或称"阳之极"，是标志事物向反方向变化发展的起点。而农历九月初九，正是两个最高阳数之重合，故称"重阳"，也叫"重九"，意味着在这一天天地万物将要发生重大的变化。

因为《周易》这种解释的流行，使在先秦时期流传已久的九月丰年各种庆典和祭祀活动有了

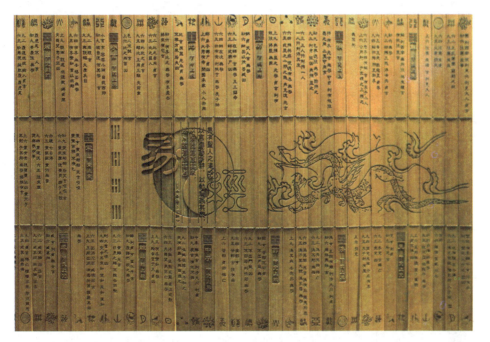

■ 竹简书《周易》

一个固定的日期，即农历九月初九这一天。

后来中国古代百科全书类著作《吕氏春秋》中的《季秋纪》记载：

> 九月命家宰，农事备收，举五种之要。藏帝籍之收于神仓，祗敬必饬。是日也，大飨帝，尝牺牲，告备于天子。

可见当时已有在农历九月农作物丰收之时祭飨天帝、祭祖，以谢天帝、祖先恩德的活动，用以感谢天地赐予的丰收。

战国时期，楚国著名诗人屈原在《远游》里写道：

> 集重阳入帝宫兮，造旬始而观清都。

这里首次出现了"重阳"一词，但是在当时重阳

《周易》 中国最古老的文献之一，并被儒家尊为五经之首，属于上古三大奇书，《黄帝内经》《周易》《山海经》。《周易》以一套符号系统来描述状态的变易，表现了中国古典文化的哲学和宇宙观。它的中心思想，是以阴阳交替的变化描述世间万物的变化。

古代女子采茱萸图

还不是一个节日。

此时，在重阳有了佩茱萸的习俗，这个习俗起源于吴楚。当时，实力弱小的吴国每年必须向强邻楚国进贡，其中，有一年派出使者，将本国特产吴萸作为药材献给楚王。楚王不识吴萸为何物，反认为是吴国在戏弄他，于是大发雷霆，并把吴国使者赶了出去。

楚王身边有位姓朱的大夫，问吴国使者惹怒楚王原因。使者说，吴萸乃吴国上等药材，有温中止痛、降逆止吐之功效，善治胃寒腹痛、吐泻不止等症。因素闻楚王有胃寒腹痛的痼疾，故而献之。朱大夫听罢，就把吴萸收下，并精心保管起来。

次年，楚王旧病复发，腹痛如刀绞，群医束手无策。朱大夫见时机已到，取出吴萸煎熬后献给楚王服下，片刻后楚王的肚子就不痛了，楚王大喜，重赏朱大夫，并询问药的由来。朱大夫便把吴国使者献药之事一一叙述。楚王听后非常懊悔，一面派人携带礼品向吴王道歉，一面命人广植吴萸。

又过了几年，楚国瘟疫流行，腹痛病人遍布各地，全靠吴萸挽救了成千上万百姓的性命。楚国百姓为感谢朱大夫的救命之恩，便把吴萸改称"茱萸"。

后来，楚地的人们把茱萸的药用功能神秘化，并把茱萸看作是能够辟邪除魔的神物，而用作装饰物或随身佩戴。屈原在《离骚》中写道：

椒专佞以慢慆兮，
樧又欲充夫佩帏。

茱萸一是花朵艳丽，给人以很强的视觉上的美感；二是香味浓烈，是很好的提神植物；三是茱萸具有药用价值，中国传统医药理论认为它有治寒驱毒的功效。茱萸叶可治霍乱，根可以杀虫。茱萸有微毒，有除虫作用，制茱萸囊的风俗正是由此而来。

■ 重阳日佩茱萸图

与此同时，大多数人已经在开始关注菊花了。最早的菊花记载见于《周官》和《埠雅》。《礼记·月令篇》：

季秋之月，鞠有黄华。

这是说，菊花开放的时间是每年秋天的秋末，农历九月份，所以菊花也叫"秋花"。菊花的 "菊"字，在古代是"穷、尽"的意思，是说一年之中花事到此结束，菊花的名字就是按照它的花期来确定的。

中国第一部诗歌总集《诗经》和屈原的浪漫主义的政治抒情诗《离骚》中都有菊花的记载。屈原在

大夫 古代官名。西周以后先秦诸侯国中，在国君之下有卿、大夫、士三级。大夫世袭，有封地。后世遂以大夫为一般任官职之称。秦汉以后，中央要职有御史大夫，备顾问者有谏大夫、中大夫、光禄大夫等。至唐宋尚有御史大夫及谏议大夫之官，至明清废。

《离骚》中写道:

朝饮木兰之堕露兮,夕餐秋菊之落英。

在《惜诵》中屈原还说种香菊的目的是待到春天干粮用,明白地写出以菊花糕作为养生的食物。

播江离以滋菊兮,原春日以为粮芳。

在《东皇太一》一诗中,屈原还写道:

奠桂酒兮椒浆。

椒浆就是茱萸酒,与桂花酒一起祭奠东皇太一神。此时人们已经意识到菊花的妙用,并食菊花来表达不与世俗同流合污的高尚气节。

阅读链接

《周礼》记载,君王四季田猎,分别称作春搜、夏苗、秋、冬狩,作为礼仪的田猎被后来的统治者沿袭了下来。中国古代第一部典章制度书籍《礼记·月令》里也记载着古代帝王九月狩猎练武的制度。

在战国之前,狩猎是军事大典,为练兵的综合演习。有一年,赵国在边境上集结了大批军队。魏王以为是赵军要进攻魏国,便要调兵遣将以为防备。

魏公子无忌的情报灵通,得知是赵王狩猎,这才免去了一场惊慌。一个诸侯王的狩猎就和打仗一样,说明其规模之大。随着军事战术的变化,狩猎不再作为阅军的大典,而变为重阳节骑马练兵、讲武习射的节日。

食俗和佩俗在民间的传播

直至西汉初期，重阳节进一步融合了多种民俗因素及神秘观念，逐渐确定了辟邪求寿和秋季狂欢的节日内涵，过节的形式也逐渐确定为登高、宴饮、吃糕、赏菊和佩戴茱萸。

后来，这些食俗和佩俗得到流传，并由宫廷传入了民间，逐渐地节日化和世俗化，变成了大众性的节日。

西汉的开国皇帝汉高祖刘邦的老家在江苏沛县，原为楚国地区，受楚风俗影响很深，因而对过重阳节的习俗很熟悉，也很喜爱。

古代地理书籍《三辅黄图》记载：每年农历九月初九，汉高

重阳节赏菊图

费长房 汝南人。传说从壶公入山学仙，未成辞归。能医重病，鞭笞百鬼，驱使社公。与其相关的成语有"悬壶济世""壶中天地"等，是重阳起源传说中的一位神仙。

祖刘邦和宠妾戚夫人在长安宫里，边饮菊花酒边下棋，有说法是：

胜者终年有福，负者终年疾病，取丝缕就北斗星辰求长命乃免。

后来，戚夫人的贴身侍女贾佩兰出宫后，把宫中重阳节习俗带到了民间，重阳节逐渐成为一个全国性的节日。

《西京杂记》中还记载了宫人贾佩兰的话：

■ 桂菊山禽图

九月初九佩茱萸食蓬饵，饮菊花酒，令人长寿。

后来的《长安志》记载：汉代京城长安郊外有一小高台，每年的农历九月初九，人们登高台游玩观景。

到了东汉，各地流传着许多重阳节的民间传说，明确记载重阳节的具体时间和各种习俗。

传说在东汉时期，河南汝河两岸突发瘟疫，百姓死者十之八九。人们纷纷传说，在汝河里住着一个瘟魔，每年都会出来传播瘟疫，危害人间。

汝南有个人名叫桓景，决心替乡民除害。他打听到东南山中住了一个叫费长房的神仙，就毅然决定前去拜访。

桓景翻越了千山万水，历尽千辛万苦，终于找到费长房的仙居。他恭恭敬敬地在门口跪了两天两夜。到了第三天，大门忽然开了，一个白发老人笑眯眯地对他说："我已知道你为民除害心切，快跟我进院吧！"

仙人费长房给了桓景一把降妖青龙剑，并让他练习降妖的法门。

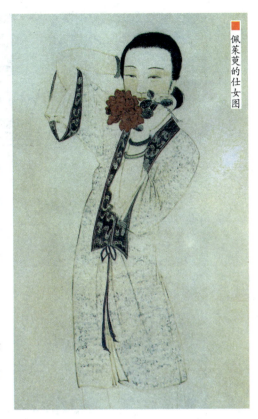

佩茱萸的仕女图

417

岁月印记

节流衍化

有一天，桓景正在练剑，费长房走过来对他说："今年九月九，汝河瘟魔又要出来害人。你赶紧回乡为民除害，我给你茱萸叶子一包，菊花酒一瓶，让你家乡父老登高避祸。"说完，仙人就用手招来一只仙鹤，把桓景载送回汝南。

农历九月初九那天，桓景带着全村老少登上了附近的一座山，还把茱萸叶子分给每人一片，让瘟魔不敢近前。他又把菊花酒倒出来，让每人喝一口以辟瘟疫。待一切安排妥当后，桓景带着降妖青龙剑回到村中等着斩杀瘟魔。

不一会儿，只见汝河里狂风大作，瘟魔果然出水走上岸来。瘟魔四处搜索，发现人们都在山上欢聚，就冲到山下，却被酒气及茱萸的香味吓得不敢上前了。

瘟魔一回头，又看见桓景抽出宝剑怒目而视。桓景和瘟魔斗了

普天同欢的节庆习俗

■ 古人登高图

韩信（前231—前196），西汉开国功臣，中国历史上杰出的军事家，与萧何、张良并列为"汉初三杰"。韩信是中国军事思想"谋战派"代表人物，被萧何誉为"国士无双"，刘邦评价为："战必胜，攻必取，吾不如韩信。""功高无二，略不世出"是当时人们对他的评价。被后人奉为"兵仙""战神"。

几个回合，瘟魔斗不过桓景，于是转身就跑。桓景"嗖"的一声抛出宝剑，宝剑闪着寒光，一眨眼就把瘟魔钉死在地上。

从此，汝河两岸的百姓，就不再受瘟疫的侵袭了。人们便把农历九月初九登高避祸的习俗，一代代地传了下来，这才逐渐形成了后来的重阳节。

在楚汉战争时，还有一个有关风筝的传说。

相传公元前203年至公元前202年间，是楚汉相争对峙的最后阶段，汉兵先包围楚营，汉将张良借大雾迷漫之机，从南山之隐放起丝制的大风鸢，并让吹箫童子卧伏其上，吹奏楚歌，同时命汉军在四面唱起楚歌，使楚营官兵思乡心切，不战而散，楚王项羽也自刎于乌江边，留下了张良"吹散楚王八千子弟兵"的传说。风鸢就是后来的风筝。据《诚斋杂记》载：

韩信约陈豨从中起，乃作纸鸢放之，以量未央宫远近，欲穿地入宫中。

鸢产生于战争之中，用于战争之时，它随着中国丝织业和造纸的发明，不断演变、发展。

在历史上，风筝的用途曾经有过多次的转换，其最初的功能据说是用于军事，许多历史资料中都曾提到：汉将韩信曾将风筝放飞到空中，根据风筝的放飞线长度来计算到未央宫的距离之事。

而南北朝时"羊车儿献策作纸鸢"，讲的是这样一则故事。据说南朝萧梁时，侯景叛乱，包围了京都建康，攻入了外城，皇帝百官都被困于台城内，与援军音讯隔绝。

这时"有羊车儿献策作纸鸢"，在几十个风筝上题写求援信，借西北风放出去。风筝上写明，有人拾到风筝并送给援军，可以得到100两银子的报酬。梁太子萧纲亲自带人把风筝放了出去。这也是后世中秋节放纸鸢风俗的雏形。

阅读链接

古时菊花酒，是头年重阳节时专为第二年重阳节酿制。农历九月初九这天，采下初开的菊花和一点青翠的枝叶，掺和在准备酿酒的粮食中，然后一齐用来酿酒，第二年农历九月初九饮用。

传说喝了这种酒，可以延年益寿。从医学角度看，菊花酒可以明目、治头昏、降血压，有减肥、轻身、补肝气、安肠胃、利血之妙。

时逢佳节，清秋气爽，菊花盛开，窗前篱下，片片金黄。除登高插茱萸外，亲友们三五相邀，同饮菊酒，共赏黄花，确实别有一番情趣。尤其是诗人们，赏菊饮酒，吟诗唱酬，给后世留下不少佳句。

重阳定名和登高的盛行

在魏晋的时候，登高作为一项每年必有的活动，日期已专定在农历九月初九。

"重阳节"名称也开始在历史记载中出现，魏文帝曹丕曾经给他的好朋友钟繇写了一封谈菊花的信《九日与钟繇书》，信中写道：

登高图

岁往月来，忽复九月初九。九为阳数，而日月并应，俗嘉其名，以为宜于长久，故以享宴高会。

从曹丕这段话里，可以看出当时的人们不但知道重阳节，而且认为重阳是重九，是"宜长于久"。"九九"与"久久"同音，含"久久长寿"之意。

■ 菊花图

曹丕还在信中说，派人送给钟繇一束菊花，因为在秋天万木凋谢的时节，只有菊花茂盛地生长，可见它有些天地的真气，是人可以延年益寿的好东西，因此，送来供他研究长生的道理。

晋代名医陶弘景也赞成人们吃菊花，并说，真菊花味甜，假菊花味苦。

曹丕在信中确认了农历九月初九重阳节的名称的由来"俗嘉其名"，并写出了重阳节最重要的习俗登高，在当时已经相当普遍。

中国古代专门记录楚地岁时节令风物故事的笔记体文集《荆楚岁时记》说，当时的农历九月初九，士农工商各行业的人都到郊外登高，设宴饮酒。

东晋著名诗人谢灵运为了登高方便，还自制了一种前后装有铁齿的木屐，上山时去掉前齿，下山时去掉后齿，人称"谢公屐"。

曹丕（187—226），曹操之子，曹魏的开国皇帝，擅长五言诗，与其父曹操和弟曹植，并称"三曹"，存《魏文帝集》二卷。另外，曹丕还著有《典论》，其中的《论文》是中国文学史上第一部有系统的文学批评专论。

■ 赏菊图

普天同欢的节庆习俗

在晋朝时，有一年过重阳节，大将军桓温照例率领幕僚到湖北江陵的龙山登高，饮酒赏菊吃九黄饼，他的参军、东晋名士、著名文学家陶渊明的外祖父孟嘉也在其中。

龙山又称"八岭山"，因其山势宛若游龙而得名。正在众人畅饮的时候，一阵风吹来，吹落了孟嘉的帽子，他却浑然不知，依然风度翩翩。

桓温看到后凑趣命幕僚作文戏弄孟嘉。桓温当时曾吟诗：

今朝龙山行，苍天眼为凭。
参军乌纱落，不关大将军。

谁知孟嘉不假思索，即席对答，出口成章，回吟了一首：

今朝龙山饮，玉液醉人心。
秋菊遍地是，乌壳值几斤？

在座的人无不惊佩孟嘉才思敏捷和气质不凡。于

桓温 字元子，谯国龙亢人，东晋杰出军事家、权臣，谯国桓氏代表人物。桓温谥号宣武。其子桓玄建立桓楚后，追尊为"楚宣武皇帝"。

孟嘉 字万年，东晋著名文人，东晋大诗人陶渊明的外祖父。关于他最有名的故事是"龙山落帽"，成了一个历史典故，流传不衰。

是，孟嘉被视为气度宽宏、风流倜傥、潇洒儒雅之士。从此"龙山落帽"的故事随即成为"登高寻故事，载酒访幽人"的重阳佳话而广泛流传，龙山上的落帽台也随之名扬天下。

落帽台坐落在龙山的制高点上，站在落帽台上极目远眺，一面是连绵起伏的八岭山，一面是一马平川的农田以及泛着粼粼波光的湖水，这是登高赏景的极佳之处。

正因为如此，在东晋以后，几乎所有到荆州的文人墨客、谪官过客，都要登临其上，吟诗作赋，使得落帽台一时声名鹊起。

每年的重阳节，金秋送爽，丹桂飘香，风霜高洁，宜登高望远，赏菊赋诗，故又叫"登高节"。

这一天登高的人们，呼朋唤友，观赏红叶野花之余，聚餐畅饮，吟诗作赋，其乐融融。登高远望，风轻云淡，天高气爽，让人目不暇接，心旷神怡。

在陕西关中流传着这样一个故事。

很久以前，有个庄户人家住在骊山下，全家人都很勤快，日子过得也不错。

有一天天快黑了，这家主人看到一个算卦先生还没有找到住处，就把他领到自

古人登高图

■ 登高图

己家里，让算卦先生睡在炕上，而自己的妻子儿女都在草铺上睡。

第二天天刚亮，庄户人又让妻子给先生做了一顿好吃的饭菜，装了一袋白蒸馍。

算卦先生走之前，看了看庄户人住的地方，随后叮咛他说：

到了九月九，全家高处走。

庄户人想，我们家里人平日没做过啥亏心事，我又不想升官，上高处走啥呢？

但心里又一想，人常说算卦先生会看风水，精通天文，说不定我住的地方会出啥麻烦。九月初九，就到高处走一走吧，权当让全家人看看风景。

到了九月初九，庄户人就带着妻子儿女，背上花糕香酒，登上骊山高峰去游玩。

风水 "风"就是元气，"水"就是流动和变化。"风水"本为相地之术，即临场校察地理的方法，也叫"地相"，古称"堪舆术"。相传风水的创始人是九天玄女，比较完善的风水学问起源于战国时代。是中国历史悠久的、独特的一门玄术。

　　就在庄户人一家离开不久，半山腰里突然冒出一股泉水，把整条山沟都泡了。庄户人家这才明白算卦先生为什么让他们全家在九月初九登高。

　　这事传开后，人们就每逢农历九月初九扶老携幼去登高。如果是居住在平原地区的百姓，附近无山可登，就在自制的米粉糕上插上一面彩色小三角旗，以示登高（糕），有辟邪之意。习俗相传，就成了重阳节登高的习俗。

阅读链接

　　菊花是中国十大名花之一，也是开封市、太原市市花，在中国有300多年的栽培历史，菊花约在明末清初传入其他国家。

　　中国人极爱菊花，从宋朝起民间就有一年一度的菊花盛会。历代的诗人画家，以菊花为题材吟诗作画众多，因而历代歌颂菊花的大量文学艺术作品，给人们留下了许多名谱佳作，并将源远流长。

　　在中国古典文学中，将梅、兰、竹、菊合称为"四君子"。而在古神话传说中，菊花则被赋予了"吉祥、长寿"的含义。

重阳糕和饮菊花酒形成定制

　　农历九月初九吃重阳糕的习俗在东晋也大为流传。重阳糕之文化意义着重在"糕"字上，即借此谐音以及制糕之各种作料的谐音，表现呈祥纳福的祝吉之意。在民间，九月吃糕还有驱邪除妖之意。

　　到南朝时，重阳糕多用米粉、果料等做原料，制法因地而异，主要有烙、蒸两种。糕上插五色小彩旗，夹馅并印双羊，取"重阳"的意思。制成的重阳糕香甜可口，人人爱吃。

　　在重阳节里吃重阳糕，也有在九月黍谷成熟时，蒸做糕点一类的食品祭祀先人并荐神尝新之意。

糕点小吃

南北朝时民间有童谣称：

■ 手工制作糕粘

七月刈禾伤旱，九月吃糕正好。

可见在九月里吃糕的习俗由来已久。只是到了南北朝时，随着重阳节习俗的流行才演变为该节日的专有食品。

重阳糕又称"花糕""菊糕"或"五色糕"，制无定法，较为随意，有糙花糕、细花糕和金钱花糕。粘些香菜叶以为标志，然后在中间夹上青果、小枣、核桃仁之类的糙干果。

细花糕有两层、三层不等，每层中间都夹有较细的蜜饯干果，如苹果脯、桃脯、杏脯、乌枣之类。金钱花糕与细花糕基本同样，但个儿小如同金钱一般。

最简单的重阳糕，只是在家用发面饼中夹上枣、

童谣 是指传唱于儿童之口的、没有乐谱、音节和谐简短的歌谣。是为儿童作的短诗，强调格律和韵脚，通常以口头形式流传。许多童谣都是根据古代仪式中的惯用语逐渐加工流传而来，或是以较晚一些的历史事件为题材加工而成。旧时认为童谣能预示世运或人事。

■ 花糕

曲连 又称"炕曲连""眼曲连"。青海风味面食。中间挖有圆孔的蒸或烙熟的大面饼。中心用碗扣出一个圆孔，在蒸笼中蒸熟，或在锅里或在鏊里烙烤熟。

杜康 相传为夏代的第五位国君，母亲为有仍氏人。杜康是中国粮食酿酒的鼻祖，后作为美酒的代称，是中国古代传说中的"酿酒始祖"。

栗诸果，或以江米、黄米面蒸成黏糕饼即可。

而讲究的重阳糕要做成九层，像座宝塔，上面还做成两只小羊，以符合重阳之意。有的还在重阳糕上插一小红纸旗，并点蜡烛灯。这大概是用点灯、吃糕代替登高、用小红纸旗代替茱萸的意思。

有诗描述重阳糕的制作：

篝火鸣机夜作忙，织工一饮登高酒。
依然风雨古重阳，蒸出枣糕满店香。

在当时的陕北一带的民间，重阳糕还有"花糕""要糕""曲连"等不同名称。

糕一般是圆形或椭圆形，由底向上三至五层乃至七层，逐渐升高。糕者谐音"高"，"步步高升"之意。每层周围都涂制花朵，糕顶更是百花盛开，争奇斗艳。这样的花馍就叫作"花糕"。

"曲连"是烙制成的糕，花样多，如玉环、镰刀、斧头等，曲曲弯弯连接在一起，所以叫作"曲连"。花糕和曲连的送法：首先是一个大型的花糕或曲连，再配带几个小花糕或小曲连。送双不送单，一般有一个儿女的，送2~4个小花糕或曲连。有两个儿女的，送4~8个小花糕或曲连。

　　小花糕名为"要糕"，是送给小孩玩耍的食品。如果是新出嫁的女儿，在未生下儿女以前，一般只送大花糕，而不送"要糕"。

　　魏晋以后，重阳节的习俗有了很大发展。东晋笔记小说集《西京杂记》写道：

　　　九月初九佩茱萸，饮菊花酒令人长寿。相传自古，莫知其由。

　　可见，当时的人们在重阳节里就普遍有了佩茱萸、饮菊花酒的习俗了。菊花酒在上古时期就被认为是重阳必饮、祛灾祈福的"吉祥

■ 青花瓷菊花酒

酒"了。

重阳节喝菊花酒习俗的起源，一说是起于上古，由杜康创造；另一说是起于汉初，源自宫廷。但不论何种说法，将菊花和酒紧密联系，并赋予文化内涵、影响深远的是晋代的陶渊明，那时候就有了酿造菊花酒的记载。《西京杂记》载称：

■ 酒具

　　　菊花舒时，并采茎叶，杂黍为酿之，至来年九月初九始熟，就饮焉，故谓之菊花酒。

梁简文帝司马昱的《采菊篇》中则有"相呼提筐采菊珠，朝起露湿沾罗襦"之句，也是介绍采菊酿酒的方法的。

后来的菊花酒由菊花与糯米、酒曲酿制而成的酒，古称"长寿酒"，其味清凉甜美，有养肝、明目、延缓衰老等功效。有枸杞菊花酒、花糕菊花酒、白菊花酒等。

菊花酒还有养生延年的作用。

《西京杂记》还记载，汉高祖时，宫中：

九月初九佩茱萸，食蓬饵，饮菊花酒。云令人长寿。

可见在西汉初期，人们就发现菊花酒有养生延年功效。

到了东晋时，由于当时道教盛行，人们把寻求长寿、永生当作风尚。

当时的道教名家、著名炼丹家、医药学家葛洪在《抱朴子》中记载，河南南阳山中人家，因饮了遍生菊花的甘谷水而延年益寿的事。

到了陶渊明时，更是在《九日闲居》诗中提到：

酒能祛百病，菊能制颓龄。

《续齐谐记》
属志怪小说集，南朝梁吴均撰。此前，刘宋东阳无疑有《齐谐记》7卷，已佚。吴均续作1卷，《隋书·经籍志》著录。后世传本只有17条，所记故事多为怪异之事，但文辞优美，这本书中不少故事曾经广为流传。

■ 菊花酒

后来，南朝梁吴均撰写的《续齐谐记》中记载了菊花酒的妙用：

九月初九……饮菊酒，祸可消。

《荆楚岁时记》载称：

九月初九，佩茱萸，食蓬耳，饮菊花酒，令长寿。

可见此时已正式把饮菊花酒作

■ 菊花图

为庆祝重阳节的必备。后来饮菊花酒逐渐成了民间的一种风俗习惯，尤其是在重阳时节更要饮菊花酒。

菊花也叫"黄花""九花""长寿花""延龄客"，属菊科，品种繁多。菊花是中国的传统名花，它秀美多姿，虽然不以娇艳姿色取媚，却以素雅坚贞取胜。

人们爱它的清秀神韵，更爱它那凌霜盛开的一身傲骨。菊花更是长寿之花，人们更爱它在"霜降之时，唯此草盛茂"的强盛生命力。

每年农历九月，正是赏菊好时节。因为菊花与重阳关系密切，因此重阳节又称"菊花节"，而农历九月又叫"菊月"。赏菊也就成了重阳节习俗的重要组成部分。

重阳节赏菊习俗，相传始于东晋文学家、田园诗人陶渊明，他一生酷爱菊花，以菊为伴，号称"菊友"，被人们奉为"九月花神"。

陶渊明种菊，既食用又观赏。每逢秋日，当菊花盛开的时候，附近的乡亲、远处的朋友，常到他家做客赏菊。他就摊煎饼、烧菊花茶款待亲朋，大家走时采菊相送：

今日送走西方客，明日又迎东方朋。

来赏菊的人们川流不息，常使他不能按时去田园耕作。他常想，要是能让菊花一日开，客人一天来，那该多好啊！

后来，他灌园浇菊时，自语祝愿道：

菊花如我心，
九月初九开；
客人知我意，
重阳一日来。

说来奇怪，到农历九月初九那天，含苞欲放的菊花争奇斗艳地一齐盛开了，客人们也都在那天来了。

亲朋诗友笑逐颜开，望着五彩缤纷、芳香四溢的满园菊花，吟诗作词，令人心醉，都夸菊有情，不负陶公心。亲朋好友相约，年年重阳一日来赏菊，重阳赏菊的习俗便由此形成。

有关陶渊明的还有一段"白衣送酒"的佳话。

陶渊明（365—427），名潜，字渊明，被称为"隐逸诗人之宗"，开创了田园诗的体系，相关作品有《饮酒》《归园田居》《桃花源记》《五柳先生传》《归去来兮辞》等。

■ 洋菊图

■ 从菊图

说是有一年重阳节，陶渊明在东篱下赏菊，抚琴吟唱，忽而酒兴大发。由于没有备酒过节，他只好漫步菊丛，采摘了一大束菊花，坐在屋旁惆怅。

然而，就在这时，他看见一个白衣使者向他走来，一问才知此人是江州刺史王弘派来送酒的。王弘喜欢结交天下名士，曾多次给陶渊明送酒。陶渊明大喜，立即开坛畅饮，酒酣而诗兴起，吟出了《九月闲居》这首名诗，"白衣送酒"遂成千古佳话。

普天同欢的节庆习俗

阅读链接

居住在中国南方的彝族、白族、侗族、畲族、布依族、土家族和仫佬族等少数民族同胞也有在农历九月初九过节，并吃糕饼一类黏性食品的习惯，但是由于地域和文化的不同，各个民族相关的风俗、风物和传说却各有不同，并有不同的特色。

如在贵州锦屏、剑河和天柱一带生活的侗族人民，过重阳节的时候都要打糯米粑来吃。而在湘西土家族的节日打糯米粑，则有"辟恶禳灾"之意。

重阳节在中国已经有了2000多年的历史。可是"重阳节"名称见于记载却是在三国时代。

魏晋时期有了赏菊、饮酒的习俗。唐朝时，重阳节被定为正式节日。从此以后，宫廷、民间一起庆祝重阳节，并且在节日期间进行各种各样的活动。

直至明代，九月重阳，皇宫上下要一起吃花糕庆祝，皇帝要亲自到万岁山登高，以畅秋志。至清代，这种风俗依旧盛，被人们一代代完整地传承下来，并焕发出越来越强劲的生命力。

千古传承

习俗演变

从纸鸢变为风筝的发展演变

唐朝的安定和繁荣，成为中国古代文化经济全面发展的时期。社会的安定、文化经济的发展，带来了传统节日的盛行。

而节日的盛行促进了各种文化娱乐活动的发展，作为一直被用于军事上的纸鸢，随着传统节日清明的兴起，用途上有了新的转变，开始向民间娱乐型转变。

古代风筝

唐代以前，风鸢一直是战争时通信和侦探的重要工具，并能带上"火药"用作战争进攻的武器。

唐初时，纸鸢还有作为通信工具的作用，用来传递军事情报。唐代史书《新唐书》记载：781

■ 纱燕风筝

年，唐将张丕被叛军田悦的军队困在临名，情况危急，张丕"急以纸为风鸢"，其上书有"三日不解，临名士且为悦食"之言，风鸢升空后：

高百丈，过悦营上，田悦命善射者射之，竟不能及。

求救书被纸鸢送达援军，因而解围。小说《大唐狄公案》中也有狄仁杰用纸鸢传递军事文件的描述。

后来，纸鸢逐渐演变成人们的一种玩具，重阳节放风筝逐渐转化为一种娱乐形式，不论在宫廷还是民间都相当普遍，人们都对纸鸢表现出浓厚的兴趣，唐玄宗李隆基就曾在山东蓬莱观看"八仙过海"纸鸢的放飞。

唐代纸鸢的制作水平很高，宫廷纸鸢有的还用丝

《新唐书》北宋时期宋祁、欧阳修等人编撰的一部记载唐朝历史的纪传体断代史书，是"二十四史"之一。《新唐书》前后修史历经17年，在体例上第一次写出了《兵志》《选举志》，系统论述唐代府兵等军事制度和科举制度。这是中国正史体裁史书的一大开创，为以后《宋史》等所沿袭。

古画中儿童放风筝

绢扎制，不但可以白天放飞，而且晚上可把五彩灯笼挂在纸鸢上放到空中去。

每年放纸鸢的时节，太学也要放假三日，武学也要放一天假。顾非熊在《长安清明言怀》诗中，曾记载了唐玄宗姿游踏青的情景：

明时帝里遇清明，还逐游人出禁城。
九陌芳菲莺自啭，万家车马雨初晴。

蹴鞠 《战国策》和《史记》是最早记录蹴鞠的文献典籍，"蹴"即用脚踢，"鞠"系皮制的球，"蹴鞠"就是用脚踢球，它是中国一项古老的体育运动，有直接对抗、间接对抗和白打三种形式。

直至唐代中期，社会进入了繁荣稳定的发展阶段，纸鸢的功能开始从军事用途转向娱乐，同时由于纸业的发展，使得纸鸢的制作材料也由丝绢开始转向纸张。纸鸢也逐渐走向民间，种类、花色也多了起来。

那时的人们在重阳节扫墓、登高、蹴鞠、打马球、放纸鸢，儿童放纸鸢开始在民间流行、唐代诗人唐采在《纸鸢赋》中记载：

代有游童，乐事未工。饰素纸以成鸟，像飞鸢之戾空；翻兮将度振沙之鹭，杳兮空光渐陆之鸿，抑之则有限，纵之则无穷，动息乎丝纶之际，行藏乎掌挥中……

唐代时纸鸢的制作水平已非常高超，放飞效果又非常好，纸鸢的制作技艺和放飞效果都达到了较高的水平。据说当时的张培在情急之中所做的纸鸢能放到高百余丈。由此可见，连射箭高手的箭都不能及。

唐初纸鸢的尺寸比较大，可以进行载人飞行，成功与否另当别论，只能推测放飞的技术已经成熟。

唐代著名诗人李商隐在《燕台》中有"西楼一夜风筝急"和高飞的风筝诗句：

夜静弦声响碧空，
官商信任往来风。
依稀似曲方堪听，
又被风吹别调中。

中唐诗人元稹在他的

李商隐（约813—约858）怀州河内（今河南沁阳）人，唐代著名诗人。他擅长诗歌写作，骈文文学价值也很高，是晚唐最出色的诗人之一，因诗文与同时期的段成式、温庭筠风格相近，且三人都在家族里排行第十六，故并称为"三十六体"。其诗构思新奇，风格秾丽，尤其是一些爱情诗和无题诗写得缠绵悱恻，优美动人，广为传诵。

■ 双鱼纸鸢

咏物诗《有鸟二十章》
中写道：

有鸟有鸟群纸鸢，
因风假势童子牵。

其他一些诗人也在
唐诗中多次写有咏风筝
诗词，可看出盛唐时期
风筝活动情况。

名称由"纸鸢"变为"风筝"在唐朝已有，后来
五代时期，据专门记叙通俗俚语的书《询刍录》记
载，五代时期，亳州刺史李邺在纸鸢上装制竹哨，风
入竹哨，声如筝鸣，纸鸢由此而正式得名"风筝"。

风筝与中国传统音乐、舞蹈、戏剧、民俗相融
合，逐渐形成独特的风筝文化，又因地域文化不同、
历史发展时期不同，让风筝的发现呈现出丰富多彩、
各有千秋的态势。可以说，唐代风筝已成为年轻人的
嬉耍物品。《全唐文》卷一五四杨誉《纸鸢赋》载：

相彼鸢矣，亦飞戾天，向把能尔，风
之力媙。余因稽于造物，知不得于自然，
原其始也，谋及不童，征诸哲匠，蔡伦造
纸，公输献状。理约蒇以体成，刷丹青而
神王。

《全唐文》是
清朝官修唐人
总集。全书1000
卷，并卷首4卷，
辑有唐朝、五代
十国文章共18488
篇、作者3042
人，每一位作者
都附有小传。从
1808年开始由董
诰领衔，阮元、
徐松等百余人参
加编纂，是中国
唯一一部最大的
唐文总集。

可见唐代儿童不仅能放风筝，而且还能制作风筝，风筝作为娱乐用品已比较普及。唐人路德延的《小儿诗》记述的几十种儿童游戏中，放风筝是其一，诗曰：

折竹装泥燕，添丝放纸鸢。

当时的风筝不仅白天放，夜间也能放。唐朝赵昕编写的《息灯鹞文》中，就记述过宫廷夜晚放风筝的故事。宋代，放风筝已成为流行于民间的娱乐活动和喜事的庆祝纪念活动。

宋人周密的《武林旧事》就详细记载过，每到九九重阳节的时候，人们便背上饭食到郊外放纸鸢，直到日暮方归的情景：

少年郎竞放纸鸢，以相勾引，相牵剪截，以线绝者为负。

葫芦形风筝

宋苏汉臣画的《百子图》里，还详细描写了放风筝的动作和工具。由于风筝的普及，当时放风筝已经发展成为一种技艺。

逢庙会、集市、节日和游戏时，都有人表演创作和放风筝。放风筝的人同杂技演员、杂剧演员被称为"赶趁人"。南宋末，开始出现了以扎售风筝为业的手工艺人。

在明清时期风筝的发展达到

了鼎盛时期，无论在大小、样式、扎制技术、装饰放飞的技艺上都比从前有了很大的进步。

明清时期风筝的装饰手法上也较过去丰富，风筝和各种民间工艺开始有机地结合起来。

明代初年，有人在风筝上安装火药，点燃盘香以后，从放飞到敌营上空，盘香燃尽点燃引信，火药立即爆炸，这便是有名的"神火飞鸦"。

在明代以前，中国民间在重阳节放风筝的习俗，主要流传在南方广大地区。但是自从1371年明太祖定都北京以后，中国文化经济的中心逐渐北移，南方重阳放风筝的风尚习俗也逐渐流传到了北方，并根据北方独特的地理环境，人们开始逐渐将重阳节放风筝的习俗转移到了更加适合北方节气的清明节，一些地方保留了在清明和重阳两个节日放风筝的习俗。

后来由于明太祖在执政后采取节省传统节日的开支等措施，所以，在明代初期重阳等节日的娱乐活动有所减少。

另外，明代的帝王吸取汉代出现的韩信与陈豨用风筝测量未央宫、准备谋反的教训，下令禁止在京都放风筝，因此，这一时期在中国北方地区清明节放风筝的风俗也受到一

442

普天同欢的节庆习俗

■ 清代风筝

定影响。

《帝京景物略》
为明初刘侗所著，它
是一部详细记载京都
节令风俗、名胜古迹
的专著，其中对京都
人们在重阳节扫墓、
踏青和娱乐的活动记
述尤为详细。但唯独
没有放风筝的内容，
并记载道：

儿童放风筝图

燕，日有风鸢戏，现已禁。

而同时期在南方，放风筝却一直是重阳节的一项
不可缺少的内容。当时在南方民间放风筝为儿童所喜
闻乐见，也是画家、诗人常见的创作题材。徐渭在诗
中写道：

我亦曾经放纸嬉，今来不道老如斯。
那能更驻游春马，闲看儿童断线时。

在另一首诗中也有描写放风筝的内容：

柳条搓线絮搓绵，搓够千寻放纸鸢。
消得春风多少力，带将儿辈上青天。

刘侗（1593—
1636），明代散
文家。在当员生
时，因"文奇"
被人奏参，同谭
元春、何闳中一
起受到降等的处
分。他因此颇有
名气。1634年考
取进士，后选任
吴县知县，赴任
途中逝于扬州。

戏曲 是中国传统的戏剧。戏曲的内涵包括唱念做打，从全国300多个戏曲剧种中脱颖而出的京剧、豫剧、越剧，被官方和戏迷友人们誉为中国戏曲三鼎甲，综合了对白、音乐、歌唱、舞蹈、武术和杂技等多种表演方式。

李渔 （1611—1680）初名仙侣，后改名渔，字谪凡，号笠翁。明末清初文学家、戏曲家。后居于南京，把居所命名为"芥子园"，著有《凰求凤》《玉搔头》等戏剧。

■ 儿童放风筝壁画

直至明代中叶，《水平府志》记载：

> 家家树秋千为戏，闺人掷子儿赌胜负，童子团纸为风鸢引绳而放之。

清初著名戏曲家李渔，还专门编写了风筝演义的传奇戏曲作品《风筝误》，并在该剧的成因中写道：

> 书生韩世勋题诗于风筝上，放飞中风筝落在詹家，詹淑娟和诗其上，因而结合。

在清代，放风筝之戏在中国普遍兴起，放风筝成为中国北方在重阳节和清明节的一项群众性的娱乐活动。

特别是在文化经济发达的京津地区和以手工业著称的山东潍坊地区放风筝的传统尤为突出，许多地方

■ 儿童放风筝壁画

志和地方文献中都记载了清明时节放风筝的情景。

　　民间放风筝习俗的普及，不仅丰富了人们的文化娱乐生活，同时，在这项活动的实践中，勤劳智慧的劳动人民把放风筝作为一项锻炼身体、祛病免灾、增强体质的活动来看待。

　　因此，放风筝脱离只在清明和重阳的范畴，开始成为人们不可缺少的娱乐和体育活动，并越来越被人们所重视。

　　清代，在北京一带，宫廷与民间的风筝发展迅速，不仅制作精良，而且品种增多，出现了造型新颖的字风筝，使风筝有了新的形式和内容，吸引了成千上万的人观看放风筝。《北京竹枝词》就真实生动地描述这一情景：

　　　　新鸢放出万人看，千丈麻绳系竹竿。
　　　　天下太平新样巧，一行飞向碧云端。

　　这一新内容、新形式的出现，为中国风筝的发展开辟了广阔的道路。此时，各地相继出现了像仙鹤童子、雷震子、群雁、杏花天等各

■ 重阳节放风筝图

种不同形式和内容的风筝。

潍县（今潍坊市）风筝艺人根据中国"尊龙"传统，吸收了当地木版年画、刺绣等民间艺术中有关龙的形象，对传统蜈蚣风筝加以创新，将蜈蚣头改装成龙头，扎制出了"龙头蜈蚣风筝"，巧妙地把龙的形象运用到串式风筝上，被称为潍坊传统风筝一绝。

随着民间放风筝的普及和发展，宫廷中把放风筝当作一项娱乐来对待，各地官吏把民间涌现出来的反映"富有""吉祥如意"等内容的风筝，作为进贡礼品，并把扎制、绘画的能工巧匠选送到京都，为宫廷扎制风筝。

宫廷风筝的制作，不同于民间风筝，它不计工本、不惜代价，因而选料、制作、绘画等各道工序都

刺绣 是用绣针引彩线，将设计的花纹在纺织品上刺绣运针，以绣迹构成花纹图案的一种工艺。因刺绣多为妇女所作，故又名"女红"。刺绣是中国古老的手工技艺之一，中国的手工刺绣工艺，已经有2000多年的历史了。

极为讲究，甚至连放风筝用的拐子都雕刻得非常精致美观，所制作的风筝样式美观、姿态各异，是一种高雅精致的艺术珍品。

风筝艺人们除为宫廷制作风筝外，还在京城开设风筝铺，扎制风筝出售。诗人裴星川在其《竹枝词》中记录了当时风筝市场的盛况：

年画 是中国古画的一种，始于古代的"门神画"。清光绪年间正式称为年画，是中国特有的一种绘画体裁，也是中国农村老百姓喜闻乐见的艺术形式。

风筝市在东城墙，购选游人来去忙。
花样翻新招主顾，双双蝴蝶鸢成行。

在闽南语中有一句话：

九月九，风吹满天啸。

就是形容重阳以后风筝满天飞的情形。由于农历

千古传承
习俗演变

■ 制作风筝塑像

九月以后，我国台湾季风渐强，另外又天高气爽，正是放风筝的好时节。从前玩具不多，又少有娱乐活动，放风筝就成为孩童的最爱。

当秋天一到，大家在田野空地大放风筝，是相当快乐的事情呢！我国台湾重阳放风筝的习俗起源相当早。据资料记载，居住在宜兰的平埔族，也就是葛玛兰人，早就有这样的活动。

我国台湾地区早年的重阳放风筝活动，所用风筝大多由孩童自己制作，式样凭自己巧思发挥，一般都以放得高为主，种类也相当多。

除了将风筝正常放飞以外，几个风筝在天空中互相缠斗，也是相当精彩有趣的一件事情，这就是当地人喜欢的"风吹相咬"。

当风筝在天上缠斗的时候，用各种技巧操控风筝，或者截断对方的尾巴，或者咬断风筝线，让对方"英雄无用武之地"。更激烈的，还有在风筝线上绑上暗器的，以便破坏对方的风筝。风吹相咬时，大风筝固然容易打胜，但小风筝操控自如，东游西窜的，易于随时打游击，反而更具优势呢！

阅读链接

在记述唐代各项典章制度沿革变迁的史书《唐会要》中，曾经记载了一则关于唐代皇帝过节的情况。

据记载，到重阳节时，皇帝一般是在曲江岸边的亭子里举行庆祝活动，在此期间，皇帝不仅要赐宴文武百官，还要即兴作诗，臣子应制唱和。

例如在788年的重阳节那天，唐宣宗在曲江亭宴饮群臣，宣宗把诗作成之后，群臣纷纷唱和，当场交上来诗的有36人，宣宗还把这36首诗评出三个等级，甲等4人，乙等4人，剩下的是丙等，在这一天君臣尽欢。

菊花酒成为百姓喜爱的佳酿

传说在很久以前，八仙中的何仙姑从东海云游归来，回到蓬莱洞府，向其他七位仙人说起在东海之滨的河阳市吃过一种菊花酒，味道好得就像天上瑶池的仙酒一样，当地老百姓都喜欢喝，说是喝了能延年益寿。

铁拐李听得直流口水；张果老听得摇头晃脑；蓝采和好像闻到了酒香，坐立不安；吕洞宾更是心急，说是马上到那里去尝尝。众仙人个个赞成。于是，八仙变成平民模样，腾云驾雾到了河阳市。

他们一行来到东门，只见酒坊林立，香气扑鼻。这时正是秋天，菊花

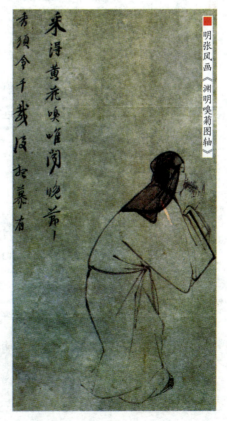

明张风画《渊明嗅菊图轴》

■ 菊花酒

八仙 是指民间广为流传的道教八位神仙。八仙之名,明代以前众说不一。有汉代八仙、唐代八仙、宋元八仙,所列神仙各不相同。至明吴元泰《东游记》始定为铁拐李、汉钟离、张果老、蓝采和、何仙姑、吕洞宾、韩湘子和曹国舅。

盛开,红、黄、紫、白,煞是好看。抬眼望去,只见河阳桥边,有一座酒楼,名"景阳楼",店里生意兴隆,楼上楼下,座无虚席。

铁拐李一进店就问:"店家,可有菊花酒?"

店小二连连点头,说:"老伯,酒菜都有,就是没有空座位了,能不能请稍等一会儿?"

铁拐李说:"我们四海为家,只要有好酒好菜,哪儿都可以喝。来来来,先倒一氅酒来!"

店小二一看,铁拐李手里拿着一只装酒的葫芦,心想:这么一只小葫芦,能装一氅酒?就问:"一氅酒能装得下吗?"

何仙姑笑笑说:"装不下就归你,装得下尽管装,说吧,一葫芦要多少钱?"

店小二盘算着,这个小葫芦装满了也不过两三斤,五个铜钱一斤也差不多了,保险一点,稍微多要点吧！就说："20个铜钱！"说罢，两人抬起一氅酒，倒进漏斗朝葫芦里灌。

哪里知道，一氅酒倒光了，还不见满，店小二就知道这是个宝葫芦，再看看这8个客人，个个仙风道骨，晓得遇到了异人，连忙说："老伯伯，难得各位仙人来小店品尝菊花酒，请也请不到，这酒钱我就不收了。"

何仙姑只是笑笑，早把一块银子放在柜台上。又买了几样素食，8个人就过了河阳桥、唤英台，走到文峰塔下，席地而坐。

何仙姑想，这样坐着饮酒，弯腰曲背，多不舒服哇！一摸自己袋里，还有几块在游东海时捡到的小石头，摸出一块较大一点的，朝地上一放，说声"大"！霎时间，这块石头就变成了一张可以让8人围坐的石桌。何仙姑又接着用8块小石头变成了8张石凳。于是，8个人就围着石桌

菊花图

■ 菊花图

普天同欢的节庆习俗

坐下，兴高采烈地喝起菊花酒来。直到酒醉八九分，才腾云回蓬莱洞府。

哪晓得，铁拐李把酒葫芦挂倒了，路过崂山时，他醉醺醺地一晃，把葫芦里的剩酒全倒在崂山上，因此，崂山的泉水也成了酿酒的好泉水。

直至宋代，饮菊花酒不再是达官贵人的特权，而是平民百姓喜爱的佳酿了。由于有了菊花酒，重阳节的内容越发丰富多彩，并充满了情趣。

那时的人们仍把菊花酒视为节令饮品。南宋著名的政治家和诗人王十朋在《梅溪后集》卷七《九日》诗中写道：

呼儿满酌黄花酒，为子深倾锦石杯。

南宋诗人范成大在《重九独坐玉麟堂》诗中也曾

蓬莱 中国神话传说中的三仙山之一。相传海上有蓬莱、方丈、瀛洲，这便是东方的"三仙山"，也有"五神山之说"，总称为东方的蓬莱仙境。传说是神山仙府收藏秘录、典籍的地方，后东汉学者也称藏书的东观为蓬莱山。蓬莱自古就被誉为"人间仙境"，八仙过海的传说就发生在这里。

经说道：

> 年年客路黄花酒，
> 日日乡心白雁诗。

南宋将领韩琦也在《菊鮹》诗中说到了菊花酒：

> 九日陪嘉客，金英泛酒船。……坐中
> 宜醉把，仙录载延年。

据说南宋著名诗人陆游有一次病倒了，就饮用菊花酒，结果饮酒后病除，于是他写诗赞道：

> 菊得霜乃荣，惟与凡草殊。
> 我病得霜健，每却雅子扶。
> 岂与菊同性，故能老不枯。

■ 酒坛

后来，重阳节饮菊花酒的热度有所减退，但菊花酒的酝酿范围却在扩大，人们更愿意把菊花酒当作酒类中的一个重要品种而推向社会，喜爱这种酒的人可以在一年四季随意取饮。

南宋政治家、文学家周必大在《泛舟游山录》中曾记载他在旅游途中的趣事：

富文送菊酒与骨肉，小酌于南楼。

这里提到的菊花酒已经不是节令饮品了。北宋时期，河阳南小莲塘北岸，有座茅草房子做成的酒店，门面不大却生意盈门。店家王二酿得一手上等菊花酒，连千年老店景阳楼也佩服他几分。

这天，正值中秋佳节，店里人头攒动，生意兴隆。王二正忙得不可开交，忽然，店里来了个讨饭的老婆婆，这老婆婆虽然衣衫破旧、老态龙钟，却道仙风道骨、目含灵气。王二正打算招呼伙计打发点饭食，这老婆婆却开口要喝酒。

王二心想，正是哪壶不开提哪壶，店里的酒已经卖完，连顾客还不够卖，哪还有酒给你喝？但他心地好，还是和颜悦色地说："老婆婆，你若实在要喝，也只能等我回到酒坊去拿来再给你了。"

老婆婆一听连声说："好，好！那我跟你一起到酒坊去吧！"

王二说："我家酒坊在虞家浜，离这里蛮远的，怕你走不动。"

坛装菊花酒

但老婆婆执意要去，王二只好带她一起走了。说也奇怪，老婆婆看起来老态龙钟，走起路来倒又快又轻便。

到了王二酒坊，只见几口缸，口口缸上都标着日期。王二看着口口酒缸不禁连连叹气。

老婆婆有点奇怪，问

古代酿酒坊泥塑

他："店家，你酿得一手好酒，生意又好，怎么还唉声叹气的？"

王二说道："老婆婆，不瞒你说，我这好光景没几天了。"

原来，去年河阳来了个山东大汉叫黑虎，他依仗老子在朝中为官，狗仗人势，硬要各家酒坊把菊花酒低价卖给他，他再把菊花酒弄到他在历城开的一家春酒楼去卖高价钱。大家不卖，就叫地痞来捣乱。最近，黑虎索性硬逼各家酒坊搬出虞家浜，好让他独家酿酒。

"老婆婆，你是外地人，不晓得这虞家浜水的好处。这虞家浜周围是铁屑黄泥，水从泥里流出来，菊花酒全靠这种水酿才有劲头。若用普通河水做酒就淡而无味了。眼看三天期限就要到了，一搬出虞家浜，我就没有菊花酒可以卖了。"说完，王小二就打了一碗酒给老婆婆。

老婆婆听了，愤愤地说："世上竟有这种黑心人，恶人必定会遭恶报的。店家，你放宽心好了。"

说着，呷了一口，连声说："好酒，好酒！真是人间瑶池酒！"

■ 坛装菊花酒

几口就把一碗酒喝完了，随即从头上拔下一支碧玉如意簪，对王二说："店家，你是个好心人，我不能白吃你的。这样吧，我把这支如意簪子送给你，算是酒钱吧！你到半夜子时，去把这支如意簪子插在荒地上，到第二天，那里定会变成另一个模样，你再把酒坊搬来，就又可以酿出菊花酒了。"老婆婆说完，一晃就不见了。

王二心想，一定遇见神仙了。到了半夜，他就按老婆婆的话，拿着如意簪子出去了，谁知走到虞家浜北面，不留意把如意簪子丢失了，天黑漆漆的，又没办法找寻，他只好回去。

第二天一大早，他再去寻找时，只见昨晚丢失如意簪子的地方，已变成一个清水碧波的大池，四周菊花盛开。这池子形状就像一柄如意，有6个小岛伸向池里。

王二尝尝水味，香喷喷，甜丝丝，正是酿酒的好水好地方。于是，王二便去约好几家被黑虎欺侮的酒坊老板，一起把酒坊搬来。果然，用这池水酿的菊花酒，竟比先前的更加浓香甘甜。王二酒楼的名声更加大了。

说来也奇怪，从此以后，用虞家浜水做的酒，倒反而淡而无味了。那黑虎运到历城去的菊花酒，在一夜之间竟然都干掉了。

原来，那个老婆婆是天上的菊花仙子，也是王母娘娘身边的瑶池司酒仙女，因为王母娘娘闻到了菊花酒的香气直冲云霄，便命她下凡来探听个究竟的。

于是，菊花仙子就作法帮助了王二的忙，后又惩罚了横行霸道的黑虎。

宋代民间酿造菊花酒的记载很多，如宋代人阳枋所撰的《字溪集》中就提到"程宣义善造菊花酒"。

当时最好的菊花酒被称作"金茎露"，南宋末年著名的诗人刘辰翁在《须溪词》中多次予以吟咏。如在《法驾导引》中写道：

菊花枫叶图

> 金茎露，金茎露，绝胜九霞觞。接碎菊花如玉屑，满盘和月咽风香，不是老丹方。

又在《朝中措》描写"金茎露"酒的简易制作方法：

> 炼花为露玉为瓶，
> 佳客为频倾。
> 耐得风霜满鬓，
> 此身合是金茎。

也就是说，这种"金茎露"酒，首先要把菊花加工蒸成花露，然后再以花露配制酒，使得酒体内菊香清爽，口味绝妙。

南宋末期词人黎延瑞在《一剪梅·菊酒》词中也对菊花酒赞誉有加：

不是孤芳万古留。餐亦堪羞，采亦堪羞。

离骚赋罢酒新蒭。醒也风流，醉也风流。

从技术角度上讲，菊花酒的配制并不复杂，但宋人深度琢磨，还是创造出了更优秀的菊花酒产品。

南朝宋史学家王韶之在《太清记·华岳夫人》中记载，当时菊花酒是用菊花杂和黍米酿成的：

菊花舒时，并采茎叶，杂黍米酿之，至来年九月初九始熟就饮焉，故谓之菊花酒。

并且说菊花酒有延年益寿的功效，《太清记》称：

"九月初九日采菊花与茯苓、松脂，久服之令人不老。"

阅读链接

由于菊花酒的缘故，重阳又成了祭祀酒业神的酒神节。如在《山东民俗·重阳节》中就有记载说，在山东，很多酒坊有在重阳节祭缸神的习俗，而这个神就是杜康。

在贵州省仁怀市茅台镇，每年一到重阳的时候，人们就开始投料下药酿酒，传说是因为在九九重阳这天是阳气最为旺盛的时候，在这个时候酿出的酒才算是好酒。

所以，每当烤出初酒时，老板就会在贴"杜康先师之神位"的地方点燃香烛，并摆放上供品，以祈祷酿酒顺利。

明清两代登高习俗的多样发展

　　明清时期，是中国传统节日重阳节的发展期，此时的重阳节习俗已从宗教迷信的笼罩中开始解脱出来，发展为礼仪性、娱乐性的文化活动。

　　在这一时期，重阳节各种形式的文化游艺娱乐活动，基本上沿袭了古老传统的方式方法，但又融进了许多新的内容，从而使得传统、

■ 结同友人登高图

■ 万岁山景

万岁山 即北京景山。明永乐年间修建皇宫时根据青龙、白虎、朱雀、玄武4个星宿的说法，北面玄武的位置必须有山，便将挖掘紫禁城筒子河和太液池南海的泥土堆积成了此山，成为大内"镇山"，并取名为"万岁山"。

古老的文化娱乐活动的内容更加充实，且日臻丰满。

每逢农历九月初九，从宫廷到民间，都有形式多样、内容丰富的活动，形成别具一格的社会风尚。

明代时，重阳节插茱萸、饮重阳酒，吃重阳糕，并以花糕供祭家堂、祖先已经成为一种习尚。此外还有登高、赏菊、围猎、射柳、放风筝等娱乐活动。

明清时，北京地区重阳登高也很盛行。每逢农历九月初九，皇帝要亲自到万岁山（景山）登高拜佛祈求福寿平安，并观览京城风光。皇后妃子们则在故宫的御花园内登临堆秀山眺望。

一些达官贵人、文人墨客，或登临自家花园的假山亭台，或在旧京城内外爬山登高。明代就有皇帝亲自到万岁山登高的记载，清朝的皇宫御花园内也设有专门供皇帝重阳节登高用的假山。

那时，老百姓登高主要是赴西山八大处、香山、白塔寺、北海、景山五亭、陶然亭等地，一般全家或三五好友同行。

每年农历九月初九这一天，老少爷儿们提壶携榼，出城登高。登高地点的选择也是有讲究的：南城的可选择天宁寺、陶然亭、龙爪槐等处；北城的一般去看蓟门烟树、清净化域，跑远点可以去西山八大处；西城的可以就近去玉渊潭、钓鱼台等。那时的各个适宜登山的地点都是人头攒动，盛况空前。

记述清代北京岁时风俗的杂记的书《燕京岁时记》就记载了那时人们重阳登高的盛况：

> 京师谓重阳为九月九。每届九月初九则都人提壶携榼，出都登高。南则天宁寺、陶然亭、龙爪槐等处，北则蓟门烟树、清净化域等处，远则西山八处。赋诗饮酒，烤肉分糕，询一时之快乐也。

明清时人们九九登高，离城最近举行野炊的著名景点还有两处，南城的民众多在永定门外的燕墩，北城的民众多在德胜门外元大都北土城。此两处景点不但古雅，而且还有不同含义。

南边的多是民籍的南方人群，燕墩则是乾

■ 燕墩

■ 桃花山景

隆年北京城最南端的定位，在此往南遥拜怀念家乡亲人。北城多是旗籍民众，在北土城向北遥拜家乡自然顺理成章。看到土城子自会怀念家乡。

不论文人百姓，都喜欢登高后在山上野餐、烤肉食用。有些贵戚富家则带上帐篷、烤具、车马、乐器，登高台、土坡，架起帐篷、桌椅，大吃烤羊肉或涮羊肉，并唱戏奏乐，听歌看舞。

如清末慈禧太后每年重阳于北海东的桃花山登高、野餐、烤肉，并架蓝布围障，防止闲人偷看。在玉渊潭钓鱼台等处，也集中了不少登高之客。

野炊食烤肉必须用当地的松树枝、松塔点火烤调制牛肉片。饮酒虽说是菊花酒，但多是应景而已，人们还是喜欢喝味道醇厚的老白干。

烤肉可与我们想象的不一样，是用酱油、大葱、姜丝、精盐把牛肉片煨透，用良乡瓦窑产的黑沙炙炉

慈禧（1835—1908），叶赫那拉氏。安徽宁池广太道惠徵之女。1851年入宫，封懿贵人，生同治皇帝，进懿贵妃。同治即位后，与恭亲王等密谋杀肃顺，垂帘听政。光绪即位后，仍听政。光绪亲政后，没有实际权力，发动戊戌政变，被挫败以后，被囚于宫中。1908年光绪卒，次日慈禧亦卒。

或铁炙子。

在炙子下面点燃的松枝、松塔发出异香，烘烤着煨透了滋味的牛肉片，待快熟时加上香菜段或蒜片上盘。

有时也可以在上盘时加些香油，喜欢食醋的再加上些高醋，这样别具风味。此时若要再吟诗作赋，或清歌昆腔、岔曲自是快乐人生。

登高游玩必定离不开诗词歌赋、饮酒作乐。有豪气的老北京人，重阳节喜欢呼朋唤友，烤肉分糕，觥筹交错之间其乐融融。

南北同节同俗。在广州地区，游客在重阳日登上白云山，饮酒赋诗，热闹非凡，影响至今。上海附近无山丘，便把沪南丹凤楼及豫园大假山作为登高雅集之所，也很热闹。

后来，由于重阳登高的盛行，一些原本名不见经传的山水风物，北京的香山、山东的牛山、江西南昌的滕王阁等，也都是登高胜地。尤其是滕王阁，因唐代王勃于重阳节时在阁上写出千古名文《滕王阁序》，更闻名天下。

由于重阳为秋节，节后草木开始凋零，所以有称重阳节野游活动为"辞青"，与三月春游"踏青"之说法相对应。

觥筹 酒杯和酒筹。酒筹是用以计算饮酒的数量。觥意为"酒器"，筹意为"酒令"。觥筹出自欧阳修《醉翁亭记》：射者中，弈者胜，觥筹交错，起坐而喧哗者，众宾欢也。

王勃（649—676），唐代诗人。字子安，绛州龙门人，王勃与杨炯、卢照邻、骆宾王齐名，世称"初唐四杰"，王勃是"初唐四杰"之首。

■ 滕王阁全景图

清潘荣陛《帝京岁时纪胜》记：

重阳有治肴携酌于各门郊外痛饮终日，谓之"辞青"。

《康熙天津卫志》中就记载了天津在重阳节期间的一些习俗：

九月初九重阳节，玉皇阁为登高处，城内水月庵与诸道
观观礼北斗，攒香丈余，焚之历昼夜。

有的天津志书还提道，在重阳节这一天还要插菊花。重阳节插茱
萸的风俗，在唐代就已经很普遍。古人认为在重阳节这一天插茱萸可
以避难消灾，或佩戴于臂，或做香袋把茱萸放在里面佩戴，还有的插
在头上。大多是妇女、儿童佩戴，有些地方男子也佩带。

明清两代，玉皇阁是天津城最高的地点之一，在重阳节这一天，
人们一般都来这里登高。

古代天津城虽然有鼓楼这个城中的制高点，也有很多人到鼓楼去

■滕王阁远景

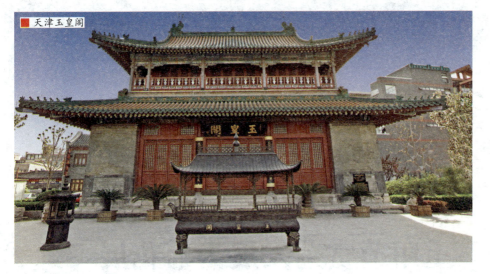
天津玉皇阁

登高、远眺，但更多的人会选择玉皇阁。

这主要是因为当时鼓楼四周都是住宅，不够开阔，而玉皇阁面对着海河，四周一片开旷，一种心旷神怡的感觉油然而生，在三岔河口可以看到海河美丽的秋色。

在天津，农历九月初九有吃切糕的习俗，也取其登高之意，也是人们长生不老愿望的一种体现。同时，在这一天，出嫁的女儿会被迎回家门吃切糕，又称"添秋膘"，团团圆圆的一家人在一起吃饭。

阅读链接

宋代的商业和工业都比较发达，因此在一些手工行业比较集中的城市，特别重视过重阳节摆重阳宴。

据记载当时徐州的手工业工人，多数是来自农村的。他们平素在城里干活，免不了牵挂着家中的庄稼活，但是重阳节一过，庄稼收获后，他们便无此后顾之忧了。

各个手工业作坊的老板深知这点，为了在黄金季节多创造产量、产值，几乎全市的手工业业主都利用过重阳的时候，犒赏一下工人、徒弟。不论菜孬、菜好总得摆重阳宴，让工人们美美地吃上一顿，喝足菊花酒，作为生产大动员。

重阳节赏菊发展为菊花展

　　九九重阳插茱萸的习俗在南方比较普遍，在发髻上插菊花却是北方人对菊钟爱到极点的事情。

　　自九月初一大家便开始忙碌九九点景，京城无论富庶小康人家还

■ 赏菊图

是皇宫府邸宅门，庭前屋后都会摆放一两盆或数百盆菊花。

各种菊花除了自己种植的以外，多是产自右安门外樊家村一带，其中的"黄金带""白玉团""旧朝衣""老僧衲"等菊花是文人最喜的高雅品种。

府邸宅门儿在摆放时别出心裁，把各种菊花的品种名称在小白竹牌上用正楷写好以红绳拴挂，按照不同颜色以及花头大小组成峰峦叠翠的"九花山子"，至于福寿等吉祥图组也很别致优雅。

大茶馆还在院子里或铺面前堆起"九花山子"招揽顾客，有时还要提前书写广告"某某馆肆有九花山可观"。一般摆山多是按照万寿山形式，摆出佛塔、殿阁、楼台等造型。

■ 菊石图

北京的道教宫观在九九重阳均有祭祀，但这种祭祀却是为了一个女神而设立的，自农历九月初一至初九为期九天的"立坛礼斗"。正日子就是九九，这位女神乃是北斗众星之母，称为"斗姆元君"。

九九是斗姆元君的诞辰，此法会又称为"九皇会"。不但必须有九花献供，还要舍缘豆吃素斋。梨园行以及家属也必须食素斋祭祀斗姆元君，他们还自行在精忠庙举办九皇会，拜忏念经献戏酬神。

明代，在《陶庵梦忆》中记载有千家万户赏菊花的盛况：

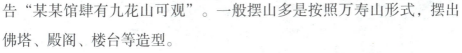

兖州绅绅家风气袭王府。赏菊之日，其桌、其炕、其灯、其炉、其盘、其盒、其盆盎、其看器、其杯盘大觥、其壶、其帏、其褥、其酒、其面食、其衣服花样，无不菊者夜

■ 陶渊明赏菊图

烧烛照之，蒸蒸烘染，较日色更浮出数层。席散，撤苇帘以受繁露。

直至清代，《燕京岁时记》则准确记载了一些大型的菊花展览：

> 九花者，菊花也。每届重阳，富贵之家，以九花数百盆，架度广厦中前轩后轾（轩轾，车前高后低叫"轩"，前低后高叫"轾"，比喻高低优劣），望之若山，曰"九花山子"。四面堆积者，曰"九花塔"。

清代时中国南方也有菊展，如《清嘉录》中记载在苏州赏菊活动说：

> 畦菊乍放，虎阜花农，已千盎百盂担入城市。居人买为瓶洗供赏者，或五器七器为一台，梗中置熟铁丝，偃仰能如人意。或于广庭大厦堆至千百盆为玩者，绉纸为山，号菊花山。而茶肆尤盛。

老北京人过重阳节时还喜欢赏菊、饮菊花酒。重阳节当日，人们经常赴天宁寺、景山、中山的唐花坞等地赏菊观景，北海、天坛、紫竹院、植物园等地的重阳节菊花展更是当年人们口口相传的盛事之一。

天宁寺位居广安门外，地势较高，可登临远眺京城，这里古树参天，植物繁茂，花团锦簇，尤以多姿貌美的菊花繁多而闻名古城，成为人们金秋登高赏菊游乐的好地方。

清代李静山的《增补都门杂咏》曾写道：

天宁寺里好楼台，每到深秋菊又开。
赢得倾城车马动，看花犹带玉人来。

红菊图

另如《浮生六记》等书中也有赏菊之记载。

明朝菊花品种更多，艺菊水平又有提高，且有更多的菊谱问世。《艺菊书》中记载了220个菊花品种，且列专目论述菊花栽培的基本技艺，即贮土、留种、分秧、登盆、护养。

李时珍的《本草纲目》和王象晋的《群芳谱》对菊花都有较多记载。

《群芳谱》对菊花品种做了综合性研究，记有黄色92个品种、白色73个品种、紫色32个品种、红色35个品种、粉红22个品种、异品17个品种，共六类271个品种，至少有16种花型。还有高濂的《遵生八笺》记录菊185种，并总结出种菊八法。

直至清朝，菊谱及艺菊专著更多，说明新品种不断增加，栽培技术陆续提高。在这段时期中，还出现较为频繁的菊花品种交流。

有陈昊子《花镜》、刘灏《广群芳谱》、许兆熊《东篱中正》、陆延灿《艺菊志》、闽延楷《养菊法》、徐京《艺菊简易》、颜禄《艺菊须知》、计楠《菊说》、吴仪一《徐园秋花谱》等。

《花镜》一书记载当时菊花有黄色的54种、白色的32种、红色的41种、紫色的27种，共计154个品种。

计楠的《菊说》载有菊花品种 233个，其中，新培育的品种有100多个，并提出了菊花育种的方法。

清朝菊花品种日益增多，在乾隆年间还有人向清帝献各色奇菊，乾隆曾召集当时花卉画家邹一注进宫作画，并装订成册。在文人中，画菊题诗也蔚然成风。

阅读链接

菊花又叫"黄花"，属菊科，品种繁多。中国是菊花的故乡，自古培种菊花就很普遍。菊是长寿之花，又为文人们赞美作凌霜不屈的象征，所以人们爱它、赞它，故常举办大型菊展。

菊展自然多在重阳举行，因为菊与重阳关系太深了。因此，重阳又称"菊花节"，而菊花又称"九花"。赏菊也就成了重阳节习俗的组成部分。

宋代《东京梦华录》卷八："九月重阳，都下赏菊，有数种。其黄、白色蕊者莲房曰'万龄菊'，粉红色曰'桃花菊'，白而檀心曰'木香菊'，黄色而圆者'金龄菊'，纯白而大者曰'喜容菊'。无处无之。"